智能与数字传播丛书
编审委员会
（按姓氏笔画排序）

王成军（南京大学）　　　王国燕（苏州大学）

韦　路（浙江大学）　　　匡文波（中国人民大学）

杨　正（苏州大学）　　　吴小坤（华南理工大学）

沈　阳（清华大学）　　　张梦晗（苏州大学）

张明新（华中科技大学）　陈积银（西安交通大学）

周荣庭（中国科学技术大学）周葆华（上海交通大学）

周舒燕（苏州大学）　　　高博文（苏州大学）

曹三省（中国传媒大学）　巢乃鹏（深圳大学）

喻国明（北京师范大学）　程　曦（苏州大学）

智能与数字传播丛书

NEW MEDIA OPERATION COURSE

新媒体运营教程

程 曦 ◎ 编著

中国科学技术大学出版社

内 容 简 介

本书包含认识新媒体和新媒体运营、新媒体内容运营、新媒体用户运营、新媒体社群运营、新媒体市场营销、代表性新媒体平台案例、新媒体运营未来展望和元宇宙,共8章内容。本书主要探讨新媒体运营的模式和特征,辅以典型案例,提升参与新媒体运营或主导自媒体运营的能力。本书可作为新闻传播学本科教材。

图书在版编目(CIP)数据

新媒体运营教程/程曦编著. ——合肥:中国科学技术大学出版社,2023.6
(智能与数字传播丛书)
ISBN 978-7-312-05679-6

Ⅰ.新… Ⅱ.程… Ⅲ.传播媒介—运营管理—高等学校—教材 Ⅳ.G206.2

中国国家版本馆 CIP 数据核字(2023)第 090727 号

新媒体运营教程
XIN MEITI YUNYING JIAOCHENG

出版	中国科学技术大学出版社 安徽省合肥市金寨路96号,230026 http://press.ustc.edu.cn https://zgkxjsdxcbs.tmall.com
发行	中国科学技术大学出版社
印刷	合肥市宏基印刷有限公司
开本	787 mm×1092 mm 1/16
印张	13.25
字数	331千
版次	2023年6月第1版
印次	2023年6月第1次印刷
定价	50.00元

前　言

随着互联网发展,传统媒体行业就业需求趋近于饱和,新媒体成为传媒专业学生就业选择的新窗口。由于传媒专业学生多为文科背景,因而进入新媒体行业所从事的岗位以新媒体运营居多。但是通过与多名学生接触发现,部分学生在应聘时并未对新媒体运营形成清晰的认知,这不仅不利于形成毕业生应聘时的竞争优势,还会造成学校在培养人才方面与行业需求难以接轨。因而推出面向高校学生的"新媒体运营"课程意义重大。

苏州大学传媒学院于2020年下半年开始启动智能传播系列教材的编纂工作,其中便包括《新媒体运营教程》。目前市面上也有多种新媒体运营书籍,但是行业内在新媒体运营定义、内容和形式等方面尚未形成统一意见,因而不同书籍的内容也是众说纷纭。同时已上市的新媒体运营书籍多以新媒体运营者、传播者的视角进行阐述,较少以高等院校学生为读者群。最后,新媒体行业发展迅速,新形势和新潮流层出不穷,因而新媒体运营书籍的保鲜期也逐渐缩短,过去的教材已无法完全囊括新媒体的最新发展形势。因而学院决定推出一本面向高等院校且包含新媒体最新形势的《新媒体运营教程》。

本人从2019年开始接触新媒体运营课程,目前已完成多轮课程讲授。本书也是在教案的基础上编写而成的。考虑到在校学生对新媒体运营领域的认知积累情况,本教材与众多注重新媒体运营实践的著作不同,更加注重新媒体运营领域的基本概念、内容构成、特色凝练等,从而使学生形成对新媒体运营清晰和全面的认识。本教材根据新媒体行业发展形势,总结了新媒体运营中需重点掌握的内容,并融入流行案例加以阐释。同时教材也梳理了新媒体发展的最新形势,展望了未来的发展趋势,努力打造面向学生群体和对新媒体运营感兴趣的其他人士的针对性书籍。

本书撰写的内容思路大致如下:

第一部分,新媒体以及新媒体运营的概念介绍(第一章)。这一部分根据新媒体运营中两个重要组成概念"新媒体"和"新媒体运营"分类展开,也作为新媒体运营内容介绍的引言部分。具体内容包括新媒体概念和特征,新媒体运营概念、特征、内容、类型、流程以及人员基本素养等方面。

第二部分,新媒体运营的重点内容构成板块(第二章至第五章)。本书将新媒体运营分成四个板块:内容运营、用户运营、社群运营和市场营销。内容运营主要围绕新媒体运营的内容展开,包括内容的表现形式、内容发布和推广。用户运营基于用户思维,包括新媒体平台用户画像采集和用户维护(拉新、留存和促活)等内容。社群运营是基于某一个共同特征,将感兴趣或使用过某平台或产品的用户分类到不同社群中进行关系维护,相较于广撒网式的用户运营,这种方式效率更高,因而也是高级别形式的用户运营。市场营销,聚焦通过新媒体渠道的营销方式,除了习以为常的新媒体营销服务商、新媒体平台等方式,也融入当前流行的新媒体营销方式,如网红经纪人(MCN)、关键意见领袖(KOL)等。

第三部分,新媒体运营的代表性案例(第六章)。代表性案例包括经典案例和新兴案例。经典案例选择微信、微博、淘宝等早期诞生的新媒体平台。但是为了跟上时代发展的步伐,本教材将重点介绍经典平台中流行的新形式,例如微信中的小程序、微博中的连麦和超话、淘宝中的直播等。新兴案例将选择抖音、美团等后起之秀进行介绍,分析其代表性功能,例如抖音短视频和直播,美团买菜和外卖等。

第四部分,新媒体运营的未来展望(第七章和第八章)。疫情改变了生活的方方面面,包括新媒体平台。该部分内容围绕疫情期间新媒体平台涌现的新特点,对新媒体发展趋势进行展望。疫情"宅经济"涌现出新兴或者新流行的新媒体平台,例如外卖、线上买菜、远程医疗等,分流了之前部分新媒体平台所占有的流量,也改变了新媒体行业的竞争格局。同时2021年大热的元宇宙已经成为新媒体市场竞争的新布局。现代社会人们对虚拟社交和角色扮演好奇也为元宇宙的诞生奠定了市场需求,数字孪生、VR/AR技术、区块链也为元宇宙的诞生提供了基础。

本教材知识框架和知识内容源于本人课堂教案,感谢我的学生鞠茜(第一、七、八章)、吴悦(第二、三章)、高川雁(第四、五章)、任浩琦(第六章)、王浩然(第四章)帮助收集辅助材料并凝聚成初稿,感谢高川雁和任浩琦的内容校对和格式调整。

此次书稿得以成书出版,还需要感谢苏州大学传媒学院所给予的大力支持,感谢周荣庭教授、王国燕教授对本书写作所提供的宝贵指导意见,最后感谢中国科学技术大学出版社对本书出版所提供的帮助。

恳请社会各界专家学者批评指正。

程 曦

2022 年 12 月

目 录

前言 ·· (ⅰ)

第一章　认识新媒体和新媒体运营 ·· (1)
　第一节　关于新媒体 ·· (1)
　第二节　新媒体运营 ·· (5)
　第三节　新媒体运营的流程 ··· (16)
　第四节　新媒体运营的社会影响 ·· (19)

第二章　新媒体内容运营 ·· (40)
　第一节　内容运营的定义和特征 ·· (40)
　第二节　内容形式 ··· (43)
　第三节　内容生产 ··· (47)
　第四节　内容推广 ··· (53)

第三章　新媒体用户运营 ·· (59)
　第一节　用户画像 ··· (59)
　第二节　用户拉新 ··· (62)
　第三节　用户留存 ··· (66)
　第四节　用户促活 ··· (72)

第四章　新媒体社群运营 ·· (76)
　第一节　社群和社群运营 ·· (76)
　第二节　社群创建与运营 ·· (83)
　第三节　社群活动 ··· (87)

第五章　新媒体市场营销 ·· (94)
　第一节　新媒体营销的定义和特征 ··· (94)
　第二节　内容变现 ··· (98)
　第三节　新媒体营销产业链 ··· (101)

第六章　代表性新媒体平台案例 ··· (116)
　第一节　案例一：即时通信 App ··· (116)
　第二节　案例二：微博客平台 ··· (126)
　第三节　案例三：短视频平台 ··· (135)

第四节　案例四：社区类App ………………………………………（140）
　　第五节　案例五：直播平台 …………………………………………（146）
　　第六节　案例六：商品点评平台 ……………………………………（159）

第七章　新媒体运营未来展望 ……………………………………………（166）
　　第一节　疫情期间的新媒体运营 ……………………………………（166）
　　第二节　后疫情时代新媒体运营展望 ………………………………（181）

第八章　元宇宙 ……………………………………………………………（187）
　　第一节　什么是元宇宙 ………………………………………………（189）
　　第二节　元宇宙诞生的原因 …………………………………………（190）
　　第三节　元宇宙构成框架 ……………………………………………（192）
　　第四节　元宇宙的技术底座 …………………………………………（194）
　　第五节　元宇宙发展现状及展望 ……………………………………（195）
　　第六节　元宇宙的争议性 ……………………………………………（201）

第一章　认识新媒体和新媒体运营

> 随着互联网速度和互联网设备水平的提升,新媒体发展迎来新契机,"两微一端"的蓬勃发展使中国新媒体发展进入"微传播"时代,国家一系列信息化行动和试点战略的出台也有效强化了技术对新媒体发展的支撑作用,从此,新媒体在国内开始快速发展起来。
>
> 新媒体的发展是社会经济转型的重要标志之一,了解新媒体及其运营情况,可以更好地把握信息社会的发展动向。新媒体通过内容生产、渠道分发等途径,将大量信息推送到受众面前,同时,新媒体具有的互动性强、交互性高、碎片化时间短等特性也逐渐抓住了用户心理,使其成为流量的聚集地。近十年,区块链的去中心化、算法技术的智能推荐以及VR/AR技术的虚拟现实都在不断丰富着新媒体应用的形态,使得新媒体更加符合用户的使用习惯和需求。
>
> 麦克卢汉认为"媒介即讯息",媒介形式的变革导致人们感知世界的方式和行为发生变化。如今,新媒体成为公众获取外部信息的重要手段,针对新媒体的运营也在不断发展完善。近几年,游戏、短视频、直播产业、教育市场、虚拟现实等成为新媒体运营的热门领域,但不同的平台性质也要求新媒体运营人员拥有更加专业的运营素养。本章将从新媒体和新媒体运营的相关概念出发,介绍新媒体运营的方方面面。

第一节　关于新媒体

一、新媒体的定义和特征

(一)新媒体的定义

目前,业界对新媒体的划分标准还未统一,因而也未形成统一定义。

李东临在《新媒体运营》一书中认为,新媒体可以从狭义和广义两个方面进行定义。狭义上,新媒体是指继报纸、广播、电视等传统媒体之后,依托互联网信息技术发展起来的新的媒体形态,主要包括网络新媒体、移动新媒体和数字新媒体三种。其中,数字新媒体是指以二进制的形式,通过计算机进行生产、获取、记录、处理和传播的信息媒体,包括感觉媒体、表示媒体、存储媒体、传输媒体等。新媒体按形式也可细分为门户网站、搜索引擎、虚拟社区、博客、网络杂志、电子邮件等。广义上，新媒体指的是在各种数字技术和网络技术的支持下，通过电脑、手机、数字电视机等各种网络终端，向用户提供信息和服务的传播形态，更多体现的是一种数字化的媒体形态。

此外，业界对于新媒体还有其他维度上的定义。在时间维度上，有学者认为，新媒体相较于电视、报纸等媒体是出现时间更为新近的一些媒体形态，于19世纪末逐渐发展起来的。而从技术维度来说，有些学者认为，新媒体是指能够运用先进的信息技术，进一步扩大信息传播范围的媒体。此外，也有学者认为，新媒体的本质在于革新，它带来了"去中心化"传播的新观念，使传播权利不断下放，帮助受众由被动的接收者转变为主动的传播者。这些新媒体带来的革新，诠释了新媒体的意义。

根据上述定义，本书认为，新媒体是指依托互联网和数字技术，通过电脑、手机、平板等智能终端设备，输出信息和提供服务的传播形式。新媒体不仅是指媒介形式或媒体组织，更多的是指一种传播形态。随着媒体融合的趋势不断发展，新媒体与传统媒体之间的界限逐渐模糊，传统媒体不仅纷纷推出新媒体服务，也逐渐转化为智能终端。

案例

智能电视即是传统电视与新媒体融合而产生的新形态。除了以4K超高清显示、3D功能等新技术为支撑外，智能电视的"新"主要体现为用户体验的与时俱进。依托互联网技术，智能电视拥有了开放式的操作系统，在此基础上搭建的开放式应用平台，使智能电视可以像手机、电脑等新媒体终端一样，与用户进行双向的交流互动。在智能电视上，用户可以进行应用软件的安装和卸载，信息接收不再局限于传统有线电视的单向输入，用户可以对内容进行自由选择。同时，这些内容不再仅限于传统有线电视单一的内容服务，而是集影音、娱乐和数据等多种内容于一体，满足了用户多样化和个性化的需求。

互联网时代，电视的转型使"看电视"变成了"用电视""玩电视"。被各种移动终端夺走注意力的客厅等场景重新成为人们进行信息消费的场所，智能电视使电视这一信息终端再度焕发活力，越来越多的互联网企业关注到了这一领域的市场潜力。依托智能电视，一种新的电视模式——OTT TV出现，即Over-The-Top TV，是指第三方服务商越过运营商，通过互联网向用户提供各种应用服务的模式。这使腾讯视频、爱奇艺等与有线电视存在竞争关系的在线视频平台，在智能电视上也有了一席之地。比如腾讯旗下的云视听极光App、爱奇艺推出的银河奇异果App等，均是OTT模式下的智能应用软件，使用户在电视上也可以观看腾讯视频和爱奇艺等平台内容。智能电视的大屏幕、超高清、立体环绕音效等优势，给予了用户更为优质的观看体验。

除此之外，智能电视也逐渐朝着"万物互联"的方向不断发展。智能电视除了能够和手机、平板、笔记本电脑等移动终端连接，使用户可以通过不同设备不间断地收看同一平台的内容，各个终端之间还可以相互控制。"万物互联"的特点在华为智慧屏中表现最为突出，随着华为鸿蒙系统的发布与发展，同一系统下的智能终端之间的联系更为紧密。华为智慧屏可以接收手机的蓝牙信号，将手机屏幕投放到电视屏幕上，实现多屏协同。通过智能电视，用户可以一边观看影片，一边进行视频通话，从而将观影感受同步分享给正在进行视频通话的亲友。同时，华为智慧屏还可以与智能家居连接，帮助用户语音操控家居，并进行家居安全管理。与华为运动手环连接后，华为智慧屏可以监测用户的健康状况，健身时会实时显示健康数据,使电视大屏成为"私人教练"。多种终端的连接真正实现了"万物互联"的生活形态,这也是目前许多电视厂商努力追求的目标。

(二) 自媒体的定义

自媒体的概念早期由美国资深媒体人谢因波曼(S. Bowman)和克里斯·威利斯(C. Willis)提出。两位学者在2003年7月联合发布的名为"We Media"的线上研究报告中指出,"We Media(自媒体)"是普通大众经由数字科技强化、与全球知识体系相连之后,一种开始理解普通大众如何提供与分享他们自身的事实、新闻的途径。至此,"自媒体"的概念真正进入了大众视野。

该定义的重点在于"普通大众",并将"普通大众"视为自媒体的核心。传统媒体为传、受双方划分了明确的界限,甚至将双方摆在对立的位置上,其信息传播是一种"自上而下""点对面"的传播方式。而自媒体打破了这种不公平的传播状态,它强调普通大众也可以成为传播者,模糊了传播者和受传者之间的界限,是一种"点对点"的传播方式。从定义的角度来看,自媒体是一种门槛较低的新媒体,它对新媒体中的传播者进行了更为宽松的界定。

如今,自媒体发展迅速,有些人会将自媒体等同于新媒体,在日常生活中也会将两者混淆。但作为新媒体运营者,厘清新媒体与自媒体之间的关系是非常重要的。那么,如何理解新媒体与自媒体之间的关系呢?

在定义上,二者存在明显区别。自媒体一般是指由个人运营的媒体,通常不与企业机构签约合作,而是直接面向粉丝及目标受众。比如用户个人运营的微博账号、公众号、抖音号等,通过这些账号发布的内容,基本用于经营用户的个人品牌。新媒体的概念是相对于传统媒体而言的,除报刊、广播、电视、户外广告等传统媒体以外的其他媒体形式,包括网络媒体、移动端媒体以及数字化的传统媒体,都属于新媒体的范畴,比如腾讯、网易、新浪等门户网站,今日头条、抖音、微博等移动客户端以及爱奇艺、优酷、哔哩哔哩等视频网站等。总之,自媒体强调的是"自",其进入门槛较低,"自"是运营的状态和内容的归属。而新媒体强调的是"新",其传播更新颖,是与传统媒体的差异。

但二者也存在一定的联系,自媒体属于新媒体的范畴,是新媒体的形式之一,它依赖数字科技的强化,不同于传统媒体。但这并不代表所有新媒体都是自媒体,新媒体既包括普通个人用户使用新媒体工具运营的自媒体,又包括企业组织运营的新媒体。官方机构或企业经营的新媒体不能称为自媒体,因为其媒体平台不归个人所有,例如一些传统报业的新媒体公众号。部分自媒体经过一段时间的发展,可能会被MCN等企业收购,从而转变为企业经营的新媒体。

总之,新媒体包含自媒体,但并不仅限于自媒体;自媒体属于新媒体,并依托新媒体平台进行运营。如今,由于低门槛和高收益等特性,自媒体在新媒体中的占比呈现逐渐增长的趋势,无论是在门户网站、客户端还是小程序中。自媒体扮演着重要的角色,新媒体的发展需要借助自媒体的力量,自媒体的壮大也离不开新媒体在平台、技术等方面的支持,二者相互依存、共同发展。

（三）新媒体的特征

1. 传播信息的即时性和双向性

新媒体中信息传播的"双向"有两层含义：

一是指新媒体为传者和受众创造了即时沟通的渠道。评论区的开放、弹幕模式、连线开麦的开启等，使传播者和接收者的沟通摆脱了传统媒体时代"点对面"的单向传播模式，能即时进行双向交流，提升了双方的信息传播体验。

二是指普通大众身份的转变。数字技术的赋权，使新媒体时代的传播方式发生巨大变化。"受众"称号时代已去，转而以"用户"替代。传统媒体时代，传播者掌握着绝对的话语权，普通大众只能被动地接收传播者发布的信息。而新媒体时代，普通大众借助技术赋权，既是信息的接收者，又是信息的传播者，实现了纵向的双向传播。

依托数字技术与网络技术，新媒体的信息传播非常迅速，运营者发布信息后，用户可以实时接收信息。此外，新媒体平台的"推送"功能，使信息发布后会主动提醒用户，方便用户及时查看。

2. 传播场所的自由化和多终端化

移动互联网是新媒体时代极具影响力和重要性的技术，使人们的日常生活离不开移动端的媒介。它改进了PC端不方便携带的缺点，让用户随时随地都可以发布或接收信息。手机媒体是移动端的代表，使大众的信息传播不再受到场地和距离的限制，呈现出明显的移动化特征。

此外，新媒体也在向设备互通的方向发展。例如前文提到的智能电视终端系统，可实现与手机、笔记本电脑等移动设备的无线连接，从而进行互通操作。用户在电视上未看完的影片，可以使用手机继续观看；运动手环上的健康信息，也可以通过电视投影继续监测。各种终端的互通，使数据可以在设备间共享，减少甚至消除了不同设备间信息传播和接收的阻碍，使用户的信息获取更为便捷。

3. 传播行为的个性化和多元化

新媒体环境下，用户可作为信息的传播者，自由发布信息和观点，也可评论或转载他人发布的信息，信息的传播行为与用户的个人喜好密切相关，具有鲜明的个性化特征。

网络时代，新媒体的信息传播形式十分丰富，包括文字、静态图片、动态图片、音频、视频等，其中视频也有短视频、长视频之分。不同的内容形式可以任意组合，组合而成的多媒体信息形式已成为新媒体的标配，运营内容也更加丰富和多元化。

4. 传播边界的宽泛化和模范化

移动通信技术的发展经历了20世纪80年代的1G，2013年的4G，直到2019年6月6日，国家电信正式颁布5G牌照，中国正式进入5G商用时代。自此，通信技术与互联网的发展重塑了传媒生态图景，也影响了大众的日常生活和信息接触。技术的进步推动了新媒体领域的拓展，信息传播由人与人之间的传播向人机交互拓展，5G技术支撑着传播向万物互联、万物皆媒的方向发展。传播不再是人的特权，"物"也成为传播的行动者，开始介入人的行为与互动中，这重构了新媒体时代的传播网络，激发了传媒业的新潜能，一体化的"智慧型"传媒生态逐渐形成。

5. 流量为王

"从产业发展角度看,流量经济已经成为当下互联网经济的主要形态,主要表现形式为流量变现。从互联网市场层面分析,如果说流量变现是流量经济的主要目的,那么,自媒体就是流量经济变现的重要主体。"①

在数字技术和互联网技术的支持下,新媒体极具互动性。普通用户通过移动终端可自由接入网络,通过"媒介啃合"②消费,可在不同空间中进行自我虚拟身份的构建,用户身份的呈现不再受阶级地位、空间场域的限制,这让用户通过新媒体获得曝光度的成本降低,从而也降低了流量变现的成本。

随着新媒体的发展,"内容"逐渐被"流量"取代,在追逐流量的同时,新媒体将内容的真实性和深度抛之脑后,逐渐营造起新媒体时代充斥着娱乐性、趣味性的网络氛围。"流量为王"的理念,应为运营者所重视和警惕。

第二节 新媒体运营

一、新媒体运营的定义和特征

(一)新媒体运营的定义

关于新媒体运营的定义,很多学者持有不同的观点。叶龙认为,新媒体运营等同于新媒体营销,是指利用新媒体平台进行营销的模式。他也指出,最具代表性的新媒体营销方式包括科技博客、手机媒体、IPTV、数字电视、移动电视、微博、微信七类。③但根据目前国内新媒体的发展现状,以短视频、直播带货、线上学习办公、生鲜电商为主的新的媒体生态已经出现,新媒体营销方式也发生了相应变化。陈政峰认为,新媒体运营即借助这些新兴媒体推广品牌、营销产品的运营方式,最主要的方式是围绕品牌,策划一些具有高度传播性的内容和线上活动。④勾俊伟认为,新媒体运营不是一个简单的概念,而是从战略到操作、从企业全局到细节执行的系统工作。从战略层面上说,新媒体运营是指借助新媒体工具,实现对产品研发、产品推广、用户反馈、产品优化的闭环精细化管理。从职能层面上说,新媒体运营是指利用新媒体工具进行产品运营、用户运营、内容运营及活动运营四大模块的统筹与运作。从操作层面上说,新媒体运营要负责新媒体工具或平台具体的工作,是基于运营数据不断优化改

---

① 朱巍. 互联网流量经济背景下的自媒体治理[J]. 青年记者,2021(7):20-21.
② 喻国明在《网络新媒体导论》一书中提出此概念。他认为,移动互联网时代,受众不仅在时间和空间上掌握主动权,更在多屏终端上自由流动和啃合消费。边看电视边更新社交媒体这样的类似行为,被称为媒介啃合。
③ 叶龙. 从零开始学新媒体运营推广[M]. 北京:清华大学出版社,2017:16.
④ 陈政峰. 新媒体运营实战指南:社群运营、短视频运营、直播运营、微信运营[M]. 北京:人民邮电出版社,2017:21.

进的过程。①

基于以上学者的观点，本书认为，新媒体运营是通过现代化移动互联网技术，利用微信、微博、抖音等新兴媒体平台工具进行产品宣传、推广、营销等的一系列活动。运营者需要通过策划与品牌相关度高、传播度高的优质内容和线上活动，向客户广泛或精准地推送信息，提高客户参与度、品牌知名度，形成粉丝积累，达到营销目的。简而言之，新媒体运营就是指整合产品、策划、宣传、公关和广告等的一系列完整的计划、组织、实施和控制活动。

（二）新媒体运营的内容

本书认为，新媒体运营通常包含 4 个版块——内容运营、用户运营、社群运营和市场营销，如图 1-1 所示。内容运营是新媒体运营的核心，主要指围绕运营内容进行的策划、组织、发布和反馈等活动。用户运营，指围绕新媒体运营中的重要资本——用户展开的拉新、留存和促活等环节。社群运营，是在用户运营的基础上，通过分类、分级别的用户管理，使运营更为直接和高效，从而实现用户积累。"营销"是营利型新媒体运营的最终目标，而"市场营销"通过前期用户的积累，实现内容变现，最终达成市场交易或内容推广。

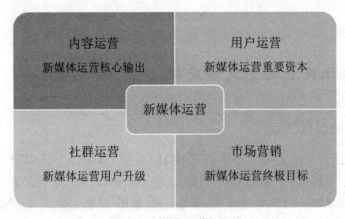

图 1-1　新媒体运营框架图

（三）新媒体运营的特征

1. 用户主动权进一步提升

传媒技术的不断发展，为大众参与传播提供了技术条件和言论空间，新媒体平台中，由用户创作的文字、图片、音频、视频等内容也越来越多。这是 Web 2.0 时代出现的一种新兴的网络信息资源创作模式，被称为 UGC 模式，即 Users Generated Content（用户生成内容）。UGC 不是一种具体的业务，而是一种用户使用新媒体的新方式。随着互联网的发展，用户的信息传播主动权进一步提升，用户既是网络内容的浏览者，又是网络内容的创作者。

---

① 勾俊伟. 新媒体运营：产品运营＋内容运营＋用户运营＋活动运营[M]. 北京：人民邮电出版社，2018:18.

案例　用户打造的玲娜贝儿

随着新媒体平台用户数量的逐渐增加,越来越多的作品由用户生成,其内容也受到了大众的关注和喜爱,爆款内容拥有着十分惊人的二次传播数量。以上海迪士尼2021年9月底上线的卡通形象"玲娜贝儿"为例,如图1-2所示,她来自迪士尼的达菲家族,与传统迪士尼角色不同,玲娜贝儿只有简单的人物背景,而没有具体故事作为其传播载体。但这个没有"作品"的卡通形象,却在微博中拥有上百条热搜话题,许多游客为了购买玲娜贝儿玩偶,排队数小时。玲娜贝儿如此受欢迎,很大程度上是因为UGC作品赋予了这个卡通形象极高的网络地位。

图1-2　玲娜贝儿(来源:上海迪士尼官网)

玲娜贝儿的形象之所以受到喜爱,除了由于刚推出时迪士尼的宣传外,更多的是因为游客自发在新媒体平台上,传播的与玲娜贝儿的互动视频。人们被这个由中国本土推出的小狐狸与游客互动时展现出的古灵精怪所吸引。根据玲娜贝儿形象制作的表情包以及为玲娜贝儿的互动片段配音、添加字幕解读的视频,在网络上得到广泛传播。如今,人们熟知的玲娜贝儿十分接地气,是具有人格化的"女儿",而这种形象,是在用户生产内容的发布和传播中逐渐形成的。费斯克认为,一个文本要成为大众文化,必须同时包含宰制的力量,以及反驳那些宰制性力量的机会。① 反驳宰制性力量的机会,是指人们可以对文化经济商品进行自由地解读,使渗透着支配者意识形态的文化不再是唯一的主导文化,大众可以自下而上地创造一种全新的文化,消解支配者的意图。如同玲娜贝儿诞生于迪士尼文化,脱胎于商业营销,但在大众的解读中,它或代表可爱,或体现独立精神,或表达对生活的热情。玲娜贝儿是新媒体用户的"生产者式文本",它不仅是意义的容器或传播媒介,还是意义和快乐的唤起者。人们通过对玲娜贝儿形象的塑造与消费,表达对美好品质的向往,并在解读和表达的过程中,体会意义建构的快感。类似于玲娜贝儿的传播模式,其他UGC作品也是如此。玲娜贝儿如同费斯克口中的"生产者式文本",区别于充满宰制性的

---

① 约翰・费斯克.理解大众文化[M].王晓珏,宋伟杰,译.北京:中央编译出版社,2001:31.

"读者式文本",它通过展现一个浅白的东西,给大众留出足够的意义生产空间,进行发挥和创造,在这样的文本中,大众的能动性得以凸显,不再是只能被动接收意义的"文化傻瓜",而是拥有意义赋予权利的文化创造者。亨利·詹金斯在他的粉丝文化理论中提到了"参与式文化"的概念,并认为"这种文化将媒介消费的经验转化为新文本,乃至新文化和新社群的生产"①。粉丝不再满足于默默远观,互联网尤其是新媒体的出现拉近了受众与创作者、受众与受众之间的距离。现在,随着互联网的发展,他们不仅仅限于对文本的盗猎,图片、音频、视频都能成为他们改编、再生产与传播的对象。受众不再是被动的消费者(consumer),而是成为了信息生产者(producer)和消费者交织融合的集合体。他们还积极参与并干预娱乐产业,以高调的姿态展示这一身份认同。

而玲娜贝儿正是典型的由受众参与构建和传播的 IP,用户在一次次互动中赋予了它更加生动、具体的形象特征。用户可以通过与玲娜贝儿的互动问答、倾诉和配合表演来挖掘独属于这一卡通人物的个性和喜好,甚至通过录制时故意叫错名字、将它的脸比喻成"梭子蟹"等越界的互动行为,触发其未知反应,从而满足自身的参与感和在场感。② 参与式文化下的互动和参与不断地书写和丰富着玲娜贝儿这一角色的立体人物画像,一些相关文本的生产也随之成为创造自我价值、增加社交货币和进行情感投资的重要载体,吸引着更多生产主体的加入。

因此,玲娜贝儿之所以能够得到如此广泛的喜爱,是因为它实际上是由大众定义的产物。

在新媒体时代,用户主动权的提升,使用户生成内容在新媒体运营中的分量日益凸显。新媒体平台将争夺用户作为重要策略和目标。用户在新媒体中的主体地位日益提升,在产品选择和产品创造等方面取得了发言权。

网络传输技术、通信技术的发展,使传播的发展方向得到进一步拓展,技术不仅改变了传播者和受传者之间的关系,还改变了媒介生产的方式。智能技术逐渐被应用到信息的采集、发布、编辑、审核等一系列流程中,采写编发的速度与传统时代相比具有极大的提升。这种提升使海量信息内容快速进入大众的视野,因而形成信息的爆发式增长。信息爆炸挑战着用户有限的注意力。当供求关系变化,平台提供的信息远远超出用户需求后,用户对于信息的选择权进一步提升。

同时,平台开始重视用户的价值创造能力,"参与式"创造也应运而生。以维基百科为例,它邀请全世界的用户为其提供内容条目,用户可以自由编辑内容。网站中的"优良条目""特色条目"也由用户投票选出,因此,维基百科是一个诞生于用户参与的百科,是众多维基人共同协作的优秀产物。由用户创造的内容对于用户自身而言,更具有信服力,使网站的流量得到保障。根据 Alexa Internet 的网络流量统计数据,全世界共有近 3.65 亿用户使用维基百科,这样一个集开放、包容、自由、信任于一体的网站,其浏览人数在全球排名第五位。

---

① 黄家圣.论视频博客兴起背后的传播转向[J].记者摇篮,2018(9):112-113.
② 易玚.泛在式参与:互动类短视频生产和传播的动因分析——以迪士尼角色玲娜贝儿短视频为例[J].视听,2022(7):151-153.

新媒体运营者通过引导用户创造内容和产品,并与用户共同分享收益,运营者既可以确保产品的多元化和创新性,又能收获大量忠诚且可以信赖的宣传者。

2. 营销成本得到有效控制

新媒体不仅拓展了企业的品牌营销方式,也降低了营销成本。过去,许多企业会花费重金建立和维护官方网站,以便于发布企业动态和产品信息,但效果并不理想。如今,企业可以依托新媒体平台,开设官方账号,例如微信公众号、微博账号、抖音号等,通过官方账号发布活动信息、产品信息,既可以降低宣传成本,又可以借助平台流量为自身品牌引流。同时,企业也可以根据目标受众的特点,选择与自身产品或品牌属性重合度高的平台进行重点运营,这样既可节省精准投放的技术成本,又可优化宣传效果,提升用户触达率。

新媒体营销成本低,不仅体现在平台方面,还体现在传播方面。在传统媒体时代,很多品牌需要花费巨资推广信息,而在新媒体时代,用户易被品牌或产品吸引,还会通过转发、分享等方式帮助品牌传播推广,富有创意、让人感到有趣的内容。在传统媒体时代,企业若想提升消费者对产品的认知,需要通过各种方式与用户建立联系,从而实现企业的经营目标。新媒体的出现为企业带来了机遇,尤其是在宣传方面,新媒体用户的信息传播呈裂变式扩散。在新媒体环境中,企业不仅减少在广告商处进行宣传推广的大量费用,其传播效果也比广告商发布广告更加精准有效。用户成为企业的传播"媒介"。

3. 广告的创意空间得到提升

新媒体的特征赋予了新媒体广告新的营销形式,例如病毒式营销、社区营销、数据库营销、反向沟通、互动体验、口碑传播、精准营销、焦点渗透和活动营销等。在社会化营销中,广告创意是重中之重,但是新颖的广告创意往往可遇不可求,而某电子产品品牌则将创意的作用发挥到了极致。2020年,该品牌发布了第三部通过旗下手机拍摄的新年微电影——《女儿》,时长仅为8分钟,讲述了两对母女、三个人在除夕夜团圆的故事。这是该品牌为打开中国市场而策划的创意营销,既从情感深处唤起了中国人的温情,提升了自身的品牌形象,又创造性地运用手机拍摄的方式,展现了该品牌新一代手机的摄像性能,从多个方面吸引了中国消费者的注意力。新媒体作为信息载体,可以将具有创意的多种元素整合至营销方案中,这给予了广告创意更大的发挥空间。

运营者可从三个方面开展创意运营:首先是传播途径的多元化,微信公众号文章、抖音短视频、小红书图文、知乎问答等,都是可以用来整合利用广告创意的传播方式,不同平台传播形式的相互补充和配合,有利于品牌创意策略的制定。其次,在传播方式上也需要打破局限,从单一的产品宣传,向整合营销、跨界传播、IP融合等方向发展。品牌间的联合可能会迸发出强大的力量,激发消费者的新鲜感与猎奇心理。最后,在传播主体方面,应重视用户的强大力量,用户不仅是运营的目标,还可以成为传播推广的主力。运营时应合理利用两级传播在用户与品牌间所起的作用,口碑良好、粉丝基数较大的KOL以及近期关注度较高的测评KOC,都可以作为品牌的传播主体,借助这些关键意见领袖,能够使品牌快速建立起良好的口碑,达到用户主动安利推广的效果,扩大品牌知名度,激发用户的消费行为。

4. 信息推送精准化

相较于传统媒体,无论是流媒体平台的信息流广告,还是短视频平台的智能推荐,新媒体的信息推送都更具针对性和精准化。从早期今日头条开始算法推荐的尝试后,信息传播形势发生了大变革。如今几乎所有的新媒体平台都使用精准化的信息推送。当用户在平台首页点赞了某条内容后,后台会倾向于推送同类内容至用户的首页,用户浏览首页时会发现非常多的相关内容。或者用户浏览有关某类题材内容时间过长,系统后期会默认提供相关信息搜索。目前,这种精准投放技术也实现了跨平台的合作,例如,用户在通信软件中与好友聊天时,提及了某产品,电商平台就会为其自动推荐此类产品。除了文字提及相关产品会被识别外,语音消息及音视频通话中的相关内容也可以被识别,作为精准推送的依据。

目前,新媒体营销越来越强调营销的个性化和消费者的自主选择权。移动互联网时代,在算法、大数据等技术的加持下,新媒体营销能够为企业提供更精确的用户画像,使企业对用户需求的了解更加清晰。但此类技术的运用往往以用户的隐私为代价,一些平台为了抢夺用户,甚至采取窃听行为,获取用户信息。2022年3月13日,视频网站哔哩哔哩就被爆出让用户"卖隐私换大会员"的消息。哔哩哔哩在官方的兑换界面上表示:"您授权我们将上述信息共享给您在浏览界面所看到的特定行业的产品/服务的提供方('商家'),之后您可能会收到来自该商家的电话或短信,以向您提供相关服务的邀请或需求沟通……"该事件引起众多B站用户的不满。值得思考的是,在精准描绘用户画像的同时,企业应该如何保护用户的隐私,这也是新媒体运营长期面临且需要着力解决的一个难题。

5. 庞大数据库赋能营销策略

依据算法和后台信息,新媒体可掌握大量用户数据。用户往往将平台中的个人信息视为网络社交的谈资,但在平台眼中,用户就是潜在的消费者。在目前的技术加持下,新媒体运营者可以依据用户的基础信息和实时交流内容,结合语境和语义分析,计算出用户的需求和消费潜力。在与好友在线交流的过程中,用户往往会透露其近期行踪、生活困境或者消费需求等信息。在这种不知情或者无戒备的情况下,用户向朋友诉说个人近况的同时,也为平台提供了个人信息。在用户眼中,个人信息可能只是享受技术的同时,让渡出的一些不重要的信息,但在运营者眼中,这些信息却是争相夺取的商业资本。

大数据的应用为运营者和用户带来了诸多便利,但其引发的社会问题甚至法律问题,也需要人们提高警惕。其中,较为常见的一个问题是大数据杀熟。大数据杀熟,是指在大数据时代,电商平台会利用用户信息,判断用户的消费能力和商品黏性,进而通过隐蔽的方式,对于同一产品或服务,向不同消费者收取不一样的费用。2000年,电商网站亚马逊就被曝出利用用户数据杀熟的消息,同一张光盘,对于老用户的定价比新用户高出大约4美元。2017年底,国内也有消费者曾在微博爆出,在同一平台预订酒店,其账号与朋友账号的酒店预订价格存在较大差异,该事件引起了许多网友的关注和共鸣,大数据杀熟的现象逐渐引起了人们的关注。2020年,浙江绍兴的胡女士经历了同样的遭遇,她在携程上订购某酒店客房花费了2889元,但离店时却发现这间客房的挂牌价仅为1621元,提前预订还有85折优惠。但这些在携程端均没有显示。于是,胡女士以上海携程商务有限公司采集其个人非必要信息、进行"大数据杀熟"等为由诉至法院,提出退一赔三等多项请求。2021年7月13日,这一案件当庭宣判,胡女士胜诉,携程除了需要赔偿胡女士的经济损失外,还要对App内的"隐私政策""用户协议"进行更改。这是国内首例大数据杀熟案,法院的判定表明,目前电商平台对用户数据存在恶意利用的行为,是对消费者公平交易权利的侵犯。这一案件的判罚,不仅违规企业将面临严厉处罚,也对各大新媒体平台形成警示。技术创新与发展的目的是为用户服务,新媒体营销不应以引发信任危机、侵害消费者的公平交易权为代价。对于技术,人们应当在保障合法权利的基础上进行使用,并进一步研发,更应拥有把握技术发展方向的能力。面对大数据杀熟等技术乱象,国家应当加强对个人数据的保护,推进算法治理工具的开发,通过完善监管和追责政策,约束算法,提高算法透明度,通过相关立法措施,对利用算法技术实施价格歧视的行为予以规制。①

(四)新媒体运营的类型

1. 传媒新媒体运营

传媒新媒体运营的主体是转型后的传统媒体,例如《人民日报》《南方周末》等新媒体账号。这类新媒体多由媒体机构主导,其主要任务是进行信息宣传,把握正确的舆论导向,全面提高引导能力。

2. 政务新媒体运营

政务新媒体运营的主要对象是各级政府机构的官方新媒体账号,比如上海发布、苏州发布等,一般由政府部门直接运营,主要任务是针对突发事件发布准确信息,对于新出台的政策进行精准解读和引导,及时回应网民诉求等。

3. 企业新媒体运营

企业新媒体运营的主要目的是利用新媒体进行品牌营销。企业新媒体营销方式的发展经历了多个阶段,已经从单纯的欣赏互动模式,发展为线上与线下联动的营销形式,是消费者进行品牌体验的重要途径。

4. 个人新媒体运营

互联网时代,个人IP的商业价值逐渐显现,个人新媒体运营不断发展。个人IP的打造,不仅能够挖掘个人的商业价值,还在很大程度上提升个人的知名度。个人新媒体运营的主要目的就是打造个人IP,形成商业价值,实现收益。个人新媒体看似与自媒体的概念相近,但自媒体强调的是个人独自运营新媒体,而个人新媒体则强调打造个人IP,其账号往往是由多人组成的新媒体团队负责运营的。比如B站上的某些UP主,其每个作品都以账号IP的视角来展现,但其作品的选题、写稿、审核、剪辑和配音等内容其实是由不同的人完成的,这是典型的个人新媒体运营案例。

(五)新媒体运营的基本条件

1. 拥有一定的粉丝基础

用户的数量不仅关系到平台的用户价值,还会影响资本市场对平台价值的评估。新媒体平台的信息传播和商品销售,与传统的线下方式不同,用户主动性的提升使新媒体平台的"路人"主动关注信息、购买产品的概率降低。用户接收的信息更多来自自己关注的账号,还有一部分来自平台的信息推送,例如微博。因而,如果媒体平台无法聚集用户,就会逐渐失去价值。比如,关注者多的微信公众号往往比关注者少的微信公众号运营效果更好,微博账号认证加V后运营方案更容易成功。当前,新媒体的竞争主要是对于用户的争夺,获取高质量用户是新媒体运营的重要目标之一。

新媒体账号中忠诚度较高的用户被称为粉丝。新媒体运营中,粉丝经济是运营过程中

---

① 胡元聪,冯一帆.大数据杀熟中消费者公平交易权保护探究[J].陕西师范大学学报(哲学社会科学版),2022,51(1):161-176.

必不可少的手段。粉丝经济经历了较长的发展历程,从早期粉丝购买明星的录影带、CD等,到如今饭圈文化中周边销售等消费现象,都属于粉丝经济的范畴。但是粉丝经济也会有失控的局势,例如买卖热搜、恶性刷榜等。面对粉丝经济产生的乱象,国家各部门陆续出台相关政策进行整治。

2. 具有广博的知识面

运营者知识面的广度在很大程度上影响了新媒体的内容质量和运营效果,主要体现为三个方面的内容:首先,运营人员拥有广博的知识面,才能深入了解平台的发展趋势与发展脉络,实现成功运营。其次,在新媒体时代,传播环境更加复杂,受众之间的差异越来越明显。随着用户画像的精细化,运营者面临的用户利益诉求日益多元且复杂。新媒体运营人员需要拥有更加丰富的知识,才能应对不同用户的信息诉求。这要求运营人员掌握新媒体的运营思维与技巧,运用丰富的知识储备,满足不同的用户需求。最后,随着物质生活水平的提高和知识经济时代的到来,用户渴望通过新媒体提高自身的知识储备,很多新媒体运营方纷纷开始进行专业化内容生产。例如财经、法律、历史、文化等相关知识性内容逐渐增多,深度式内容解读也逐渐流行,而这些内容逐渐成为众多知识信息的集散地。为了迎合该趋势,新媒体可以通过聘用多背景、多专业的运营人员,构建运营体系,拓宽运营团队的知识面。

3. 与用户充分互动

2015年微软发布新闻称,人们的注意力已从2000年的12秒降到了8秒,大多数网络用户花费在一个页面上的时间不到15秒①。因而人们对于新事物的关注时长呈下降趋势。与传统的书籍、报纸等媒介相比,众多新媒体平台的来回更替,进一步降低了用户对于乏味内容的忍耐力,用户会因内容乏味,而快速停止当前的阅读行为。同时,信息爆炸的时代,冗余低质的内容速增,也使人们对于内容的包容程度降低。在这种情况下,交互性可以重新夺回用户的注意力,而交互性强的内容能够吸引用户持续阅读。例如,通过移动广播,用户既可以在线收听广播、回放广播节目,又可以随时随地通过社交软件和聊天软件分享广播和参与节目。个性化程度高、互动性强的运营手段逐渐成为新媒体运营中的亮点。

此外,交互性还有另外一层含义,即运营人员对于用户行为的反馈与回应。运营人员应站在用户的立场上,充分考虑问题,切实提升用户体验。新媒体时代,用户的需求呈现出多样化的特征,一次宣传或营销活动并不能满足所有用户的诉求。建立便捷高效的互动机制,可以使运营者及时获取用户反馈,从而改进和完善服务,满足更多用户的个性化需求。

(六)新媒体运营人员的基本素养

新媒体运营的最终目的是产生实际的经济和社会效益,因此运营者应拥有扎实的基本功和专业素养,在选题上要具有专业敏感度,在内容制作上要充满创意,与用户互动时要体现新媒体的品牌调性,总结运营效果时既要关注细节变化,也要拥有宏观视野。同时,新媒体运营人员也要拥有良好的网感,能够及时察觉不同平台中用户的各种需求,根据用户需求制定运营策略,保证运营效益和自身发展。具体而言,新媒体运营人员应具有以下5个方面

---

① 益普索 Ipsos. 品牌营销:速度并非一切[EB/OL]. (2016-08-09)[2022-03-25]. https://mp.weixin.qq.com/s/Is2RAlE2AN9dOzPDMi6LVw.

的基本素养。

1. 具有"网感",擅长捕捉网络热点

"网感"是网络敏感度的简称,它反映了新媒体运营人员对网络流行热点(如网络热点话题、网络热点词汇、网络热点表情包等)的快速反应能力。互联网时代中,新媒体的发展使网络娱乐成为网络用户日常生活的重要组成部分。在"迷因效应"的作用下,许多信息容易引起用户"狂欢式"的转发。社会事件的发酵和网民表达方式的变化,催生出一个个网络热词,例如凡尔赛、内卷、打工人、秋天的第一杯奶茶等。网友随手转发的新奇内容也会引发全民热议,例如黑人抬棺等。从无数社会事件或现象中,挖掘最有炒作价值的话题,是新媒体运营者必备的职业素养。需要注意的是,对于具有争议性、政治性事件,或与自身新媒体内容无关的热点,运营者不应该盲目追求,以免产生不良影响。

2. 用大数据分析代替经验判断

大数据、算法等技术的使用,让用户画像愈加精细化,借助客观数据,运营者能够更好地知晓并满足用户的诉求。但这并不意味着完全否定运营者的经验判断,而是强调运营者需要拥有参考客观数据再做出决策的能力。

借助大数据和算法,平台可以获取动态数据。动态数据有利于及时调整运营策略。通过监测用户媒体使用行为的变化,大数据技术可以获取客观、准确的用户数据和媒体数据,帮助运营者发掘新媒体运营的规律,精准地判断热点事件的发展趋势,从而掌握新媒体运营的指向标。如图1-3所示,百度指数显示,高血压的搜索热度具有一定的时间规律,常在每年的3月、11月出现搜索高峰。因此,健康类新媒体可以依据热度趋势,在高血压相关关注度较高时段,推送相关文章,给予用户精准的信息参考和帮助。这种以数据为支撑、以用户需求为导向的平台运营,是新媒体运营人员必须掌握的运营手段。

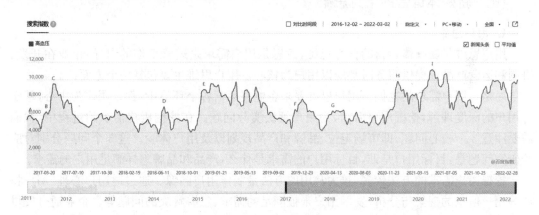

图1-3　高血压搜索热度(来源:百度指数)

3. 扎实的内容制作能力

新媒体运营人员需要有原创内容的输出能力。原创内容相比于转载、摘录的内容,是更好的内容输出形式,不仅有助于树立品牌特色,还可及时根据用户需求进行调整。新媒体内容输出的重点,在于与用户的需求和喜好相契合,运营者应针对目标用户的需求和喜好进行内容创作。原创内容完全由运营者自由掌控,可以依据传播效果和用户反馈,随时改进。原创内容也会反哺运营者,且数量的积累会有助于形成品牌标识,增进粉丝和用户对平台使用的黏性。

原创内容的创作需要基于新媒体的自身定位,切忌内容过于发散,更不能与自身运营理念毫无关联。内容的原创性要求运营者具有高超的写作能力、细致的洞察力、较高的行业熟悉度以及广博的知识面。运营者若想提升内容的原创能力,可先试着模仿一些优秀原创作者的创作思路、创作风格等,逐步提升自身的原创输出能力。需要注意的是,原创内容中的观点输出必须经过慎重思考,如果观点无法被受众认可,效果会适得其反,影响品牌的口碑和形象,因而若非原则问题,不宜观点色彩过强。

4. 理解品牌和产品理念,熟悉目标用户

对品牌和产品的熟悉度是新媒体运营的基础。新媒体运营人员必须具备产品理解能力,能清晰地进行产品定位,分析产品的使用价值和吸引力,熟悉用户的行为模式和特点,针对用户的不同需求进行精细化运营,最大限度地激发用户的消费欲和传播欲。

5. 具有较强的创意策划能力和资源整合能力

新媒体运营人员需要具备良好的策划能力,包括确定运营内容和方式、选择运营渠道、分析目标用户等。策划能力是进行新媒体运营的前提。在互联网时代,新媒体环境瞬息万变,新媒体运营人员需要通过不断实践,提高把握热点、精准策划的能力,保证运营计划顺利开展。

由于新媒体平台众多,可能会出现资源分散、内容交叉或重叠的问题。新媒体运营人员在进行创意策划时,需了解各平台的运营特点,进而对优质资源进行整合。运营人员也需根据不同平台的特性,制定具体的运营方案,从而解决不同平台运营内容同质化的问题,避免造成用户的审美疲劳和不良的信息体验。

(七)新媒体运营的常见思维

1. 用户思维

用户思维是新媒体运营的核心思维,意思是用户需求是运营工作的向导,企业在开发、研制和运营产品或提供服务时都应以用户为核心。用户思维主要包括两个方面:

一是对用户需求的挖掘。用户思维要求企业在运营各个环节中,都以用户为中心,基于对用户的深度理解,挖掘用户需求,为用户解决实际问题。在挖掘用户需求的过程中,我们需要注意3个核心问题,即市场定位、品牌和产品规划以及用户体验。这3个问题分别对应的研究问题是:目标用户是谁,目标用户的需求是什么,产品和品牌怎样满足用户的需求。

挖掘用户需求的方法较多,较为常用的方法是制作用户画像。通过对用户心理、用户特征等用户信息的搜集与分析,发掘用户未被满足的需求、急需解决的问题等。企业通过提供个性化服务,精准满足用户需求,提升用户体验感,从而沉淀用户和实现粉丝转化。粉丝比普通用户的忠诚度更高,往往会为品牌注入感情因素,是企业优质的目标消费用户。而企业未来的道路长远也在一定程度上取决于粉丝的数量。

二是用户思维的运营。用户思维的运营是一种较为人性化的运营,运营者通过挖掘用户心理的共同点、产品的卖点和痛点,能够更有针对性地提升运营效果。

发掘用户心理的共同点,是指找到用户群体的共同特征,针对用户消费心理的相似点,进行产品推广,吸引用户主动聚集。产品对于用户的卖点等同于用户的口碑。产品根据其所在推广阶段,可以打造不同的口碑重点。例如,在前期面对专业级用户时,某手机品牌的口碑是"为发烧而生",而在运营后期面对大量普通用户时,口碑转变为10项"黑科技"。利用用户痛点进行营销是指强调已有设计的缺陷,说明新产品的优势,满足用户的期望,提升用户对于产品的需求欲。

2. 品质思维

无论处于何种运营环境,使用何种运营手段,品质都是运营的基础和前提,在互联网经济下,只有将产品和服务品质做到极致,给予用户超出预期的体验,企业才能保持稳定的竞争力。品质思维主要包括两个方面:

一是产品品质。互联网经济中,大多数产品处于供过于求的状态。市场饱和的情况下,企业只有保证产品的品质才能占据一定的市场地位,保证企业的稳定发展。互联网经济时代的竞争是基于用户认知的竞争和基于粉丝的竞争。用户对品牌和产品的认知,很大程度上决定了他们的消费欲望和消费行为。无法得到用户认可的产品难以推广。因此,企业必须提升产品的价值和内涵,根据用户需求设计精细化的产品。

二是服务品质。互联网环境中,用户需求愈加个性化,这对新媒体运营者而言,意味着用户需求的复杂化,满足用户需求的难度在不断提升。新媒体时代,用户愿意主动对心仪产品进行口碑传播。企业必须准确掌握用户需求,提供更为极致的产品和服务,从而促使用户主动参与产品和品牌的传播和推广。产品品质固然重要,但服务品质也是品质思维的重点,在很多情况下,产品品质无法形成明显的竞争优势,企业可以通过服务品质的优越性与其他品牌形成差异。

3. 平台思维

当代每个用户可以打造自己的自媒体平台,因而运营的媒体应具备平台思维。新媒体运营平台中,社交媒体平台居多,用户可以参与运营创作或者自主创作内容,企业应该善于利用新媒体平台,与用户达成沟通和交流,进而实现运营推广。平台思维是十分重要的运营思维,可帮助企业构建和强化与用户之间的关系,重塑组织管理和商业运作模式,改变企业生产、销售、营销的整个生态。

当代,每个用户积极参与互联网环境中的内容构建,因而口碑传播在新媒体平台可以产生巨大的裂变效果,为企业带来良好的运营收益。利用自媒体形式,企业可以打通产品与用户的连接渠道,促进产品在用户社交圈的传播,实现产品和品牌的裂变式推广。

互联网平台的开放性也让网上协作成为可能。众包是在互联网环境下诞生的产物,强调社会的差异性和多元性,具有强大的创新潜力,强调从外部吸引人才参与合作和创新。众包可以携手用户参与产品创作,使产品设计由以生产商为主导,转变为以目标用户为主导,持续延伸创新的边界。这种形式使企业可以借助社会资源,提升自身的创新与研发实力,鼓励用户参与,以提升产品吸引力,使产品更符合市场需求,从而获得更高的收益。

4. 品牌思维

品牌是企业价值的体现,是用户对企业及其产品、服务、文化价值的评价和认知。20世纪50年代,大卫奥格威提出了"品牌"的概念,而后"品牌"相关理论不断发展。企业与竞争对手之间的竞争,实际上就是品牌的竞争。品牌的知名度和美誉度是企业保持长期竞争力的外在动力。品牌思维主要包括两个方面:

一是要打造品牌形象。品牌直接影响用户对产品的认知和评价,用户往往会优先选择品牌知名度和美誉度更高的产品。因此,品牌的影响力越大,用户黏性就越高。企业在设计品牌时,需要明确品牌定位,考虑市场环境和用户需求。产品分析主要围绕品牌的产品进行,优质的产品是提升品牌影响力的保障。在策略方面,运营者应该打造品牌的差异性,通过细分市场,满足用户的个性化需求,从而获得独特的品牌优势。

二是推广品牌理念。初创品牌在市场中的知名度较低,需要借助新媒体平台进行品牌宣传。在新媒体时代,借助新媒体平台进行宣传,是大部分品牌最主要的推广方式,尤其对一些体量较小的品牌。在初期资金预算紧张的情况下,通过新媒体营销,可以降低宣传成本。而一些品牌在具有一定粉丝基础后,也会选用传统媒体和新媒体相结合的方式进行宣传,从而进一步扩大宣传的覆盖面。①

第三节 新媒体运营的流程

一、新媒体运营的流程

新媒体运营是一项系统性的工作,不能简单地按照时间阶段来划分工作流程。按照工作职能的维度,运营流程可以分为策划和战略思考、数据分析与合作、日常内容生产、运营活动策划、社群组织与运营等阶段。以下是各阶段的具体工作内容。

(一) 战略规划阶段

(1) 寻找或创建契合的新媒体平台。
(2) 思考如何规划运营布局。
(3) 探究运营策略与品牌的结合。
(4) 运营策略的安排与调整。

(二) 数据分析与合作阶段

(1) 分析自身流量与数据。
(2) 分析竞争者的运营情况与数据,改善运营计划。
(3) 与公司其他部分和第三方作者之间的协商。

(三) 日常内容生产阶段

(1) 内容选题。
(2) 内容生产与排版。
(3) 内容管理与互动。

---

① 李俊,魏炜,马晓艳. 新媒体运营[M]. 北京:人民邮电出版社,2020:50-52.

（四）运营活动策划阶段

（1）各种运营活动的组织与推广。
（2）结合品牌定位确定线上和线下推广策略。
（3）活动运营与结果报告。

（五）社群组织与运营阶段

（1）社群策划方案规划。
（2）社群建设与运营。
（3）社群活动维护。

二、新媒体运营的策略

新媒体运营主要包括内容运营、用户运营和活动运营三个环节，本节将对每个环节的运营策略进行详细介绍。

（一）内容运营策略

新媒体环境中，流量成本日趋昂贵，内容作为以低成本吸引高质量用户的手段，越来越受到新媒体运营者的重视。内容运营主要有以下四个方面的策略：

1. 内容审核

新媒体平台的内容一般遵循先审后发的机制，因此在正式审核之前，运营者应该对内容进行严谨的自查。此外，不同平台的审核条件也存在差异，同样的内容可能在部分新媒体平台无法发布，需要运营者进行相应调整。内容审核的重点首先是原则性问题不容挑战，其次是对内容质量的审核，对于存在表达不清晰等问题的低质量内容，运营者应尽量避免推送至目标用户。

2. 内容价值判断

运营者应严格考量内容的质量、是否可以激发用户的价值、爆发力和传播力等，从内容与产品特性和用户喜好等方面的契合程度进行判断，新媒体内容不应该只考虑"眼球效应"，还应该具备促使用户主动传播推广的潜力。

3. 内容包装

俗话说"人靠衣装，佛靠金装"，包装对于内容的重要性也是如此。对于用户较为关注的标题、配图、摘要等信息，更有必要进行包装。首页图片和标题非常重要，以某视频网站为例，UP主在进行内容发布之前，会选取最具有吸引力的视频封面并配以引人注目的标题，购物网站同样如此，吸引人的图片可以吸引用户点击和观看，与用户产生互动，进而创造后续的流量价值。

4. 专题合辑内容策划

将用户关注的内容以话题形式集中展示，对于用户和运营者来说是互惠互利的，可以深化用户的印象，吸引用户讨论并发表观点。一些社交资讯平台的话题讨论就是专题合辑的典型例子，用户通过带话题发帖，即可加入话题"广场"，进行话题讨论，并与其他用户进行互动。运营人员可以通过制造话题，带动大范围的讨论，从而获取流量，然后通过后期维护和新内容的持续输出，保持粉丝的长期关注。

(二) 用户运营策略

用户运营是指以用户为中心，了解用户的需求，并制定能够贴近用户、团结用户、引导用户的运营目标和战略，以实现用户拉新（吸引新用户）、用户留存（留住老用户）、用户促活（提高用户活跃度）的运营目的。

用户运营主要有以下五个方面的具体策略：

第一，做好用户需求调研与分析，挖掘用户的兴趣点。

第二，在一定的成本范围内，开展运营活动，引导用户体验产品。

第三，通过一系列线上和线下活动，使用户转化为忠实粉丝，持续使用产品。

第四，与用户保持密切互动，提升用户的活跃度，促使用户成为产品和品牌的传播者，提升产品价值。

第五，通过用户召回、用户反馈或品牌联动等方式，实现用户留存和促活。

(三) 活动运营策略

开展活动是令用户了解企业产品和品牌的有效方式，是快速吸引用户并提升品牌知名度的重要手段。活动运营主要包括5个方面的内容，即活动背景、活动目标、活动环节、活动规则和活动结果。

活动背景，指开展活动的基础和缘由以及举办活动的环境和条件。

活动目标，即活动开展需完成的任务或要实现的目的。运营者应根据活动目标设计有针对性的活动内容，在进行活动策划时，应明确并紧扣活动的主要目的。活动目标是策划具体活动内容的指向标，只有确定了活动目标，才能制定更为贴合的活动内容。

活动环节，指活动的具体内容。在互联网发展初期，线上活动和线下活动之间往往存在明确界限。但随着技术和观念的革新，线上线下活动联动起来，反而更能激发用户参与活动的积极性。例如线上集赞线下门店兑换奖品、线下体验线上优惠下单等。活动环节是运营的重点内容，能使运营者的活动创意得到发挥，也是吸引消费者的重要阶段。

活动规则。活动规则指对于活动的具体说明，包括活动的起止时间、地点、参与方式以及优惠奖励等信息。

活动结果。活动结束后，运营者需要收集详细的活动数据，并对相关数据进行统计分析，形成详细的分析报告，从而评估活动效果，为后续活动积累经验。

第四节　新媒体运营的社会影响

一、新媒体发展的新形势

新媒体运营的社会影响主要表现为对就业和创业形势的促进,为了解这两方面的影响,需厘清新时期新媒体发展的新形势,本书将在此基础上对就业和创业进行更具体的分析。

(一)全球概况

1. 互联网加强了地球村联系,而手机上网已成为主流

We Are Social(维奥思社)《DIGITAL 2021:数字世界的最新洞察》的数据显示,最近一年里,全球有超过 5 亿的社交媒体新用户,用户使用互联网的总时长超过 13 亿年,有数以万计的美元被投入电商领域,如图 1-4 所示。互联网的作用和重要性在飞速提升,与之相关的社交媒体、电商、流媒体内容以及视频游戏等领域,依托于互联网飞速发展①。

图 1-4　互联网设备与服务的使用变化情况(来源:维奥思社,2022 年 1 月)

调查公司 Hootsuite 于 2022 年 1 月发布的最新数据显示,全球共有 79.1 亿人口,其中移动手机的使用人口高达 53.1 亿,占人口总数的 67.1%;互联网用户为 49.5 亿,占人口总数的 62.5%;社交媒体活跃用户为 46.2 亿,占人口总数的 58.4%。人们日常的互联网使用时间也呈持续上涨的趋势,2021 年第三季度的平均时长高达 6 小时 58 分钟,与 2020 年同时段相比增长了 1%,即日均使用时长增长了 4 分钟,如图 1-5 所示。4 分钟的增幅看似微小,但全球共有 49.5 亿互联网用户,若每人每天多使用 4 分钟,2022 年的互联网使用时长将超过 50 亿天。这些数据表明,以移动端为主的新媒体正在蓬勃发展,互联网已经与人们的生活息息相关。

---

① 维奥思社. DIGITAL 2021:数字世界的最新洞察[EB/OL]. (2021-02-07)[2022-03-25]. https://mp.weixin.qq.com/s/nwjfDIJvUahqa-vCJoQDvg.

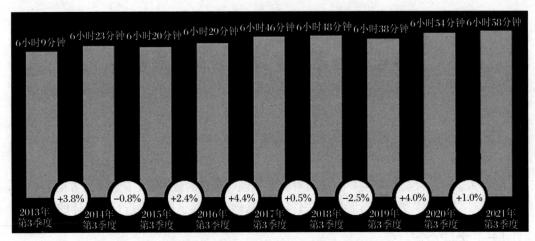

图1-5 日均使用互联网时长(来源:维奥思社,2022年1月)

2. 传统媒体在新媒体环境中重新焕发生机

新媒体的发展虽然在一定程度上对传统媒体产生了冲击,但也推动了传统媒体与新媒体的融合,这种新的媒介形态使传统媒体借助新媒体的优势焕发出新的生机。在网络空间中,"用户就是阵地和市场",而新媒体平台就是阵地与市场的结合点。嫁接新媒体基因,塑造用户思维,打造传播新平台,成为新型传统主流媒体的发力点。比如,2017年《东方早报》停刊,上海报业集团原班人马转向澎湃新闻的多维传播建设。此外,人民日报也开设了人民网、侠客岛等新媒体部门,积极入驻各大新媒体平台,脱离纸质载体,转向全媒体运营,打造新媒体传播矩阵。

3. 社交成为用户使用新媒体的主流目的

Global Web Index 的数据显示,截至2021年第三季度,全球有58.4%的人正在使用社交媒体,平均使用时长为每天2小时27分钟,如图1-6所示。2021年,有4.24亿新用户开始使用社交媒体,社交媒体的覆盖面不断扩大,但用户数量正趋于饱和,预计未来几年的增长速度将逐渐放缓。

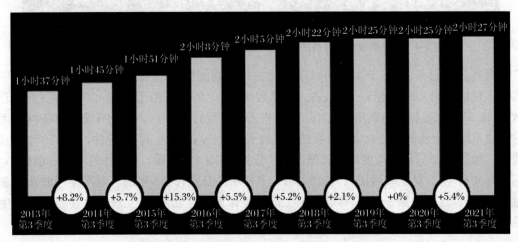

图1-6 社交媒体日均使用时长(来源:维奥思社,2022年1月)

在所有的社交媒体中,TikTok的数据较为显眼。Apptopia的数据表明,2021年,Tik-

Tok 的全球下载量排名世界第一,高达 6.56 亿次,成为 2021 年热度最高的社交软件,如图 1-7 所示。虽然在全球"最受欢迎"社交媒体平台(数据来源:Global Web Index,2022 年 1 月)的统计排名中,只获得了 4.3%的支持率,名列第 6 位,但其短期投票率非常可观,在投票截止前的 90 天内增长了 71%,这一数据也是其受欢迎程度的体现。

App	Downloads 2021
TikTok	656 million
Instagram	545 million
Facebook	416 million
WhatsApp	395 million
Telegram	329 million
Snapchat	327 million
Zoom	300 million
Facebook Messenger	268 million
CapCut	255 million
Spotify	203 million

图 1-7　2021 年全球下载数量前 10 的 App(来源:Apptopia)

4. 美国是社交媒体市场的主力,但中国追赶势头明显

从 Statista 于 2022 年发布的最新数据中可以看出,用户活跃数量排名前三的 App 均为美国开发的应用软件,头部社交媒体平台仍由美国主导。但中国的社交媒体平台,如微信、QQ、抖音、微博、快手等排名也比较靠前,字节跳动旗下的 TikTok 在国外拥有较高的用户活跃度,中国在全球社交媒体市场中占据很大份额,并且追赶势头明显,如图 1-8 所示。

5. 亚非互联网增长潜力较大,欧美互联网市场趋于饱和

Global Web Index 的数据显示,截至 2022 年 1 月,整个南亚地区有超过 10 亿人还未接入互联网,而非洲地区接近 8.4 亿,因而互联网接入率还存在增长空间。放眼国内,尽管中国人口约占全球互联网人口的五分之一,但中国仍有超过 4 亿人没有使用过互联网。总体上,亚非地区具有较大的互联网发展潜力。与亚非地区相比,欧美未入网人口较少,主要有两方面原因:一方面,欧美人口基数小于亚非地区;另一方面,欧美地区互联网普及较早,互联网基础设施较为完善,因而互联网市场已经接近饱和。

6. App 下载量的增速逐渐放缓

根据 Statista 于 2022 年发布的最新数据,2021 年全球 App 下载数量为 2.3 亿次,较 2020 年增长了 5.5%。这在一定程度上受到无需下载的小程序逐渐流行的影响。但如图 1-9 所示,2018 年之前,App 下载量的增幅较大,而最近几年的增速明显放缓。一些领域的头部 App 渗透率强,覆盖面广,这对新兴的 App 想要挤占市场带来一定冲击。新开发的 App 若想占据一定市场份额,获取较高的用户下载量和使用率,功能开发便必须有所创新,还要具备强大的硬件性能和持续的后期运维。2021 年数据的增长情况表明,新型 App 的推广难度逐渐提升。

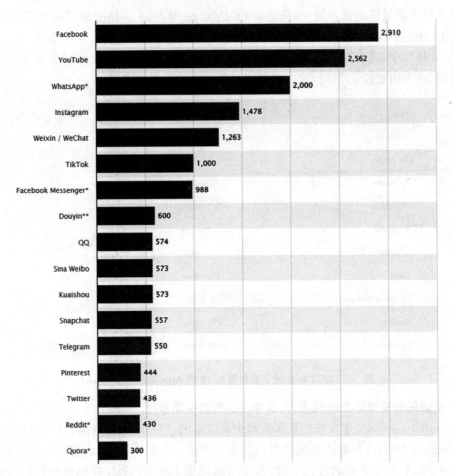

图 1-8　App 用户活跃数量（来源：Statista, 2022 年）

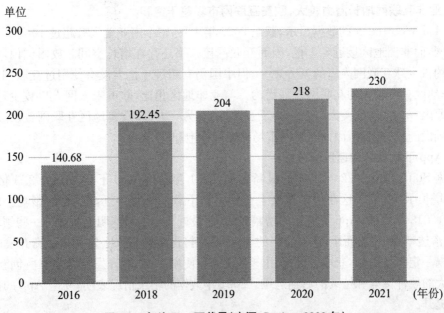

图 1-9　年均 App 下载量（来源：Statista, 2022 年）

(二)国内形势

1. 网民数量逐年增加,其中手机用户数量已超过 99%

根据 2022 年 2 月中国互联网络信息中心发布的《第 49 次中国互联网络发展状况统计报告》中的数据,我国的网民规模、互联网普及率和手机网民规模持续上升,但是增长趋势已趋近平缓,如图 1-10 和 1.11 所示。①

图 1-10　网民规模和互联网普及率
(单位:万人;来源:第 49 次中国互联网络发展状况统计报告)

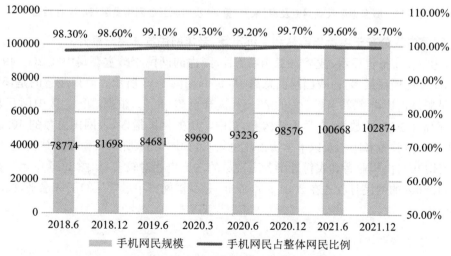

图 1-11　手机网民规模及其占网民比例
(单位:万人;来源:第 49 次中国互联网络发展状况统计报告)

---

① 中国互联网络信息中心. 第 49 次中国互联网络发展状况统计报告[R/OL]. (2022-02-25)[2022-03-25]. http://www.cnnic.net.cn/hlwfzyj/hlwxzbg/hlwtjbg/202202/P020220311493378715650.pdf.

2. 城镇的互联网市场已饱和，农村尚存一定空间

根据 CNNIC 发布的《第 49 次中国互联网络发展状况统计报告》，截至 2021 年 12 月，我国城镇地区的互联网普及率从 2020 年 12 月的 79.8% 上升为 81.3%，城镇地区的互联网普及率趋于平缓，表明我国城镇地区的互联网市场已经饱和。而农村地区的互联网普及率近几年一直在增长，2021 年 12 月达到了 57.6%，如图 1-12 所示。但是值得注意的是，网民城乡规模中，2021 年 12 月农村网民占比由 2020 年 12 月的 31.3% 下降到 27.6%，并未持续保持增长。这可能与当前我国城镇化进程中农村人口进城务工有关。但随着我国数字乡村建设工作不断推进，近几年，我国农村的互联网普及率可能会持续出现增长态势。

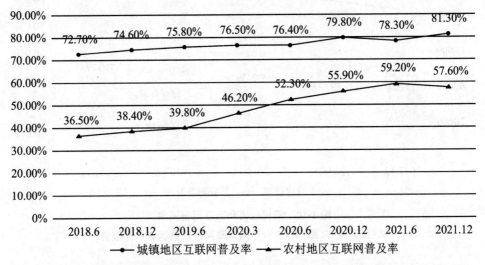

图 1-12 城乡地区互联网普及率（来源：第 49 次中国互联网络发展状况统计报告）

3. 网民广泛分布于中青年群体和下沉市场，老年网民群体逐渐攀升

CNNIC 发布报告显示，截至 2021 年 12 月，国内的网民年龄主要集中在 20～49 岁，其中 30～39 岁的网民最多，占我国网民总数 19.9%，如图 1-13 所示。值得注意的是，50 岁及以上网民群体占比由 2020 年 12 月的 26.3% 提升至 26.8%。根据《第 47 次中国互联网络发展状况统计报告》的数据，在学历结构上，初中学历的网民最多，占网民总数的 40.3%，此外，高中/中专/技校和小学及以下学历占比也较多，如图 1-14 所示。在职业结构上，以学生居多，个体户/自由职业者和农村外出务工人员的占比也相对较多，如图 1-15 所示。在收入情况上，19.6% 的网民月收入在 3001～5000 元，是我国网民中最常见的工资水平，如图 1-16 所示。①

---

① 中国互联网络信息中心. 第 47 次中国互联网络发展状况统计报告[R/OL]. (2021-02-03)[2022-03-25]. http://www.gov.cn/xinwen/202102/03/5584518/files/bd16adb558714132a829f43915bc1c9e.pdf.

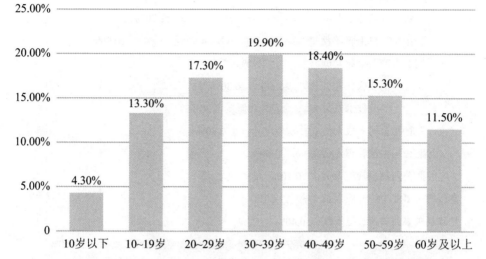

图 1-13　网民年龄结构(2021.12)(来源：第 49 次中国互联网络发展状况统计报告)

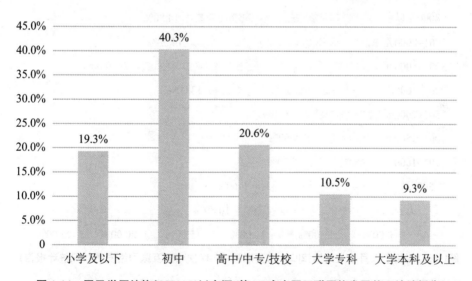

图 1-14　网民学历结构(2020.12)(来源：第 47 次中国互联网络发展状况统计报告)

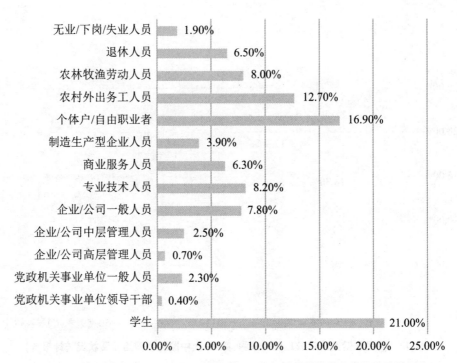

图 1-15 网民职业结构(2020.12)(来源：第 47 次中国互联网络发展状况统计报告)

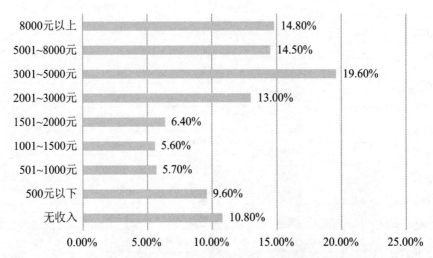

图1-16 网民个人月收入结构(2020.12)(来源：第 47 次中国互联网络发展状况统计报告)

4. 即时通信、网络视频、线上支付成为使用网络的主要事项

如图 1-17 所示，从 2020 年 12 月到 2021 年 12 月，在线医疗、在线办公和网上外卖等应用的增幅较高，虽然部分应用的用户规模相对于即时通信、网络视频等较少，但其市场前景十分广阔。此外，即时通信、网络视频(含短视频)、网络支付作为用户规模前三名的应用，绝对高比例的网民使用率代表其已经成为人们网络生活中必不可少的一部分。

应用	2020.12 用户规模（万）	2020.12 网民使用率	2021.12 用户规模（万）	2021.12 网民使用率	增长率
即时通信	98111	99.2%	100666	97.5%	2.6%
网络视频（含短视频）	92677	93.7%	97471	94.5%	5.2%
短视频	87335	88.3%	93415	90.5%	7.0%
网络支付	85434	86.4%	90363	87.6%	5.8%
网络购物	78241	79.1%	84210	81.6%	7.6%
搜索引擎	76977	77.8%	82884	80.3%	7.7%
网络新闻	74274	75.1%	77109	74.7%	3.8%
网络音乐	65825	66.6%	72946	70.7%	10.8%
网络直播	61685	62.4%	70337	68.2%	14.0%
网络游戏	51793	52.4%	55354	53.6%	6.9%
网络文学	46013	46.5%	50159	48.6%	9.0%
网上外卖	41883	42.3%	54416	52.7%	29.9%
网约车	36528	36.9%	45261	43.9%	23.9%
在线办公	34560	34.9%	46884	45.4%	35.7%
在线旅行预订	34244	34.6%	39710	38.5%	16.0%
在线医疗	21480	21.7%	29788	28.9%	38.7%
互联网理财	16988	17.2%	19427	18.8%	14.4%

图 1-17　各类型互联网应用的用户规模、使用率以及增长率
（来源：第 49 次中国互联网络发展状况统计报告）

（三）网络技术不断提升，助力新媒体持续发展

1. 5G

2019 年，中国正式步入 5G 商用时代。作为新一代移动通信技术，5G 是推动移动物联网络快速发展、促进产业数字化升级、促使经济社会转型和社会治理模式创新的主要动力。新媒体的快速发展需要移动通信技术的支撑，5G 技术的应用满足了媒体行业对于超高清视频直播、海量数据实时传播、提升 VR 视场角和实现自由视角观看等方面的需求。

根据《第 49 次中国互联网络发展状况统计报告》，截至 2021 年 12 月，我国已累计开通 5G 基站 142.5 万个，三家基础电信企业的 5G 手机终端连接数量达到 3.55 亿户，同时 5G 手机出货量 2.66 亿部，较 2020 年 12 月增长 63.5%，如图 1-18 所示。

预计到 2030 年，在直接贡献方面，5G 将带动总产出、经济增加值、就业机会分别提升 6.3 万亿元、2.9 万亿元和 800 万个；在间接贡献方面，5G 将带动总产出、经济增加值、就业机会分别提升 10.6 万亿元、3.6 万亿元和 1150 万个。

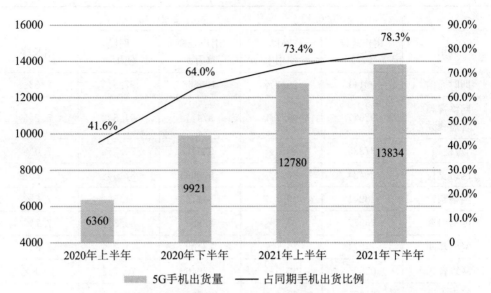

图1-18 5G手机出货量及其占同期手机出货量比例(2021年12月)
(单位:万部;来源:第49次中国互联网络发展状况统计报告)

2. IPv6

IPv6是互联网协议的最新版本,它取代IPv4后,解决了IPv4地址枯竭的问题。截至2018年1月,全球上网人数已达40.21亿,而IPv4仅能提供约42.9亿个IP位置。

根据《第49次中国互联网络发展状况统计报告》,截至2021年12月,我国IPv6地址数量达到63052块/32,较2020年12月增长9.4%,IPv6活跃用户数已达6.08亿,如图1-19所示。同时,我国域名总数为3593万个,其中".CN"域名数量为2041万个,占我国域名总数的56.8%。

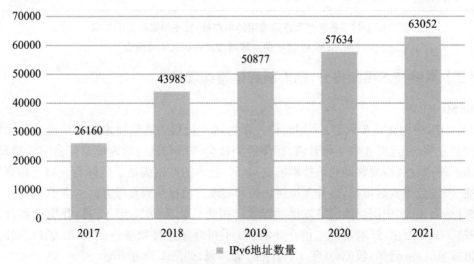

图1-19 IPv6地址数量(2021年12月)
(单位:块/32;来源:第49次中国互联网络发展状况统计报告)

3. 网络提速

党的十八大以来,我国发布了"宽带中国"战略、网络提速降费、工业互联网指导意见等重大政策文件,要求 2020 年全面实现宽带接入能力达到 50 Mbps 以上。目前,带宽已全面提速至 100 Mbps,超额完成了任务,全面提升了居民的网络使用速度。目前民用带宽(光纤)的选择主要有 100 Mbps、200 Mbps、500 Mbps、1000 Mbps,其中 1000 Mbps 是目前可开通带宽的最高级别。根据《第 49 次中国互联网络发展状况统计报告》,截至 2021 年 12 月,100 Mbps 及以上接入速率的固定互联网宽带用户达到 4.98 亿户,较 2020 年 12 月增加了 3.1%,占 2021 年固定互联网宽带新接入用户的 93%;1000 Mbps 及以上接入速率的固定互联网宽带接入用户达到 3456 万户,较 2020 年末增加了 2816 万户,如图 1-20 所示。

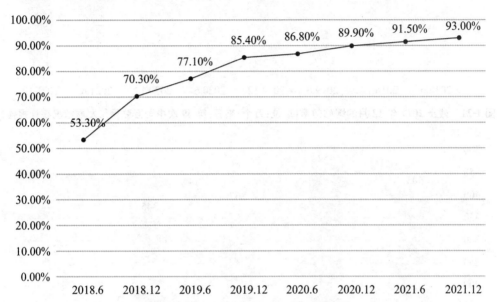

图 1-20　100 Mbps 及以上固定互联网宽带接入用户占比
(来源:第 49 次中国互联网络发展状况统计报告)

(四)网站和 App 数量逐渐减少,小程序数量呈增加趋势

根据《第 49 次中国互联网络发展状况统计报告》,截至 2021 年 12 月,我国网站数量为 418 万个,较 2020 年 12 月减少 5.5%,如图 1-21 所示;App 数量为 252 万款,较 2020 年 12 月减少 93 万款,如图 1-22 所示。网站数量的下降与移动互联网的流行有一定关系。而 APP 数量的下滑则与小程序的普及有关。由于入口的便捷性、免下载的轻量化等优势,小程序逐渐成为许多用户使用程序的新选择。通过以上数据可知,网站和 App 的数量都在减少,但小程序的各方面数据较为乐观。阿拉丁研究院发布的《2020 年小程序互联网发展白皮书》显示,截至 2020 年 12 月,小程序的日均活跃用户数达到 4 亿,自 2017 年以来,年复合增长率高达 33%,如图 1-23 所示。智妍咨询的数据显示,2020 年,中国小程序数量约为 600 万个,同比增长 33.3%,如图 1-24 所示。

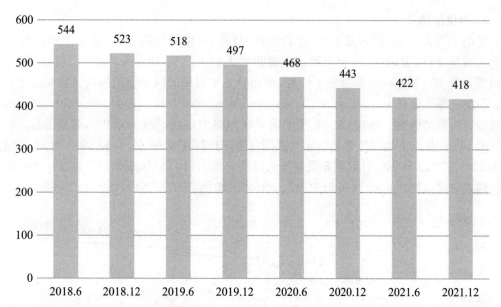

图 1-21　截至 2021 年 12 月的网站数量（单位：万个；来源：第 49 次中国互联网络发展状况统计报告）

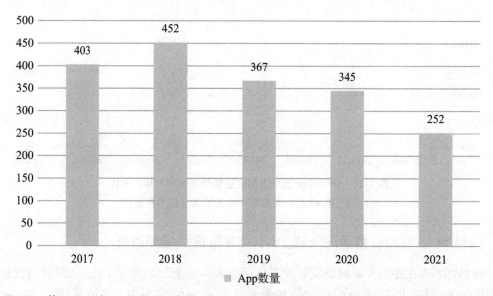

图1-22　截至 2021 年 12 月的 App 数量（单位：万款；图源：第 49 次中国互联网络发展状况统计报告）

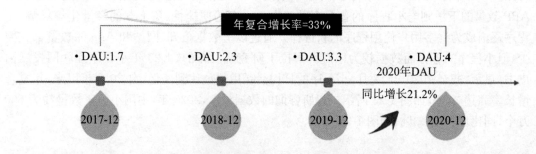

图 1-23　2017～2020 年小程序日活跃用户增长趋势（单位：亿个；来源：阿拉丁）

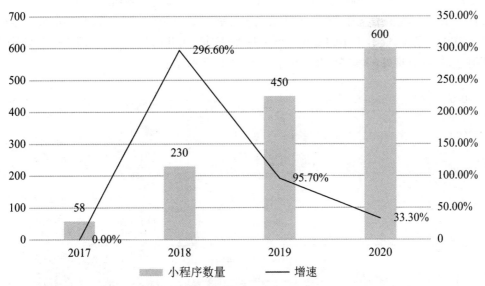

图1-24 2017~2020年中国小程序数量及增速（单位：万个；来源：智研数据）

（五）电商直播和短视频进入高速发展期

1. 电商直播

CNNIC《第49次互联网络发展状况统计报告》的数据显示，截至2021年12月，我国网络购物用户规模达到8.42亿人，较2020年12月增长5969万人，占网民的81.6%，如图1-25所示。

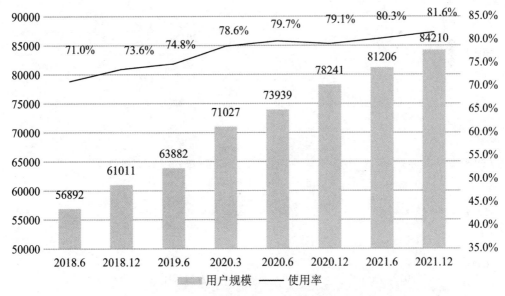

图1-25 2018年6月至2021年12月网络购物用户规模及使用率
（单位：万人；来源：第49次中国互联网络发展状况统计报告）

根据 Fastdata 极数的调查报告,2020 年,我国直播电商交易额达到 12881 亿元,较 2019 年增长 191.8%,电商直播于 2020 年开始飞速发展。截至 2021 年 6 月,我国电商直播销售额已达 10941 亿元,仅上半年的交易额就接近 2020 年,由此可见,电商直播正处于较快的发展赛道上,并具有良好的发展前景,如图 1-26、图 1-27 所示。

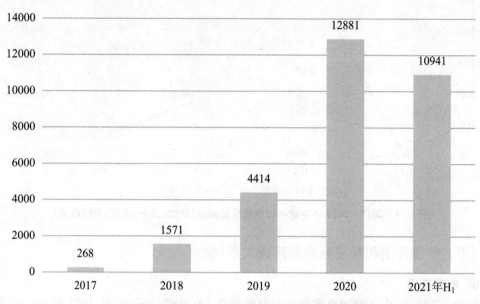

图 1-26　2017~2021 年上半年中国直播电商交易额
(单位:亿元;来源:Fastdata 极数《直播带货中国直播电商行业报告》)

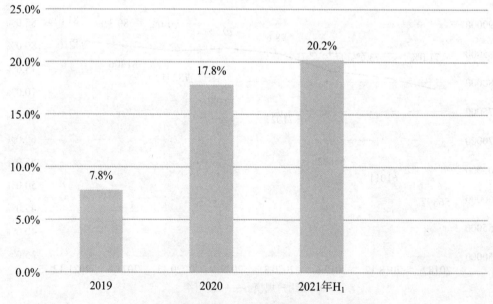

图 1-27　2019~2021 年上半年直播电商用户渗透率
(来源:Fastdata 极数《直播带货中国直播电商行业报告》)

电商直播,是指主播通过视频直播的方式推荐商品,促使消费者产生购买行为,进而完成网上交易的直播形式。与传统电商相比,电商直播满足了用户"边看边买"的需求,它强调主播与用户间的同步感、即时互动感和用户的在场感。电商直播利用用户所处环境的熟悉度,使用户处于放松状态,用户在家中或者在其他熟悉的场所内观看直播,身心都会较为放松。此外,品牌会邀请知名度高的明星做客直播间,对于明星的熟悉感,也会使消费者处于轻松的状态,同时,用户对明星的喜爱度、明星进行直播带货时对消费者的亲昵称呼,也会缩短用户与明星之间的距离感。在这种状态下,消费者的购买意愿会提升,从而在直播间产生消费行为。当前,许多品牌愿意借助明星效应进行电商直播,这种形式既能使品牌获得良好的推广效果,也能助推直播间的人气数据。

电商直播使用户足不出户,即可切身感受产品的使用效果或知晓产品使用说明,进一步促进消费的便利,因而这种形式也受到了政府官方的青睐。2020 年新冠病毒感染疫情期间,"直播+"经济飞速发展。多地政府不断探索与电商直播相关的政策建设和人才引进,力求通过直播带货的方式,推进乡村扶贫工作。不仅地方政府与知名主播签署合作协议,地方政府工作人员甚至亲自走进直播间,为家乡站台。经过多方努力,电商直播带动了乡村特色农产品的消费,也改善了贫困地区的就业情况。例如,一些短视频平台和电商平台纷纷开展公益援农活动,助力精准脱贫。电商直播在政策支持下焕发出新的生机。

但"电商+直播"作为一种新兴的商业模式,其中存在的问题也不容忽视。直播主播的职业门槛较低,对产品的专业性信息了解不足,也无法为产品质量负责,因而出现部分电商直播售卖假货,当然这也不能排除利益驱动,在遭受消费者质疑时,主播与平台、商家还会相互推脱责任。为了获得流量和成交量,一些主播甚至会播出低俗内容吸引用户,或者过度表演化营销,或者通过刷单营造产品热销假象,因而直播间的带货内容参差不齐。

电商直播作为一种新兴模式,在收获经济利益的同时,也应承担起社会责任。部分主播在名利双收的同时并未肩负起自己的社会责任,出现了偷税漏税、售卖假货的违法行为。电商直播的种种乱象表明,目前我国对直播行业的监管与治理尚不完善。为了保护消费者权益和社会集体利益,当前各方也在努力构建积极健康的电商消费环境,同时消费者应树立起理性的消费意识,配合有关部门,对电商直播乱象进行严格监督和管理。

2. 短视频

根据 CNNIC 发布的《第 49 次互联网络发展状况统计报告》,截至 2021 年 12 月,我国网络视频(含短视频)用户规模达到 9.75 亿人,较 2020 年 12 月增长了 4794 万人,如图 1-28 所示。短视频的使用人数仍持续增长,根据《第 49 次互联网络发展状况统计报告》数据,截至 2021 年 12 月,我国短视频用户规模达 9.34 亿人,较 2020 年 12 月增长 6080 万人,如图 1-29 所示。

短视频的发展呈现出以下几点趋势:

(1) 短视频成为新闻报道新选择。短视频由于具有视觉化、碎片化、便利性和即时性等特征,可以在新闻事件发生的第一现场发回最即时、最现场的画面信息,因而逐渐成为公众接触新闻现场的第一手资料。尤其是在对突发事件的报道中,短视频的传播形式更具有传播力和影响力。一方面,短视频内容短小精悍,使用户可以在短时间内了解重要信息;另一方面,短视频的发布主体更加多元,除了专业的传播机构,也包括一些"公民记者",多元主体可从不同角度还原突发事件,帮助用户了解事件全貌。这也在一定程度上弥补了新闻现场无记者的遗憾。短视频时长虽短,但具备视频独有的视觉冲击力,相较于文字和静态图像,短视频对事件的呈现更有信服力。因此,短视频成为了突发事件报道中不容忽视的传播媒介。

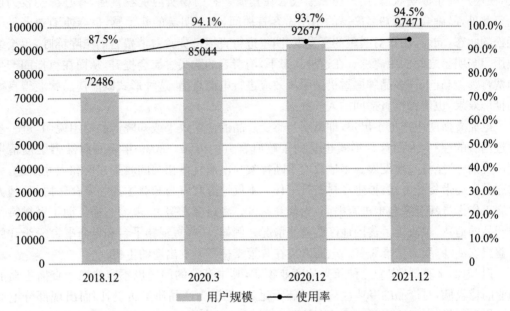

图1-28　2018年12月至2021年12月网络视频(含短视频)用户规模及使用率
(单位:万人;来源:第49次中国互联网络发展状况统计报告)

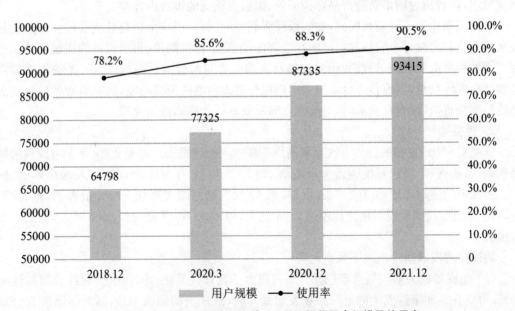

图1-29　2018年12月至2021年12月短视频用户规模及使用率
(单位:万人;来源:第49次中国互联网络发展状况统计报告)

(2)短视频成为电商平台新标配。媒介赋权是新媒体时代的重要特征。一方面,新媒体的门槛较低,大众拥有传播信息的权利;另一方面,新媒体平台中,关注度的聚焦可使普通人拥有知名度。这两方面的结合,迸发出巨大的商机和市场潜力,有助于进一步挖掘短视频产品的商业价值。直播宣传产品虽然应用广泛,但是其也有应用的局限性。例如展示的产品效果需要长时间才可以体现。"使用某款牙膏 30 天才可使牙齿变白","采用某种健身姿势 45 天后腹肌才会显现"等,这些难以通过直播持续不断跟踪,而短视频则更加合适。通过把每天使用完产品后的效果进行汇总、剪辑成短视频,可以使消费者在短时间内领略产品使用效果。因而在跟踪产品长时间使用效果上,直播不如短视频。同时短视频还可通过反复裂变式传播扩大产品知名度,不断吸引潜在消费者,"短视频+直播"的电商模式已形成了完整的产业链①。目前一些消费者熟知的直播带货主播,几乎都来自热门短视频平台。

(3) 短视频成为流行音乐新势力。音乐的传播具有较强的时代性,随着存储技术和媒介技术的发展变化,呈现出不同的传播特点。早期,音乐只能通过乐谱的形式流传,到了近代,音乐可以通过音像存储技术进行再现以及大批量传播。如今,依托信息技术的加持,音频的传播更加便捷,搭载短视频社交模式进行推广,音乐的传播开始呈现出明显的社交属性。短视频平台逐渐成为音乐圣地,除了主题内容、画面质量等常规要求外,音乐节奏的合拍度也成为短视频内容质量的评判标准。短视频的发展为音乐传播创造了新的机会和途径,短视频平台本身的流量为传统音乐传播模式下无人问津的音乐人提供了新的机遇,越来越多的音乐人开始关注短视频平台的音乐传播,将短视频平台作为音乐的首发阵地。短视频的社交传播模式实现了音乐的大范围传播,甚至打破了传统主流华语音乐的统治地位。"抖音神曲"这类流行词开始流行,随之而来的是各项音乐颁奖礼。因而现在也有一句话,即流行音乐姓"抖"或姓"快"。短视频音乐逐渐成为传唱度更高的音乐类型,众多专业音乐人会去翻唱当下的短视频热门歌曲,或者将过去流行歌曲通过翻唱再次翻红,例如 2021 年 SHE 与 2006 年发布的单曲 Ring Ring Ring 的再度翻红。音乐软件中也为短视频平台的热歌设置了专属分类。2022 年初,某短视频平台以"炙热星河"为名,为音乐人打造了全新的服务平台,短视频开始从单纯的音乐宣推者,向音乐制造者转型,逐渐成为推动音乐发展的重要力量。

(4) 短视频成为旅游市场新动力。疫情期间,短视频再次赋能,足不出户体验山河美景,这也受到多地旅游局的重视。通过短视频的信息传播,构建旅游城市名片,打造网红景点,从而吸引游客,推动经济恢复。利用短视频强大的传播效应和影响力,可以实现更多的游客之间分享和转发,形成裂变效应。依托于智能终端传播的短视频,可以更加生动、形象、全面地展现城市面貌,为各地旅游业的发展注入新动力。

二、创业:网红新经济

(一) 自媒体人的就业情况

根据麦克思发布的《中国本科生就业报告》(就业蓝皮书)显示,2019~2021 年自媒体从业比例年年增长,2021 届自媒体就业人数占毕业总数的 0.7%,相比 2019 届增长了 2.5 倍。

---

① 李安,余俊雯. 从生活展示到产业的转型:短视频在乡村振兴中的产业价值[J]. 现代传播(中国传媒大学学报),2020,42(4):134-139.

同时根据观研天下2019年发布的数据,我国自媒体从业人员的数量开始呈现井喷式增长,自媒体从业人员由2014年的146万人上升至2018年的270万人。除就业人员外,我国自媒体行业市场规模也在不断扩大。2013年,我国自媒体行业市场规模为22.9亿元,2017年上升至537.9亿元,2018达到876.1亿元。其中,2017年自媒体的主要收益来自广告投放,收益占比90%。自媒体平台中,微信公众号的市场份额最大,占比63.4%,其次是微博自媒体,占比为19%。近几年,自媒体持续发展,从单纯的内容输出到媒体形象的塑造,再到与直播相结合的电商模式,运营形式不断进行多元突破。

随着技术发展,自媒体的从业门槛不断降低,内容制作更加便捷,运营者可以通过各种运营手段,获取流量与关注,实现盈利。许多自媒体庞大的粉丝量引起了广告主的重视,因而在作品中植入广告也是自媒体的收入来源之一。近几年,电商直播的迅速发展也为自媒体带来了新的机遇,尤其在短视频平台。一些自媒体借助平台优势和直播带货热潮,实现粉丝数量激增,收益也显著提升。根据Fastdata极数的数据,2021年直播带货业务快速崛起,其中抖音平台2021年上半年的电商直播交易额超过4000亿元,淘宝和快手分别达2900亿元和2600亿元,如图1-30所示。平台直播业务的崛起为自媒体频道寻求交易变现提供较大空间。

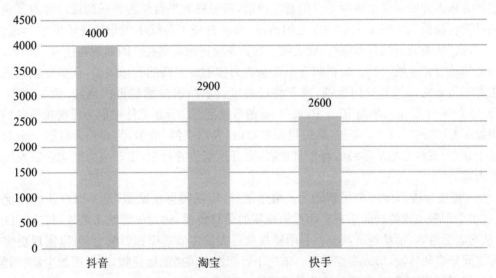

图1-30　2021年上半年主要直播带货平台交易额
(单位:亿元;来源:Fastdata极数《直播带货中国直播电商行业报告》)

(二) 网红新经济

得益于网红经济的快速发展,短视频产品的商业价值得到了充分的发掘。短视频平台不仅可以传播视频内容,还具备实现粉丝与主播实时交流的视频直播功能,受到了创业者和资本市场的青睐。

通过短视频内容吸引粉丝,再运用社交媒体平台进行粉丝运营,最后利用视频直播及电商平台实现价值变现,这样一条完整的网红经济产业链逐渐形成。

网红可分为两类:一类是电竞、美妆、段子手等娱乐网红,可以迎合人们的娱乐需求;另一类则是电商网红,迎合人们的消费欲望。其中娱乐网红偏向内容制作和解读能力的塑造,而电商网红更加看重商品推广和宣传能力。如果创业者在游戏、美妆或搞笑等方面能力较弱,但希望通过新媒体进行盈利,可以考虑成为带货主播。如果具有一定的颜值或某一方面的特长,从业者可以考虑向娱乐网红的方向发展。变成网红也需面临一定的挑战,例如现实生活隐私暴露等问题。如果企业期待通过网红提高产品销量,需要充分考虑电商网红与娱乐网红营销效果间的差异,再根据品牌理念和营销目标等进行理性选择。

(三)数字经济规模不断扩大

数字经济的内涵比较宽泛,凡是直接或间接利用数据,引导资源发挥作用,推动生产力发展的经济形态都属于数字经济。数字经济涉及的技术包括大数据、云计算、物联网、区块链、人工智能和5G通信等新兴技术。在应用层面,"新零售"、"新制造"等都是数字经济的典型代表[①]。在新冠肺炎疫情对全球经济产生巨大冲击的背景下,我国数字经济进一步发展。

根据中国信息通信研究院发布的《中国数字经济发展白皮书2021》的数据,2020年,我国数字经济蓬勃发展,规模达到39.2万亿元,较上年增加了3.3万亿元,占GDP比重的38.6%,有效支撑了疫情防控和社会发展,如图1-31所示。

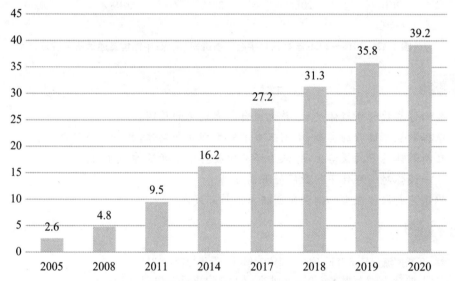

图1-31　2005～2020年数字经济规模(单位:万亿元;来源:中国信息通信研究院)

2020年的新冠病毒感染疫情促使国家各类产业加快数字化转型,中国信通院的报告显示,截至2021年4月,我国农业、工业、服务业的数字经济渗透率分别为8.9%、21.0%和40.7%,同比增长0.7%、1.6%和2.9%,产业的数字化转型为数字经济的发展提供了广阔空间,如图1-32所示。

数字经济产业的特性,要求相关从业人员具备专业知识,接受相关教育和培训,并掌握一定的数字技术。只有具备这些能力,才能推动数字经济进一步完善和发展。党的十九届五中全会、"十四五"规划和2035远景目标纲要指出,要推动数字经济和实体经济深度融合,

---

① 杜睿云,王宝义. 新零售:研究述评及展望[J]. 企业经济,2020,39(8):128-135.

加快构建以国内大循环为主体、国内国际双循环相互促进的新发展格局。当前，数字经济的发展得到了政策支持，国家在数字化基础设施的建设上，投入了大量人力、物力和财力，数字经济的发展前景十分广阔。

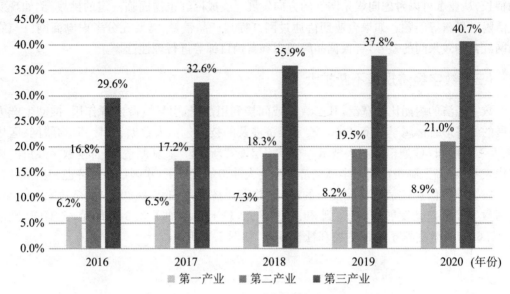

图1-32　2016～2020年我国数字经济渗透率（来源：中国信息通信研究院）

本章思考题

1. 举例你喜欢的新媒体平台，并说出自己喜欢它的原因。
2. 根据新媒体运营的类型，举例三个不同类型的新媒体，并对其简单介绍。
3. 在新媒体运营的策略上，你认为还有哪些可以创新延伸的方向？
4. 谈一谈你对新媒体下的数字经济的理解。
5. 你认为新媒体应当如何利用新技术来持续发展？

本章参考文献

[1]　朱巍.互联网流量经济背景下的自媒体治理[J].青年记者,2021(7):20-21.
[2]　喻国明,曲慧.网络新媒体导论[M].北京:人民邮电出版社,2021.
[3]　叶龙.从零开始学新媒体运营推广[M].北京:清华大学出版社,2017:16.
[4]　陈政峰.新媒体运营实战指南:社群运营、短视频运营、直播运营、微信运营[M].北京:人民邮电出版社,2017:21.
[5]　勾俊伟.新媒体运营:产品运营＋内容运营＋用户运营＋活动运营[M].北京:人民邮电出版社,2018:18.
[6]　约翰·费斯克.理解大众文化[M].王晓珏,宋伟杰,译.北京:中央编译出版社,2001:31.
[7]　胡元聪,冯一帆.大数据杀熟中消费者公平交易权保护探究[J].陕西师范大学学报(哲学社会科学版),2022,51(1):161-176.
[8]　益普索Ipsos.品牌营销:速度并非一切[EB/OL].(2016-08-09)[2022-03-25].https://mp.weixin.qq.com/s/Is2RAlE2AN9dOzPDMi6LVw.
[9]　李俊,魏炜,马晓艳.新媒体运营[M].北京:人民邮电出版社,2020.

［10］维奥思社. DIGITAL 2021：数字世界的最新洞察［EB/OL］.（2021-02-07）［2022-03-25］. https://mp. weixin. qq. com/s/nwjfDIJvUahqa-vCJoQDvg.

［11］李安,余俊雯. 从生活展示到产业的转型：短视频在乡村振兴中的产业价值［J］. 现代传播（中国传媒大学学报）,2020,42(4)：134-139.

［12］杜睿云,王宝义. 新零售：研究述评及展望［J］. 企业经,2020,39(8)：128-135.

［13］中国互联网络信息中心. 第49次中国互联网络发展状况统计报告［R/OL］.（2022-02-25）［2022-03-25］. http://www. cnnic. net. cn/hlwfzyj/hlwxzbg/hlwtjbg/202202/P020220311493378715 650. pdf.

［14］中国互联网络信息中心. 第47次中国互联网络发展状况统计报告［R/OL］.（2021-02-03）［2022-03-25］. http://www. gov. cn/xinwen/202102/03/5584518/files/bd16adb558714132a829f43915 bc1c9e. pdf.

［15］Fastdata极数. 2021年中国直播电商行业报告［EB/OL］.（2021-10-09）［2022-03-25］. https://mp. weixin. qq. com/s/DcukSlgwM3Ed2cOyGgL9FQ.

［16］黄家圣. 论视频博客兴起背后的传播转向［J］. 记者摇篮,2018(9)：112-113.

［17］易玚. 泛在式参与：互动类短视频生产和传播的动因分析——以迪士尼角色玲娜贝儿短视频为例［J］. 视听,2022(7)：151-153.

第二章　新媒体内容运营

> 如今,新媒体竞争日益激烈,"内容为王"成为新媒体平台保持竞争优势的宣传口号和运营关键。内容不仅能使新媒体平台在众多竞争对手中呈现个性化特征,以吸引用户关注,更是留存用户的重要资本。内容运营是新媒体运营中的重要板块,内容质量、内容的新颖程度和内容发布的时效性,都是内容运营的关键要素。随着互联网信息产业的不断变更,内容运营经历了 web1.0、web2.0、web3.0 时代的转变,内容运营的组织架构和营销模式也在经历不同时代的变迁,这对互联网信息行业的发展产生了重要的推动作用。在新业态下积累的"运营经验",能够在一定程度上对行业发展有所启发。
>
> 本章将通过介绍内容运营的定义和特征,帮助读者理解新媒体内容运营的基本知识。在此基础上,本章将从内容的形式、生产以及推广方式等方面,详细探讨内容运营的过程和环节,帮助读者掌握新媒体内容运营的技巧。

第一节　内容运营的定义和特征

在新媒体环境中,用户市场不断垂直细分,各类新媒体平台致力于将分散的用户个体按照兴趣爱好等维度重新聚合,从而形成具有同质性的社区。这种发展趋势,使新媒体运营成为商家、企业乃至个人进行营销的必要手段。"内容为王"作为新媒体运营的核心要点,成为运营主体从众多新媒体产品中脱颖而出的重要条件。

一、内容运营的定义

目前,学界对于新媒体内容运营的定义尚未形成统一标准。陈政峰[1]认为,内容运营指的是在具有无边界特质的新媒体平台中进行的体系化运营,运营过程中平台的专业和领域不受限制。而新媒体内容运营则是指运营者利用新媒体渠道,通过文字、图片或视频等形式,将与选题相关的专业信息呈现在用户面前,并激发用户的参与和分享传播[2]。综合各位学者的观点,本书认为,新媒体内容运营即以新媒体为载体,将文字、图片、音频或视频等形

---

[1] 陈政峰.新媒体运营实战指南:社群运营·短视频运营·直播运营·微信运营[M].北京:人民邮电出版社,2019.
[2] 勾伟俊.新媒体运营:产品运营+内容运营+用户运营+活动运营[M].北京:人民邮电出版社,2018.

式的内容,根据不同平台的特征和用户性质进行策划和分发,促使用户进行内容传播和活动参与,为后期的粉丝积累和内容变现打下基础。

新媒体平台的内容运营主要有两个标准:内容的专业性和趣味性[①]。互联网的传播内容面向大众,因此,运营者获取和生产的内容需具备专业性,以保证传播内容的准确性、积极性和实用性。运营者或原创专业性内容,或从其他新媒体平台以及书籍、报纸等媒介借鉴专业信息,然后对其进行加工、二次创作、传播等一系列内容营销活动,不断从中挖掘有价值的信息,通过专业性提升内容质量,凸显平台优势。同时应保证用户获取的信息能够对其产生实际意义,从而实现用户的持续增长。

在保证传播内容专业性和准确性的前提下,运营者可通过改变内容输出形式或表达方式来增强趣味性和可读性,从而实现用户留存和用户拉新。例如,采取漫画、趣味短视频以及搞笑段子等形式输出内容,能令所传达信息更具记忆点,更好地被用户吸收。

此外,内容运营应包括两个基本点——获取用户和传播品牌与服务。获取用户是新媒体运营的首要目标,是平台和品牌进一步发展的前提,学者熊敏和肖燕雄认为,内容分发平台媒体所拥有的技术能力为获取用户提供了新路径[②]。在初期的用户聚集阶段,拥有智能数据技术的媒体可通过对用户行为数据进行抓取、分析,构建用户画像。然后,依据用户画像的各种标签,进行内容选取和精准投放,并逐渐形成独立的内容资源库,以摆脱对其他内容提供商的依赖。

新媒体运营不是单纯的内容创作与输出,其关键在于,运营者要通过内容传播让受众了解并认同其产品或服务,从而塑造品牌形象。通过不同的传播形式和分发渠道,品牌信息及服务内容能更加精准地分发至附有不同标签的用户。例如,用户可亲自为账号设置标签,这些由用户亲自设定的标签,最能体现用户的特点及喜好。平台可根据标签属性将内容投放至兴趣相符的用户,用户出于对作者或品牌的认同浏览内容,在这个过程中,用户可进一步了解品牌的理念和服务。同时,运营者应充分预估传播效果,并结合实际情况,及时调整后续的运营活动。但是,由于互联网传播具有速度快、范围广等特性,运营者在内容分发前要注重对内容质量的严格把关。在精准分发内容的同时,运营者可适度投放新颖内容、普适性内容,减轻用户的茧房困扰。

二、内容运营的特征

(一)分众传播:提高内容传播的针对性

算法推荐等技术的成熟,使分众传播成为新媒体平台内容传播的新特征。分众传播强调内容分发因人而异,差异化的内容分发是新媒体内容运营的重要环节。当前,新媒体平台差异化的内容分发,采用心理和地理双定位的方式。心理定位所需数据主要来源于两方面:一方面是平台在前期采集的用户信息,包括用户的性别、所在地区、职业、种族、学历等基本信息,在用户注册时,平台可获取此类信息;另一方面,在用户使用平台的过程中,平台可获

---

① 陈政峰.新媒体运营实战指南:社群运营·短视频运营·直播运营·微信运营[M].北京:人民邮电出版社,2019.
② 熊敏,肖燕雄.内容·渠道·用户:内容分发平台媒体的内容运营体系构建[J].中国编辑,2021(10):33-37.

取用户的行为数据,从而分析用户的媒体使用习惯和兴趣爱好等。地理定位服务是指通过定位用户使用平台时所处的具体位置,提供本地化的信息服务①。平台可根据用户实时的位置信息,推送用户所在地的相关消息,增强平台与用户的黏性,从而提升用户对平台的使用频率。

运营者应根据前期构建的用户画像和用户地理位置信息进行内容分发,在兼具社会功能和经济功能的基础上,通过内容运营不断促进用户增长。数据分析团队可利用算法抓取、分析用户数据,对用户的行为和爱好进行垂直细分,将用户归类于具有相同或类似爱好或特性的组群中。运营者则对运营内容的制作和输出进行细分化管理,让内容的生产和传播更具针对性和实用性。例如,金融行业用户会更倾向于关注金融、货币等方面的消息;而新手妈妈则会将关注点聚焦于育儿类内容。用户会根据自身需求主动搜寻相关信息。在分众传播的过程中,运营者应先对用户数据进行整理并设定用户标签,然后依据特定程序自动进行运营内容的录入、分析、排序、标签化,最后根据用户标签,精准匹配用户与内容,为用户提供优质服务,最大程度满足用户的个性化需求②。

新媒体内容除了要符合专业性、趣味性要求外,还需满足运营者的盈利需求。垂直细分的用户群组,可以让企业或品牌在挖掘不同领域的潜在客户时,更具方向性,深入了解和预测潜在用户的行为,精准推送内容,实现企业盈利。

(二) 社交功能:构建具有共同爱好的社区

多元化的互联网络中包含各种各样的信息,随着新媒体传播的"去中心化",传播形式也愈加丰富,传播内容出现碎片化特征,用户对于信息的获取也呈现出碎片化趋势。新媒体平台通过对用户的垂直细分和内容的精准推送,将分散的用户重新聚集起来,针对具有相同兴趣、价值观、需求等同质性特征的精确用户群,构建起多种网络社交空间,即虚拟社区③。

虚拟社区中,用户会围绕感兴趣的话题展开积极讨论,并创作或传播内容。新媒体平台为具有共同点的用户提供了更易产生交集的空间,用户在此可找到志同道合的人,基于针对性话题,组建网络社交群,获取归属感。但是,局限于同质性社区进行社交和信息获取,存在引发回音壁效应的风险。在相对封闭的网络圈子中,相似的信息或想法不断重复,长此以往,用户会逐渐疲于思考,同一集群内成员的认知被不断强化,将愈加抵制与既有观点不符的信息,无法接受与自身相悖的观点④。长期缺少辩证思考,会加剧群体极化,阻碍社会整合,甚至导致社会撕裂。

(三) 承载量提升:无规模限制的内容传播

新媒体平台打破了传统媒体对于内容传播的规模限制。传统媒体时代,内容传播往往会受到报纸篇幅、广播电视节目时长等方面限制。而新媒体平台具有海量云存储功能,人人皆可发布内容,可承载的信息量无上限。不过,这也为用户造成信息负担,用户无法知悉全

---

① 引用来源:https://baike.baidu.com/item/LBS/1742?fr=aladdin.
② 于书亚.互联网信息分发机制研究[J].媒体融合新观察,2022(1):38-53.
③ 郭莉,等.虚拟社区中的社群交互:研究综述[J].技术经济,2014,33(12):30-38,64.
④ Bessi A,Coletto M,Davidescu G A,et al. Science vs Conspiracy:Collective Narratives in the Age of Misinformation [J]. Plos One,2015,10(2):1-17.

部信息内容,还会被重复或相似信息包围,这应引发我们对新媒体环境下媒体可供性的新思考。对于新媒体平台中的信息,用户不可能浏览完毕。于是,运营方为吸引用户的注意力,会源源不断地推送信息,增加用户停留时间。因此,新媒体平台打破了传统媒体信息承载量的上限,虽然存在内容过载的负面影响,但却让平台用户乐此不疲。

在愈发激烈的互联网竞争中,尽管越来越多的运营者意识到了新媒体营销的重要性,但在内容运营方面却稍显乏力。诸多企业和个人开设了新媒体账号,试图通过社交媒体渠道实现品牌营销,提高知名度,但运营形式却缺乏新意,许多账号的新媒体内容运营陷入了同质化困境。因此,除了借助特定时间、节日、节气和特殊事件的热度创办新媒体营销活动,以及通过抽奖等奖励方式,实现与用户的联动外,新媒体的内容运营亟待探索更多有趣的全新玩法。

第二节 内 容 形 式

内容形式的多样化意味着新媒体用户可通过文字、图片、视频、音频等多种形式了解产品信息。各种内容形式调动不同人体感官,带给用户全方位的体验。运营者需要合理运用符合品牌特色的内容形式,结合自身定位,营销品牌产品或服务。这一小节将探讨五种内容形式,帮助读者了解新媒体的内容呈现技巧。

一、文字

文字具有直观、准确、占用体积小等特点,可直接、准确地传递内容的核心价值,一定程度上避免用户产生错误理解。文字的表现手法也较为多样,运营过程中使用多种写作方法,有助于快速吸引用户注意,并引起共鸣[①]。如图 2-1 所示的是一篇名为《31 省区市新增本土确诊 55 例:河南 33 例、天津 14 例》的纯文字文章。

二、图片

相较于文字,图片赋予信息更多色彩、形式上的视觉冲击力。除了进行核心内容的输出外,运营者可借助图片给予用户一定的想象空间。值得注意的是,选择配图时,图片须与产品和用户定位相符,文字内容与图片信息应相得益彰。文字是对图片内容的补充,图片则使文字内容更加形象生动,二者相辅相成,进一步提升传播效果。

随着新媒体迅速发展,图片的形式也日趋丰富,出现了 GIF 动图、长图文等图片样态。相较于传统的静态图,新型图片形式的表现能力更强,更具动感。静态图片仅仅是对某一瞬间的定格,动图和长图则可展现出一段时间的动态过程,表达效果更佳,仅仅几张图片就包含了大量重要信息,并且易于理解。除了动图,条漫也成为近年异常火爆的漫画表达形式之

---

① 李俊,魏炜,马晓艳.新媒体运营[M].北京:人民邮电出版社,2020.

一,受到众多网友的喜爱。条漫依附于移动终端,以单格或多格的长条形漫画从上往下依次排列,通过连续画面,叙述故事①。例如,科普类自媒体——好奇博士十分擅长利用条漫向粉丝传输专业的百科知识,以一种看似不正经的科普方式,回答科学问题,这种方式受到了网友的一致好评。

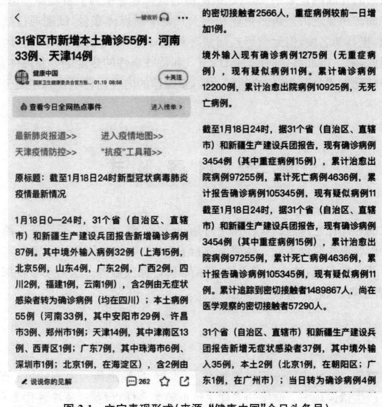

图 2-1　文字表现形式(来源:"健康中国"今日头条号)

值得注意的是,当前有许多运营方会通过原创图片,体现自身新意和创造力,由此产生了一些问题。例如,很多不法分子未经作者同意,随意盗取其他创作者的原创图片,这不仅侵害了原创者的合法权益,还会对其宣传效果造成负面影响。为了防止此类情况发生,很多新媒体运营者开始注重图片来源和版权,会为图片附上 logo 等水印标识以保护知识产权。

三、音频

与文字和图片相比,音频更具亲和力。音频通过调动用户的听觉感官,快速缩短与用户之间的距离,具有独特的陪伴感。由于个人音色各有特质,音频往往会成为个人标签。通过音频,用户还可与自己喜爱的声音对话,亲切感倍增。

例如,在导航软件中,用户可选择不同风格、不同明星人物的语音包,感受或温暖、或有趣的语音陪伴。如图 2-2 所示,高德地图中有丰富的导航语音包。在旅游景点中,游客可扫

---

① 引用来源:https://baike.baidu.com/item/条漫/16190693?fr=aladdin。

描景点指示牌上的二维码,获取对应的语音讲解,在没有导游带领的情况下,游客可一边浏览景点,一边倾听语音讲解,以此充分发挥语音的陪伴优势。

四、视频

视频是目前较为主流的新媒体内容表现形式,它能更加生动形象地展现内容。声画共现的视频可还原现场,为用户带来较强的即视感、自主性,更具吸引力。视频展现的内容也更具说服力,能够增强用户的信任度,如图 2-3 所示。视频的表现形式丰富多样,可分为网络视频短剧、微电影、原创创意视频和用户生产内容视频等。视频长度划分标准不一,但大致可划分为以下区间:小于 15 s、15 s～1 min、1～3 min、3～10 min、10～20 min、大于 20 min。不同长度的视频具有不同优势,在内容运营时,视频长度应与策划内容的定位相符合。比如,突发事件新闻报道控制在 15 s 左右为佳,自媒体讲解视频的长度可为 3～10 min,深度解读或纯欣赏无讲解视频的长度可在 10 min 以上。

图 2-2　高德地图导航语音包(来源:"高德地图"App)　　图 2-3 视频表现形式(来源:"财新"App)

短视频的优势在于其内容短小精悍,可在短时间内抓住观众注意力,更为符合当下网民的碎片化阅读习惯。但是,长度过短的视频并不利于深层思想的输出。基于深度思考的需求,许多短视频平台新增了长视频功能。长视频更适用于科普类或讲解类自媒体,在充分的表达空间下,创作者可较为完整地叙述内容,带动观众深度思考,内容价值也会得到提升。

五、直播

图2-4 《南方都市报》通过慢直播直击台风登陆
(来源：《南方都市报》微博官方账号)

随着网络和视频技术不断迭代，视频形式的内容运营出现了新的业态——直播。直播是一种基于互联网技术，借助各类信息接收平台和终端[1]，以即时的视频和语音信息为形态，可实现即时互动的、没有时长限制的新型信息传播方式。直播行业发展至今，越来越多的团队和企业注意到了其中的商机，纷纷将直播形式应用到游戏、教育、医疗、电商等行业中[2]。"直播+"的沉浸式交互体验、强刺激的传播游戏形式，极大地提升了用户的消费热情和平台黏性。随着移动信息技术的升级，直播行业进入3.0模式，一种新的直播形式——慢直播走进大众视野，以长时间、低剪辑、全记录的特点，赋能各行各业，推动社会变革。

慢直播在重要社会事件中也起到了增强真实性和沉浸感的作用。面对2022年第七号台风木兰登陆，南方都市报便通过慢直播，直击现场，如图2-4所示。慢直播以全景记录、实时在线的形式，带领人们了解最新进展，提升了新闻内容表现力，塑造了社会集体记忆。

案例 音频运营——蜜雪冰城《甜蜜蜜》主题曲的爆火

2021年上半年，国内茶饮品牌蜜雪冰城凭借"你爱我，我爱你，蜜雪冰城甜蜜蜜"的洗脑旋律走红网络，简单重复的歌词、节奏感极强的旋律，让这一品牌登上多个平台的热搜榜。据艾媒网数据显示，2021年初，蜜雪冰城完成首轮融资后，市场估值超过200亿元，高于喜茶130亿的估值[3]。在价格方面，蜜雪冰城主打亲民战略，通过低价将策略运用到了极致。其中，品牌主题曲发挥了良好的品牌营销效果。

蜜雪冰城官方账号将主题曲的音源和MV投放至B站、微博和抖音等各大社交媒体平台，引发了广泛关注。就其内容本身来说，歌曲简单，易唱易模仿，曲调轻快活泼，MV的画风也比较接地气，容易被大众接纳。同时，大众的模仿传唱，品牌运营方在社交媒体平台构建的话题矩阵，在抖音打造的神曲BGM热潮，以及在B站中投稿的"鬼畜"视频等，都为品牌打响了知名度，提升了大众对品牌IP的熟悉度。

---

[1] 闵卓. 网络直播热的冷思考[J]. 青年记者, 2016(36): 39-40.
[2] 喻国明, 刘彧晗, 杨波. 理解网络直播：媒介人性化逻辑的延伸[J]. 编辑之友, 2021(7): 38-43.
[3] 引用来源：https://www.iimedia.cn/c1040/74694.html.

第三节 内容生产

打造优质原创内容,从而提升用户的转化率,是内容运营的重要目标。当前,对于新媒体页面中的内容,网民逐渐失去了仔细阅读的耐心,大部分用户更倾向于快速、简明地了解内容所要表达的中心思想,与自身的关联程度、利害关系等。因此,运营者必须做好选题策划、内容策划、形式创新和素材收集等前期工作,保证后期工作有框架、有思路、有条理。本节将依据新媒体内容的组成部分探讨内容生产。

一、标题

新媒体平台中,标题不仅是内容的"门面",还是打开内容的钥匙,标题的质量在很大程度上决定了内容的阅读量。对于不同定位、不同类型的产品和服务,新媒体内容所使用的标题类型也不尽相同。本书将对现有的标题类型进行总结和归纳,并为内容运营者提供一些标题的写作技巧。

(一)标题类型

1. 悬念式标题

悬念式标题将最能引起读者注意的内容置于标题中,使读者产生疑问,激发读者的探求欲,引导读者带着疑问,浏览内容。注意,悬念式标题中文章的重要内容可先不作展现,而是使用省略号或问号代替,如图 2-5 所示。

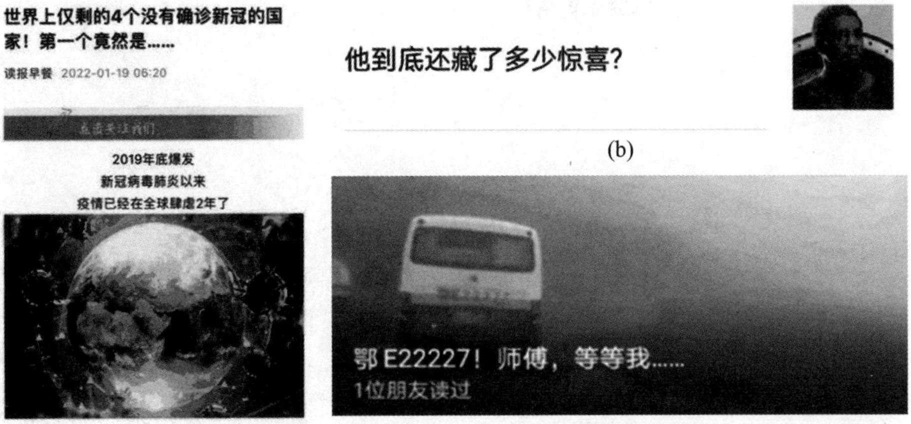

图 2-5 悬疑式标题(来源:(a)"读报早餐"微信公众号;
(b)"整点电影"微信公众号;(c)"中央广电总台中国之声"微信公众号)

2. 学习式标题

学习式标题会使读者产生"阅读内容可掌握某些知识和技巧"的想法,从而激发读者的求知欲。如图2-6所示，作者直接在题目中表明文章内容是围绕"时间序列的自回归理论和实现"展开的，在标题处传递了专业价值。附上此类标题的内容，往往更具实用性和专业性。

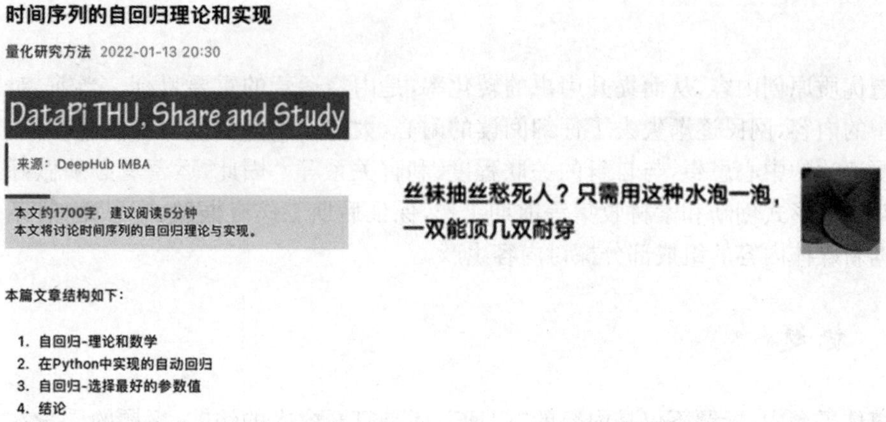

(a)　　　　　　　　　　　　　(b)

图2-6　学习式标题（来源：(a)"量化研究法"微信公众号；(b)"养身生活小妙招"微信公众号）

3. 趣味式标题

在趣味式标题中通常会使用一些可爱、有趣、有新意的词语，传达轻松欢快的感觉，为读者营造愉悦的阅读或观看氛围。此类标题一般适用于广告宣传类内容，以避免用户反感。如图2-7所示，这篇文章的传达的主要内容是，某饮料品牌为其旗下产品的下架道歉。品牌运营方运用了趣味式标题，不仅向大众传达了歉意，还有效宣传了新产品，语言生动活泼，使用户对新产品更加包容，实现了一次反向营销。

图2-7　趣味式标题（来源："SEVENBUS"微信公众号）

4. 福利式标题

福利式标题会向用户传递有关奖励、促销活动等信息，通过获利驱使读者在浏览内容时有所期待。福利式标题有直接表达和含蓄表达两种标题技巧。直接表达是将具体的福利内容或"福利"二字写在标题中,直接地向用户传达该内容具有福利性质。如图 2-8 所示,运营者使用直接表达的方式,将"买一送一"的优惠活动体现在标题中。含蓄表达则是通过使用与"福利"一词意思相近的其他词语,传递文章中所具有的福利性质。

图 2-8　福利式标题(来源:"SEVENBUS"微信公众号)

5. 数字式标题

数字式标题是指在标题中嵌入具体数据,通过具有震撼力的数字,激发读者探寻数字背后故事的好奇心,从而吸引用户浏览内容,如图 2-9 所示。

(a)　　　　　　　　　　　　　　　　(b)

图 2-9　数字式标题(来源:(a)"人民日报"微信公众号;(b)"央视新闻"微信公众号)

6. 蹭热度标题

蹭热度标题借助社会上的实时热点或新闻为内容造势,从而增加点击量和关注度。如图 2-10 所示,公众号在推送有关招聘的相关文章时,在标题上借势于"九价 HPV 疫苗",从而吸引更多粉丝点击浏览。

7. 揭秘式标题

揭秘式标题能够彰显未解决的问题,或一些有趣问题的调查结果,给读者以谜题揭晓的感觉,引导读者深入阅读内容,在浏览内容的过程中,体验"揭秘"过程,提升读者阅读体验,如图 2-11 所示。

"九价HPV疫苗扩龄"刷屏！多地喊话：先别急……

安徽共青团 2022-09-01 16:33 发表于安徽

图 2-10 蹭热度标题（来源："安徽共青团"微信公众号）

8. 警告式标题

警告式标题是一种有力且严肃的标题,此类标题通常从事物的特征、功能和作用着手,凭借发人深省的内容、严肃深沉的语调,给予读者强烈的心理暗示,以此发挥提醒、警示和震慑作用[①]。警告式标题可在一定程度上提高新媒体平台的威慑力和权威性,因此得到了很多新媒体运营者的青睐。此类标题经常被用于健康类新媒体平台中,运营者通过使用警告式标题吸引用户,进行知识普及,如图 2-12 所示。

图 2-11 揭秘式标题
（来源："新华社"微信公众号）

图 2-12 警告式标题
（来源："Word 联盟"微信公众号）

9. 独家式标题

出于大众心理角度,独家式标题会给用户一种率先知悉重要内容的体验,能让用户产生信息优越感,尤其是一些喜欢担当意见领袖的用户,会主动转发带有独家式标题的内容,成为新媒体潜在的传播源。这类标题往往以"独家""内部指南"等词语作为吸睛点,如图 2-13 所示。

图 2-13 独家式标题（来源：中国长安网）

---

① 叶龙.从零开始学新媒体运营推广[M].北京:清华大学出版社,2017.

（二）标题写作技巧

进行标题写作时，除了应根据策划内容或运营需求，选取不同类型标题，还需注意风格、字数和主题设计等方面的标题技巧。

首先，标题风格要统一。在拟定标题时，需要考虑标题的语言和风格是否与平台的整体风格相协调。

其次，要把握标题字数。标题字数最好控制在一行内，虽在不同终端屏幕中，显示的标题行数存在差异，但最多不应超过三行，避免标题内容过于冗杂，引起读者反感。

最后，标题应凸显内容主题。作者可根据时间、事件性质、具体受众等维度，设计不同风格的标题，但标题必须围绕内容主旨，紧扣核心思想，传达一定信息量。俗话说，题好一半文。标题能否体现文章主旨就是衡量标题质量的重要标准之一。

二、正文

"内容为王"作为内容运营乃至整个新媒体运营的核心宗旨，时刻提醒着运营者要注重内容原创，把关内容质量。为了达到良好的宣传效果，运营者在内容写作和营销布局的过程中需要掌握必要技巧。

（一）原创内容

在新媒体领域，原创内容不仅更受认可，还是一种更具价值的内容输出方式。在写作过程中，原创内容由作者全权掌握，作者可根据策划方向或合作要求，植入品牌信息。另外，运营者可以根据用户喜好，创作积极、正能量的内容。原创内容是增进运营者与粉丝之间关系的最佳方式，运营者基于独特的编辑风格和预先设定的运营方向输出内容，吸引不同领域的粉丝，再通过后期修饰和包装，提升粉丝黏性。同时，原创内容有利于规避知识版权纠纷，助力新媒体生态的内容多样性。

内容的创作类型主要有五种：故事型、悬念型、逆思维型、总分型、镜头剪接型。故事型内容偏向艺术性与合理性，通过故事叙述，让读者产生代入感，使其印象深刻；悬念型内容通过设置层层悬念，一步步引导读者揭开真相，给予读者一种顿悟感；逆思维型内容则遵从"反其道而行之"的创作准则，讲究出其不意，给予读者新奇的体验感；总分型内容通常在开篇点题，在主体部分将中心论点分为几个分论点，横向展开论述，最后在结论部分加以归纳、总结和引申；镜头剪接型内容又被称为片段组合式内容，是指根据表现主题的需要，选择几个典型、生动的人物、事件或景物片段，组合成文。

（二）彰显热度

在新媒体运营中，热门话题本身已经具备较高的关注度，因此，内容越能彰显话题热度，越能增强粉丝的认同感，也能降低运营难度。彰显热度可通过两种方式实现：一是创造热门话题；二是紧跟既有热门话题。杜蕾斯品牌便是凭借着较强的热点创造能力以及对热点的反应速度，专注于内容创作，实现了软性推广。它擅长将产品置于生活场景中，利用大家熟知的画面或事件，使读者对文案产生联想。虽然对于杜蕾斯的营销众说纷纭，但是该品牌的营销推广是系统化的、持续性的,运营者唯有不断积累素材,才能像杜蕾斯品牌一样,在借势热度中持续爆发。

(三) 形成特色

优秀的新媒体运营必定拥有独特的风格。富有特点的语言表达和编辑风格,有助于新媒体平台构建起别具一格的运营模式,便于用户迅速形成对于品牌的立体认知。例如,新媒体星座占卜账号——"同道大叔",为十二星座设计了十二个不同的漫画形象,通过漫画进行内容叙述,增添了趣味性和生动性,树立了独特的漫画风格,从而与其他星座占卜账号区别开来。

(四) 刨根除草

业界自媒体人曾提出,运营者在进行内容创作时,需"刨根除草"。新媒体用户的知识储备各不相同,只有在分享专业知识时做到深浅有度才能满足多数用户的需求。作者需要舍弃过于专业、高深复杂的内容,破除与用户之间的知识隔阂,这被业界称为"刨根"。除此之外,还需去除一些常识性和简单无意义的内容,避免用户无所收获,此为"除草"。总之,新媒体内容需实现知识性和通俗性的平衡,过于专业、深奥的内容不但阻碍读者理解信息内涵,还会增添读者阅读的枯燥感,传播效果适得其反。同时,一些常识性内容会使篇幅冗长且无意义,使读者感到乏味且没有帮助。

案例　内容编辑工具介绍

(1) 内容编辑器:① 135 微信编辑器;② 小蚂蚁微信编辑器;③ 96 微信编辑器;④ 易点微信编辑器(图 2-14);⑤ 秀米微信编辑器。

图 2-14　易点微信编辑器界面

(2) 图文设计工具:Windows 自带截图工具;Photoshop;Lightroom。

(3) 视频、音频编辑工具:视频 GIF 转换器;电脑屏幕视频录制工具:EV 录屏、Bandicam、PPT;手机屏幕录像软件:ApowerREC、易录屏、SCR;音频编辑器:Adobe Audition、Ocenaudio(免费专业)、Audacity、GoldWave(适合新手);视频后期处理软件:Adobe Premiere Pro CC 2019 for Mac、Final Cut Pro、Motion 5 for Mac、Adobe After Effects CC 2019。

(4) H_5海报制作工具:H_5能把文字、图片、音乐、视频、链接等表现形式集中展示,并通过各种控件实现生动的动画特效,是一款功能强大且契合移动互联网阅读习惯的交互应用。这类工具开发成本低,制作周期短。

其他海报制作工具如下:iH_5(0代码、海量模板)、兔展(强大的数据分析、标题智能优化功能)、易企秀(海量模板)、人人秀(操作简单,无需学习即可使用)、百度H_5(不添加任何破坏整体设计的平台广告)。

案例 抖音平台中的财经达人科普短视频

抖音是短视频领域的头部平台,截至2021年6月,其日活跃用户量已经超过了6亿。现在,抖音平台不再是单一的音乐类移动程序,而是聚集了一批有创意、水准高、有深度的内容创作者们。其中,财经类短视频受到大众广泛关注。

为了迎合短视频平台轻松、休闲的娱乐调性,财经博主们发挥自身想象力和创作力,将原本枯燥、严肃的经济学原理和现象,转化为生动有趣且通俗易懂的故事或动画,即使没有经济学基础的用户,也能理解和吸收其中许多有益的知识。博主们的共识是,虽然好的内容本质相同,但面对不同受众,内容创作需要相应地进行调整。在他们看来,写给5万人、10万人、100万人看的东西是不一样的;你写给5000万人和1亿人看的东西又是另外完全不同的套路。虽然从图文到视频,经历了内容表现形式的变化,但这背后受众群体的变化才是重点。正是因为博主们意识到了短视频平台面对的是更加多元的受众,更加广泛的用户,其创作内容才会深入人心。

目前,在众抖音财经博主发布的视频中,单条播放量最高达到1.39亿次。出彩的台前表现,其背后是他们对专业知识的深入理解以及贴心的换位思考。唯有从大众的角度出发,满足大众对于专业内容的需求,才算真正做到了专业知识的深入浅出。

第四节 内 容 推 广

一、内容推广前

(一) 形成特色和辨识度

内容推广的过程中,各个环节的特色都可成为打响新媒体品牌的契机。自媒体人通过极富个人特色的话语、风格独特的内容以及鲜明的剪辑风格等,提高个人或品牌在新媒体平台的辨识度。比如,某带货主播通过"Oh my god!""买它!买它!"等直播口号形成了较高的辨识度。此外,在创作正文时应选择更适合的内容表现形式,这与运营效果的实现密不可分。虽然专业知识的解答更偏重内容为王,但产品概念推广过程中,仍不能忽视表现形式的重要性。内容长短应依据内容的精度和深度确定,深度调查或者小众精品等内容的篇幅可稍长,而突发事件或者产品活动推广等内容应尽量精简。如果内容篇幅较长,我们需要在文中设置小标题,引导读者阅读。

(二)构建内容库

在把握内容特色的同时,也不可忽视对于内容资源的收集,学会通过粉丝、运营平台等内容源,构建内容库。当运营者暂时缺少原创内容或粉丝投稿时,可以通过专家或者名人等权威渠道获取内容,但这种方式通常需要支付一定稿酬。相关的素材网站也是内容的重要来源,如热搜榜等各类榜单。此外,运营者在浏览网页时,应有意识地将网络热点作为素材,纳入内容库,挖掘社会热点中的内容价值。

运营者需要将以往的内容和收集的素材进行归类、编辑、整理,构建自己的内容库,在整合、归纳旧内容的同时,不断创作、输出新内容,并利用内容库查阅和分析信息。另外,当发生内容丢失等紧急情况时,内容库可及时为作者提供新的内容选择,从而化解内容紧缺的困境。

(三)栏目化运营

栏目化运营,指对新媒体平台的内容进行栏目规划,为内容生产提供有效指导,推动内容的标准化生产,使运营成本大大降低。运营者在规划栏目时,首先,要根据用户喜好推送信息,紧密联系用户、平台与品牌;其次,栏目化运营应具有持续性,不能半途而废,毕竟平台和品牌的建立和发展需要相当长时间的积累;最后,栏目需要有清晰的标识和固定的格式,通过长期运营,打造栏目特色。

(四)设置内容预告

提前设置内容预告是内容推广的重要环节。运营者应合理规划内容预告的发布时间。有学者建议,内容预告与正式内容发布的时间间隔不要超过3天,也可适当延长时间间隔,但在这个时间段内需要不断进行预告,并合理更新预告内容。内容预告需要向公众展示大致内容和有趣的信息,但也要保持一定的神秘感,以吸引用户关注完整内容。在推送时,运营者应准确把握推送时间。一般情况下,用户在早上对信息的需求量最大,在上午和下午时段,大多数用户忙于工作和学习,此时他们往往会利用碎片化时间阅读内容,因此不宜发布篇幅过长的内容,而晚上是大部分用户的休闲时间,适合发布娱乐性和休闲类的内容。

二、内容推广进行时

(一)紧跟和创造热点

热点分为可预测热点和突发热点。

面对一些可预测的热点,例如春节、国庆节等节假日,奥运会、世界杯等大型国际体育赛事以及众多明星参与的品牌活动等,运营者应梳理清楚各个事件的具体日期,提前制订运营计划并准备运营素材。

同时,运营者应时刻关注社会热点,面对一些突发热点,要根据经验及时进行内容策划和运营,并持续跟进热点,进行连续性内容推广。

(二) 挖掘潜在热点

除了收集网络热点,运营者也应与用户在社交媒体上保持互动,并在交流的过程中发掘有价值的选题。运营者通过与用户对话,挖掘他们关心的话题,并及时了解大众的舆论风向,对相关内容进行整理分析,从而进一步丰富内容库。

有些热点是不可预测的,例如"沈阳9岁男孩走失"等,这些事件发生后会即刻成为社会关注的焦点。面对此类热点,新媒体运营者必须做到及时发现、立即响应,运营者可提前设立内容素材库,为快速响应热点做好充足准备。

三、内容推广后

(一) 策划线下活动

运营者应不断提升策划能力,通过线下活动与粉丝互动,减轻内容持续推送的压力。但运营者不能仅仅以减轻推送压力为目的策划线下活动,因为参与线下活动的用户一般具有较高的忠诚度,运营者必须保证线下活动的质量,才能进一步提升用户的体验感,以及对平台或品牌的黏性。如果线下活动的质量低、效果差,则会造成失去忠实用户的后果,运营效果将适得其反。

(二) 内容精彩回顾

除了搜寻新内容,运营者还可整合之前的优质内容,打包推送给用户,帮助用户进行系统阅读。如果运营者想分享其他平台的优质内容,需经过其他运营方的同意才能进行转载。

通过新媒体运营累积一定数量的忠实粉丝后,为了巩固粉丝,运营者需高频推送内容。但从现实角度来看,运营者的内容创造力往往是有限的,适合推送的热点也不会时时发生。在缺少合适的运营内容时,运营者可强化人格化运营,推送一段文字或一张图片,在一定程度上减轻推送压力,让新媒体运营更加鲜活灵动。但是这种方法运用过当,可能会引起用户反感,只有在缺乏新颖的运营内容时才适用。

【小 结】

根据 CNNIC 发布的《第 49 次中国互联网络发展状况统计报告》[①],截至 2021 年 12 月,我国网民规模达到 10.32 亿人,较 2020 年 12 月增长 4296 万人,互联网普及率达到 73.0%,在数字经济市场下,网民规模的增长仍具有很大潜力。同时,报告中也指出,我国 50 岁以上

---

① 中国互联网络信息中心. 第 49 次中国互联网络发展现状统计报告[R/OL]. (2022-02-25)[2022-03-27]. http://www.cnnic.net.cn/hlwfzyj/hlwxzbg/hlwtjbg/202202/P020220318335949959545.pdf.

网民占比为26.8%,60岁及以上老年网民规模达1.19亿人,占网民整体的11.5%,60岁及以上老年人口互联网普及率达到43.2%。互联网不断向中老年群体渗透,要求运营者在开发新用户时,需要考虑各个年龄层次的群体,强化针对中老年群体的内容输出。当下,"老龄化"成为社会普遍关注的话题,与老年群体有关的数字鸿沟、数字反哺等问题亟待解决。新媒体平台应针对老年群体开拓更多的新型内容业务,破除"圈层化"现象对用户增长的限制。同时,平台也可与官方组织合作,既能提高资源质量,又能赢得用户信赖,有助于进一步扩大用户范围。

案例　如何巧用关键词提升平台人气

1. 巧用工具设置关键词

工具1:百度指数。百度指数是以百度中的海量网民数据为基础的数据分析平台,是当前互联网乃至整个数据时代最重要的数据分析平台之一,也是许多企业进行营销决策的重要依据。

百度指数的主要功能模块包括:单个词的研究趋势(包括整体趋势、PC趋势和移动趋势)、需求图谱、舆情管家、人群画像;基于行业的整体趋势、地域分布、人群属性、搜索时间特征等。通过"百度指数"平台,运营者可了解某个关键词在百度中的搜索规模,在某个时间段内的涨跌态势和相关的舆情变化,以及关注这些关键词的网民的特征、分布位置和他们搜索的其他关键词,这些信息有助于运营者优化营销方案。

工具2:清博大数据。清博大数据公司是北京清博大数据科技有限公司的简称,主要产品和服务包括清博指数(前称新媒体指数)、清博舆情、清博助手、清博广告、清博学院等,提供各类数据、榜单、分析报告、舆情监测、品牌推广、精准营销和论坛、培训、新媒体运营、App建设、媒体融合、大数据建设等信息。

通过清博大数据的舆情监测工具,运营者只需设置所需监测的舆情方案,系统就可自动进行相关数据的监测和分析,并支持回溯突发舆情事件的相关数据信息,便于宏观分析舆情事件的整体发展趋势。

2. 从用户角度考虑关键词

搜索习惯:在搜索信息时,用户不同的搜索习惯将得到截然不同的搜索结果。搜索习惯包括用户输入的关键词、搜索时间以及其他网络搜索行为,通过键入行为强化关键词的显示度,页面的相关性会大大提升。

浏览习惯:浏览习惯包括用户浏览的顺序、时间以及内容类型等。新媒体后台可以根据用户的浏览习惯,提高相关内容的曝光度,从而提升平台流量。

阅读习惯:一些用户喜欢在阅读时进行标记、留言、划重点等操作,平台可以根据用户的阅读习惯,提供留言和划重点等功能,让用户自主标记关键词,通过迎合用户的阅读习惯吸引和留存用户。

3. 从对手的角度考虑关键词

首先,运营者可在搜索引擎中搜索与自身运营相关的关键词,查看排名前10页的网站优化了哪些关键词,将这些关键词摘录,然后进行对比分析。

其次,运营者可在一些目录网站查询与产品相关的公司信息,分析这些公司的目录描述,分析描述中使用的关键词,创建20~50个竞争者名单,进行对比和学习。

再次，运营者可到B2B网站上寻找客户信息，分析这些客户的产品信息中重点凸显了哪些关键词，对其进行汇总整理，便于在内容运营中使用。

4. 如何设置关键词

（1）把握关键词的节日属性。在特定的节日或节气进行内容运营，可设置与节日或节气相关的关键词进行营销，例如节日促销、节日祝福、节日习俗等。比如，中秋节营销的关键词可与月饼促销有关，端午节营销将"龙舟""你吃甜粽子还是咸粽子？"等设置为关键词。

（2）把握热点关键词。第一，可从社会现象入手，利用极具关注度的社会现象设置关键词。例如，面对汤加火山的大规模爆发，许多新媒体平台设置了"汤加火山已苏醒""汤加火山喷发邻国房子震了半小时""汤加火山爆发800公里外都能听见巨响"等关键词；第二，从独特性入手，挖掘新奇、特别的社会现象，设置关键词，如"江苏一馒头店57层笼屉叠了2层楼高""想要吸猫的浣熊"等有趣的关键词可吸引用户的注意力；第三，从用户喜好入手，寻找大多数用户感兴趣的信息，包括社会信息、娱乐信息等；第四，可从用户共鸣入手，使用能唤起用户共同记忆的信息设置关键词。例如，每年"集五福"活动开始后，新浪热搜会设置"敬业福"关键词，这吸引了很多用户进行点击，在话题中交流活动心得，提高了平台和活动的热度。

案例　田园风博主的成功营销及生存之道

2016年，主打田园乡村生活的短视频开始在网络爆火。部分博主仅用短短几年的时间，就从一个普通的乡村女孩成长为拥有过亿粉丝的超级网红，成为当下国内网红经济的成功模板，其成功背后的内容营销值得深入探究。

首先，田园风博主大多以"古风田园生活"为内容定位，运营团队通过视频向大众传递田园生活方式，这与大众口中的"逃离北上广"形成呼应。在该类视频中，她们身穿汉服、手拿农具，穿梭在田间耕种作物，如此悠闲的乡村生活，为当下背负着沉重压力的年轻人刻画出心目中岁月静好的生活状态，能够引起年轻人对这种生活方式的向往。这与许多网红酷炫、花哨的表达方式形成差异，吸引了大批粉丝关注。其次，运营方通过资本打造个人形象，强调视频中人物坚韧不拔的优秀品质，利用新媒体平台的赋能，实现个人IP形象的圈粉。而博主所属的MCN公司也可借助博主作为KOL（Key Opinion Leader）的强大影响力，将产品信息植入到视频内容中实现营销。顺势推出其同名品牌及相关产品，由此实现流量变现。

田园风博主的内容看似平淡如水，其成功存在较多运气成分，实际上却离不开背后层层递进的营销策略，运营团队精准的用户定位、高质量的内容输出以及恰当的营销渠道，是新媒体运营者需要深入学习的典范。

本章思考题

1. 一项合格的内容运营项目需要包含哪些要素？
2. 在内容运营的一系列环节中，你认为哪个环节需要重点突破？

3. 谈谈你选择关注某个公众号或社交账号以及持续关注的原因。

4. 谈谈如何培养新媒体运营者的网感。

5. 在内容营销趋于频繁，需要实时关注热点的当下，你认为内容运营者需要把握哪些方面的尺度？

本章参考文献

［1］陈政峰.新媒体运营实战指南：社群运营·短视频运营·直播运营·微信运营［M］.北京：人民邮电出版社，2019.

［2］叶龙.从零开始学新媒体运营推广［M］.北京：清华大学出版社，2017.

［3］李俊，魏炜，马晓艳.新媒体运营［M］.北京：人民邮电出版社，2020.

［4］勾伟俊.新媒体运营：产品运营＋内容运营＋用户运营＋活动运营［M］.北京：人民邮电出版社，2018.

［5］于书亚.互联网信息分发机制研究［J］.媒体融合新观察，2022(1)：38-53.

［6］熊敏，肖燕雄.内容·渠道·用户：内容分发平台媒体的内容运营体系构建［J］.中国编辑，2021(10)：33-37.

［7］喻国明，刘彧晗，杨波.理解网络直播：媒介人性化逻辑的延伸［J］.编辑之友，2021(7)：38-43.

［8］闵卓.网络直播热的冷思考［J］.青年记者，2016(36)：39-40.

［9］郭莉，张悦，周冬梅，鲁若愚.虚拟社区中的社群交互：研究综述［J］.技术经济，2014，33(12)：30-38，64.

［10］Bessi A，Coletto M，Davidescu G A，et al. Science vs Conspiracy：Collective Narratives in the Age of Misinformation［J］. Plos One，2015，10(2)：1-17.

［11］施蕾蕾.互联网平台内容运营中编辑职能探析［J］.中国编辑，2021(3)：66-70.

［12］丁慕涵.社交媒体时代的集体记忆建构［J］.中国广播电视学刊，2021(1)：49-53.

［13］段淳林，吕笑."大数据＋"与IP内容运营及价值分享［J］.现代传播(中国传媒大学学报)，2017，39(4)：114-118.

［14］郭全中.中国直播电商的发展动因、现状与趋势［J］.新闻与写作，2020(8)：84-91.

［15］张洪忠，段泽宁，杨慧芸.政治机器人在社交媒体空间的舆论干预分析［J］.新闻界，2019(9)：17-25.

［16］韩敏.移动互联网时代新媒体事件的网络协商与群体极化：基于"成都女司机被打"事件的内容与文本分析［J］.当代传播，2016(5)：55-58，83.

［17］周艳.解析互联网媒体的内容运营和广告营销新模式［J］.现代传播，2011(12)：105-109.

［18］中国互联网络信息中心.第49次中国互联网络发展现状统计报告［R/OL］.（2022-02-25）［2022-03-27］. http://www.cnnic.net.cn/hlwfzyj/hlwxzbg/hlwtjbg/202202/P020220318335949959545.pdf.

第三章　新媒体用户运营

在新媒体运营中，用户不仅是运营内容的受众，还是运营过程的重要参与者，他们在一定程度上决定着新媒体平台的内容取舍、风格定位及其变革的方向和进程。不同的用户属性和用户行为都会对消费数据产生影响，因此在新媒体运营中，用户分析具有重要性和必要性。用户属性是指用户的一些基本信息，包括性别、年龄、身高、地域、职业等。这些属性会影响用户的收入水平、生活方式和习惯爱好等，进而影响用户的消费行为。通过分析用户的地理位置、消费水平、消费行为、年龄、收入等信息，运营人员不仅能获得创作灵感，还能提高运营的针对性。用户属性可通过问卷调查、市场摸查、大数据算法、用户数据窃取（违法）等方式获得。

针对用户特征进行内容创作的同时，运营者应该将具有相似属性的用户进行分组，并通过分组标签将用户与企业的产品、品牌定位进行匹配，锁定与企业定位相符的用户群体，为内容的差异化分发奠定基础。

用户运营是指以用户为中心，搭建用户体系、开发需求产品、策划相关活动与内容，同时严格控制实施过程与结果，最终达到甚至超出用户预期，进而实现企业新媒体运营目标的相关活动。为了实现对用户的系统化分析，运营者需要采集用户画像，不断更新用户数据，进行系统化的用户运营工作。本章将对用户运营的过程进行详细分析，帮助读者了解关于用户画像、用户拉新、用户留存、用户促活等方面的运营技巧。

第一节　用户画像

用户画像又叫用户角色，是筛选目标用户、了解用户诉求与确定运营方向的有效工具[1]。当前，用户画像被广泛应用到了各个行业和领域。大数据时代，用户在网络中的一举一动都会留下数字痕迹，这些痕迹被解码为用户信息和媒体使用特征。运营者将用户的具体信息转化为类型标签，使用户形象更加清晰、具体，进而为用户提供精准化的服务[2]。

---

[1] 引用来源：https://baike.baidu.com/item/用户画像/22085710?fr=aladdin.
[2] 赵宏田.用户画像：方法论与工程化解决方案[M].北京：机械工业出版社，2019.

一、采集用户数据的3个纬度

第一维度——用户:用户维度是指数据用户的行为采集。比如,用户倾向于通过何种渠道接触企业或品牌内容、在网络中有哪些行为习惯、在哪些平台或内容上停留时间较长等,这些都是从用户角度出发可获取到的数据。

第二维度——运营:运营维度主要指通过分析消费情况获取数据,此类数据包括订单数、订单金额、订单支付成功率、订单支付周期、退货率、投诉率、重复购买率等。运营者应时刻关注平台的内容产出量、新用户增加和老用户流失等情况,筛选出优质活跃用户,通过分析这些用户的特征实现用户留存。

第三维度——产品和内容:新媒体运营的最终目标是销售产品,因此产品和内容维度至关重要。运营方应对用户购买产品的类型、数量、金额以及退换货情况等信息进行大数据分析,根据用户的消费特征和热门产品的属性,制订和完善促销计划。为了对运营内容进行归纳,可为内容贴上标签,如电影、美食、运动、旅行、军事、体育等,以方便后期对运营内容的灵活使用。

用户画像的内容如表 3-1 所示。

表 3-1 用户画像的内容

基础特征	上网习惯	产品使用习惯	其他特征
年龄、性别、职业、地域分布、兴趣爱好等	上网的时间段、时间长度、上网的频率、影响上网的因素等	使用产品的频次、时间和时长、使用产品的环境、个人使用习惯等	了解产品信息的渠道、注册账号的时间、用户等级、用户活跃程度、用户分类、用户评价、消费目的和需求、消费偏好等

二、用户画像的构建过程

(一)基础数据采集阶段

宏观层面的数据主要包括行业数据、用户总体数据、总体内容数据等。运营者可通过行业分析报告、后台和前台数据、第三方数据采集等方式获取此类数据。微观层面的数据主要包括用户属性数据、用户行为数据、用户成长数据、用户参与度数据、用户点击数据等。运营者可通过产品前台和后台数据、第三方大数据采集、公司调研报告、用户访谈记录等渠道进行采集。待基础数据采集工作完成后,即可进入分析和建模阶段。

(二)分析关键词和建模阶段

数据资料采集完成后,运营者应对数据进行分析和加工,提取用户群体的共同特征,将其转化为关键词,并由此构建可视化模型。在建模阶段,运营者需要根据数据特征持续为用户贴标签,把抽象的用户逐渐描绘为具有鲜明特征的用户群体。这种方式类似于 $Y=kX+b$ 的线性回归公式,其中 k 是斜率,b 是截距,X 代表采集到的数据,Y 是用户偏好。运营者通

过不断地精确 k 和 b 来获取 Y，这一数据分析过程通过机器学习更容易实现。前期工作完成后，运营者即可着手描绘用户画像。

（三）呈现用户画像

用户画像主要有表格和图谱两种表现形式。表格的优点在于文字表述清晰，用户特征的呈现更具有逻辑性。而图谱类的用户画像，通常会借助柱状图、饼状图或者其他格式的图谱呈现，并配以少量文字补充说明。此类用户画像虽然文字较少，但表现方式形象生动，能让运营者更加直观地感受不同用户的差异。

当前，运营者通常会使用数据挖掘和机器学习等计算机技术了解用户，这些技术能对用户的基本信息、数字痕迹进行深度挖掘和分析，从而呈现清晰的用户特征。计算机技术的使用提高了运营方对用户群体特征的理解和熟悉度，让运营方对用户形成了更加立体化的认知，有助于构建用户画像图谱。

国内学者刘珊[①]曾整合了各大社交平台用户画像的呈现方式。其中，YouTube 凭借谷歌提供的数据和 AI 技术，构建了一个具有 60 多个标签的用户画像系统。这些标签包括用户的基础信息、兴趣爱好、行为习惯等，并且该系统对每个标签都标注了形成原因。该系统在帮助运营者洞察用户基本习惯的同时，为运营者呈现了清晰、富有逻辑的用户画像。此外，刘珊还提到，YouTube 将构建和修改用户画像的部分权限赋予了用户，将机器学习和人为修正相结合，使最终生成的用户画像更加真实可靠。

案例　泡泡玛特高收益背后的贡献者

> 2020 年 12 月 11 日，泡泡玛特在香港联合交易所上市，成为国内首家市值千亿港元的潮流玩具公司。在营收方面，即使受到 2020 年疫情的影响，泡泡玛特在 2020 年上半年依然实现了 8.178 亿元的高收益，其中纯利润高达 1.413 亿元。其成功离不开泡泡玛特对国内潮玩类产品消费趋势的洞察，以及对消费群体的精准定位。
>
> 该品牌从消费者的角度出发，将目标核心用户锁定于三类人群：都市白领、精致妈妈和 Z 世代。其中，女性用户的比重超过 70%，基于悦己减压、治愈陪伴、个性化等多层次的用户需求，这些核心用户具有较高的购买力和忠诚度。针对用户特点，泡泡玛特兼顾了儿童对玩具的收集欲与当代年轻人注重个性表达和自我愉悦的需求，让潮玩产品文化属性和设计感兼具。同时，企业通过分析人流量和市场消费潜力，在线下开设了泡泡玛特直营店、自动贩卖机，在线上开设了 B2C 商城、在线抽盒机。通过分析用户体验和消费情况，该手办品牌开启了一系列探索和创新。通过对购物链路的拆解与分析，泡泡玛特推出了"泡泡玛特抽盒机"的线上小程序，将线下购买链路复制到线上，满足了用户线上消费的需求，进一步提高了用户的活跃度和忠诚度。

---

① 刘珊. 巨人之心：智能化内容运营[J]. 国际品牌观察，2021(27)：32-37.

第二节 用户拉新

用户拉新指吸引新用户的过程。在对新的品牌或产品进行宣传推广时,用户拉新是十分关键的环节。能否在短时间内吸引大量用户进行注册、入会以及购买等操作,是判断拉新是否成功的标准。同时,在新媒体运营初期进行拉新,顺利吸引大量用户,是后期进一步实现用户留存的基础。常用的拉新渠道主要有四种,即线上投放广告、组建社群、媒体推广、线下推广。

一、线上投放广告

(一) 搜索引擎广告投放——关键词竞价排名

搜索引擎的关键词竞价排名,是按效果计费的网络推广方式,是由搜索引擎服务商向客户提供的,以关键词付费高低为标准,对购买同一关键词的客户的网站链接在搜索结果中给予先后排序的一种网络营销服务[①]。运营者可为品牌或企业的网页购买关键词排名,按照用户的点击次数付费。运营者可更改每次用户点击所要支付的价格,调整自家网页在特定关键词的搜索结果中所处的排名,从而捕捉多层次的目标用户。

(二) 广告需求方平台投放

在互联网广告的投放流程中,涉及多个重要的角色和平台(如图 3-1 所示),包括广告业主(Advertiser)、广告需求方平台(Demand-Side Platform,DSP)、广告交易平台(Ad Exchange)、广告供应方平台(Supply-Side Platform,SSP)、发布平台(Publishers)等。下面将对这些角色和平台进行简单介绍:

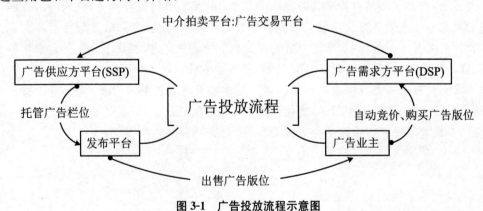

图 3-1 广告投放流程示意图

---

① 李明伟.论搜索引擎竞价排名的广告属性及其法律规范[J].新闻与传播研究,2009,16(6):95-100,108-109.

广告业主：指有意购买广告版位的需求方（买方），比如电商卖家、有曝光需求的媒体及App等，他们期望通过在各种平台上投放、刊登广告，从而提高产品、品牌等的曝光度。

广告需求方平台：指程序化的广告平台，支持广告业主、媒体等进行自动竞价以及购买发布平台上的广告版位。

为了实现精准营销和程序化购买，广告需求方平台会使用计算机自动分析程序，帮助广告业主在合适的时间，将个性化广告投放至目标用户[①]。此过程通常需要数据管理平台的协助，这类平台可分析资料库中用户的行为数据，为广告业主找到最合适的受众群，有针对性地进行广告竞价和投放。

计费模式包括：按照展示次数收费；按照点击量或观看量收费；按照订单量收费等（区别于传统广告投放模式）[②]。

广告交易平台：指广告版位的买方（DSP）和卖方（SSP）进行交易的中介拍卖平台[③]，在此平台上买方需要出价竞争广告版位，增加广告的曝光机会，卖方通过拍卖广告版位获得收益。

广告版位的交易通常使用实时竞价（Real-Time Bidding，RTB）的机制，平台会比较各买家的单次点击出价、关键字和广告的关联性、广告评级门槛、品质分数、使用者搜寻内容等条件，综合多种因素抉择出最终竞标成功的广告业主。一旦得标，买家的广告会立即显示在发布平台上，从开始竞标到刊登广告的过程，可在数毫秒内完成。

广告供应方平台：是广告投放流程中的技术平台，帮助发布平台和媒体管理、协调广告库存，并实现广告版位的自动出售。也就是说，广告供应方平台为发布平台及媒体提供广告版位托管服务，通过高效率且利润最大化的方式，为卖方出售广告版位，帮助卖方实现流量变现[④]。

发布平台：指拥有广告版位且有意出售的供给方（卖方），比如具有一定流量的博客、优酷视频、Facebook、百度、新闻媒体平台等。这些平台具有出售广告版位以赚取广告收益的需求。

（三）精准网站推广

出于本身的专业性和权威性等因素，一些新媒体平台已经累积了一批忠实粉丝，在此基础上，这些平台的运营者可在专业领域进行广告的精准投放，进一步吸引与这些忠实粉丝爱好相同、风格相符、关注领域相似的粉丝群体。这种推广方式仅适用于小范围的推广传播。

（四）KOL推广

KOL（Key Opinion Leader），也称为关键意见领袖，他们往往拥有大量粉丝，并能在粉丝群体乃至整个网络空间中发挥意见引导的作用。在新媒体运营中，通过KOL扩展用户量的推广方式十分常见，KOL们帮助品牌宣传造势，迅速提升品牌的知名度。在头部快消品企

---

① 引用来源：https://wiki.mbalib.com/wiki/广告需求方平台.
② 引用来源：http://t.zoukankan.com/LiJianBlog-p-5316940.html.
③ 引用来源：https://wiki.mbalib.com/wiki/Ad_Exchange.
④ 引用来源：https://wiki.mbalib.com/wiki/供应端平台.

业和电商平台的合作中,KOL推广方式的影响力更为明显。例如,肯德基曾尝试在天猫平台出售电子优惠券,并邀请了4位《奇葩说》的辩手做客直播间。其中,每一位辩手分别代表一款KFC食品,进行直播PK擂台战,比拼4款KFC产品的销量。4场直播中,直播间不间断有红包送出,用户使用红包可直接抵现消费[①]。这场成功的O2O营销创造了1.5亿的观看量,证明了KOL推广在新媒体运营中的重要性。

二、组建社群

通过前期宣传吸引新用户,其实质是运营方为了维持生存进行的被动拉新,这个过程更多地依靠运营方的主动性。比如,运营方会雇佣专人进行宣传,通过注册送优惠券或礼品、新客专享超低价格等方式,吸引用户关注新媒体内容。此外,运营方还会通过分享有礼、拼团有礼、晒单有礼、集赞有礼等宣传方式,吸引更多用户的关注。除了这些方式,组建社群也是用户拉新的重要手段,这种手段更多地依靠用户的主动性。一些运营方会根据用户的关注时间、职业或者地域分布等维度建立不同的专属用户群,对用户进行更加精细化的社群运营。运营方通过多个社交平台的账号,可吸引各个平台中行业领域相同或爱好相似的用户,从而扩大平台和品牌的知名度,有利于后续媒体推广活动的开展。

三、媒体推广

媒体推广指利用社交媒体平台发布运营信息,进行产品或品牌宣传,吸引用户关注和消费,从而实现盈利的一系列推广活动。目前,比较常见的媒体推广方式主要有微博推广、贴吧推广、微信朋友圈或公众号推广等。随着视频行业的发展和兴盛,利用抖音、快手等短视频平台,或者爱奇艺、腾讯视频等在线视频平台进行宣传也逐渐成为常用的媒体推广方式。

利用微博、贴吧和微信等社交媒体进行推广,主要包括在平台首页投放开屏广告,或者在平台中嵌入产品原生广告等方式。在广告植入过程中,KOL扮演了非常重要的角色。很多平台的运营者会通过KOL扩展品牌账号的粉丝量,利用意见领袖既有的影响力扩大品牌的知名度,从而达到提升经济效益、促进企业持久发展的目的。此外,有越来越多的新媒体平台都开发了直播功能,博主和意见领袖可借助直播技术与用户进行实时沟通、带货和宣传等活动,从而更加高效地触及消费末端。

四、线下推广

线下推广指从线上软件以及互联网营销思维中跳脱出来,回归用户的线下活动和生活,使用户亲身接触产品,从而扩大品牌流量的方式。线下推广的位置选择十分关键,这决定了产品的曝光度。例如,线下推广可在客流量较大的飞机场、火车站、地铁站等地方开展,利用地理位置的人流量优势提升曝光度。此外,在标志性建筑物的外层铺设LED大屏,也是当

---

① 引用来源:https://m.sohu.com/a/228681519_100083682.

下企业进行线下推广的常用方式之一。在建筑物上进行视频投放,能给予大众更加强烈的视觉冲击,为路人、游客等留下深刻印象,从而提高品牌和企业的知名度。

相比以上两种方式,电梯、小区闸门等日常生活场景中的线下推广方式,宣传范围相对较小,但个人的信息接触频率会提高。用户所处场景不同,其需求也会有所不同,运营方可根据用户需求的差异,进行更加精准的广告投放。除此之外,在一些特殊位置进行品牌推广也是能有效触及目标用户的方式。例如,出租车前排座位的后面往往会挂有打车软件的二维码,用户扫描二维码即可获得打车优惠。这种醒目的推广方式能够吸引大量的出租车乘客,快速实现用户拉新,并使用户产生消费行为,效果立竿见影。

此外,对于企业而言,还有一些更为官方、宣传效果更好的推广方式,比如召开线下发布会、与线下零售店合作等。此类推广方式通常会与线上直播相配合,利用双渠道拓宽传播范围,实现线上线下融合推广。

案例　T3出行的成功"领行"秘籍

T3出行是一款互联网打车软件,由南京领行科技股份有限公司于2019年推出,在进入市场初期就取得了可观的成绩。目前,虽然市场上对于T3出行的售后服务、软件设置等方面褒贬不一,但不能否认的是,T3出行已经占据了一定的市场份额,成为滴滴、曹操、嘀嗒等知名打车软件的强劲对手。该软件成功的关键在于营销前期的大规模拉新。

T3在各大社交媒体平台都开设了官方账号,除了常见的软件开屏广告投放,T3在短视频平台也投放了大量短视频广告。与普通广告不同,这些广告视频通常会以与出行相关的搞笑段子或者恶搞情节开头,使用户在刷到此类视频时不会立即意识到这是一则广告,既能避免用户反感,还能使用户产生继续观看的欲望。广告会引导用户下载软件和注册账号,完成注册后,平台会赠送新用户打车礼券,告知新用户享有首单3千米内免费或者首单消费价格极低等优惠,吸引用户进行消费,实现用户留存。T3的另外一种用户拉新方式在出行过程中也很常见,未注册的用户扫描司机的二维码获得乘车优惠,实现拉新的司机也能获得平台的奖励,这种推广方式实现了双向激励,为T3带来了大批新用户。

虽然T3出行在一些方面被人诟病,但是该软件前期的成功营销十分值得运营者学习和借鉴。当然,后期的用户留存也十分重要,只有真正留住用户,提升用户的活跃度和忠诚度,前期的拉新活动才有意义。

案例　拼多多中大众传播和人际传播相结合的拉新模式

本章节所介绍的用户拉新方式主要是通过大众传播方式实现的,但人际传播在拉新过程中也有很好的效果。在海量的广告宣传中,广告如果缺乏出色的创意,就无法激发用户的兴趣,被用户习惯性地关闭或忽略。在传播的"深度"方面,人际传播的优势比大众传播更为明显。人们对于自己的亲朋好友通常会有较高的信任度,亲朋好友对自己的需求也更为了解,因此,熟人向用户推荐的新媒体平台会更具有针对性,平台质量也更为靠谱,人际传播引发的下载和注册概率较高。

但是人际传播存在信息覆盖面窄、传播者较为零散等缺点,在传播"广度"方面的优势不如大众传播。形成口口相传的好口碑需要过程,但对于新兴的新媒体平台而言,需要在短时间内快速进行市场扩张,人际传播在时间方面不占优势。同时,如果将大部分精力投入人际传播,所需成本并不比大众传播低。因此,在用户拉新时,可将邀请好友领取优惠等人际传播方式,与 KOL 传播等大众传播方式相结合,此类推广方式既能实现大众传播的广度,又可兼顾人际传播的深度。这种思路逐渐成为各大新媒体平台进行用户拉新时的努力方向。

拼多多上线初期,其邀请好友"砍一刀"的拉新策略,就是利用人际传播进行推广的表现,这与早期的团购邀请策略较为类似。拼多多利用了产品优惠对于消费者的吸引力,用户为了获得优惠,扮演起免费推广员的角色,成为"数字劳工",借助新媒体平台将产品推广给身边的好友。好友在获得产品信息的同时,会了解到拼多多平台的重要特征之一,即多人助力可获得较大优惠。凭借游戏化的"砍一刀"玩法,拼多多平台已经聚集了 7.88 亿用户,成为国内年度活跃用户最多的电商平台[1]。但是,拼多多的砍价活动也频繁地受到质疑,有人认为这只是一个噱头,最终很难获得优惠,例如斗鱼主播组织六万网友帮其砍价未成功,还有用户发现,无论多少人砍价永远显示还差"0.09%可免费拿"。有律师认为,拼多多在提供网络服务时,违背了诚实信用原则,通过虚假数据和隐藏规则,利用人性的弱点让消费者完成各种任务、购买付费服务,只为增加平台活跃数和收入,这已构成欺诈,严重影响了社会风气[2]。

第三节 用 户 留 存

在完成用户拉新后,如何留住用户,实现用户内容浏览和产品消费的常态化,是运营方需要关注和思考的要点。互联网中,在某段时间内开始使用某应用或者关注某账号,经过一段时间后,仍继续使用该应用或关注该账号内容的用户,被称为留存用户。留存用户在当时全部新增用户中所占的比例即为留存率,运营团队通常按照单位时间(如日、周、月等)对用户留存率进行统计[3]。留存用户和留存率体现了应用和账号内容的质量以及保留用户的能力,进行统计时需要排除僵尸用户。

用户留存率:某段时间内新增的用户中,能够持续回访的用户所占的百分比,可通过 SQL 语句[4]计算实现。

用户留存是新媒体运营中的难点。用户的留存率与诸多因素有关,比如服务或产品的

---

[1] 引用来源:https://www.sohu.com/a/459491856_115565.
[2] 引用来源:https://www.sohu.com/a/459491856_115565.
[3] 引用来源:https://baike.baidu.com/item/用户留存率/10502227?fr=aladdin.
[4] SQL 是一门 ANSI 的标准计算机语言,用来访问和操作数据库系统。SQL 语句用于取回和更新数据库中的数据。SQL 可与数据库程序协同工作,比如 MS Access、DB2、Informix、MS SQL Server、Oracle、Syba-se 以及其他数据库系统。

质量、团队的再营销策略、产品或服务在不同市场的表现等。近年来,由于新冠疫情的影响,用户和运营方在新媒体平台的互动交流更加密切,这对于运营者而言,是留存用户的关键时机。

一、不同阶段的留存方式

以 AppsFlyer 对 iOS 与 Android 端的应用留存率调研为例(如图 3-2 所示),根据不同阶段用户留存率的变化,可将用户留存分为初期、中期和后期(长期)三个阶段。初期阶段主要指新用户注册后的 1~7 天,中期阶段指新用户注册后的 8~30 天,长期阶段指新用户注册 30 天后。

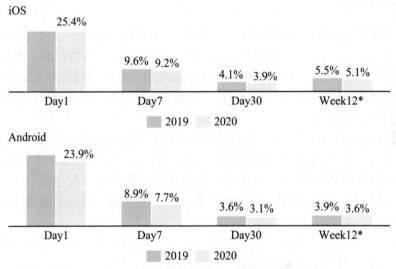

*周留存率=该周活跃用户数量/统计日期范围内首次激活应用的所有用户数量

图 3-2　IOS 和 Android 不同周期用户留存率变化趋势(来源:AppsFlyer 官网)

(一)初期阶段 Onboard

该阶段的主要任务是引导用户熟悉产品功能,向用户传递产品价值。根据留存率的变化趋势,初期阶段是实现用户留存的关键阶段。

如图 3-3 所示,在初期阶段,为了有效地留存用户,首先,应简明扼要地展示产品的性能和功能,对新用户进行具有指向性的引导。其次,利用一键绑定注册和频繁提醒注册等功能,为用户提供便捷的新媒体平台入口。互联网使用者往往更喜欢轻松便捷的生活方式,因此,入口便捷对于留存用户而言十分关键。手机号的一键注册功能以及能分析用户喜好的算法技术,节省了用户以往填写注册信息和手动勾选爱好的时间。对于未注册的用户,在其进入 App 或者浏览视频时,平台可通过弹窗等形式提醒用户注册。另外,针对已经注册的用户,运营者需要对他们登录后的行为进行统计分析。用户添加好友的数量、关注博主的类型分布、对特定功能的使用频率等信息,都是分析用户喜好、改进产品属性、进而实现用户留存的重要依据。通过分析用户行为,平台可发现用户的兴趣点,即寻找用户的"Aha moment"。"Aha moment"帮助运营者知悉实现用户留存的关键要素,了解哪些策略可促使用户留存,它是一个先导性的指标,可指导运营者激活和留存用户,为运营团队指明新媒体运营的侧重点。此外,通过信息推送不断唤醒用户、赠送新人专属注册礼包等,都是留存用户的有效手段。

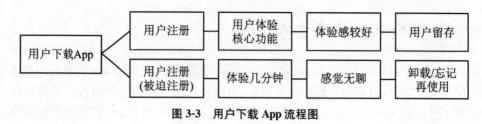

图 3-3　用户下载 App 流程图

(二)中期阶段

中期阶段,用户数量可能会大幅降低,因为用户初次使用产品产生的兴奋感会随着时间的推移逐渐减弱,甚至消失。在中期阶段,新媒体运营不仅需要与用户的兴趣点保持一致,还需要监测用户兴趣的变化,及时更新运营内容,这是部分运营方的运营范围越来越广的重要原因。中期阶段的用户留存难度较大,很多运营方已经积累了许多较为成熟的经验、方法和案例,主要有以下几点:

第一,设置每日签到机制。用户通过持续签到累积签到天数,不同的签到天数对应不同层次的平台奖励。例如,支付宝"芭芭农场"中,通过签到获取肥料种植水果的活动就使用了这一策略。在种植初期,果树成长速度较快,随着果实成熟度的提高,进入下一等级需要的肥料就越多,时间也就越长,经过一段时间的签到施肥,果实进入最终的成熟阶段,用户即可兑换实体水果。

第二,绑定优惠福利。平台可推出周度、月度或年度会员,针对不同层次的会员,设置不同规则,为会员提供具有不同额度和使用次数的优惠券。

第三,信息推送与提醒。运营方可在节气、节日或者一些特殊事件的纪念日向用户推送消息,但应注意具体的推送时间。推送时间不同,效果也会产生很大差异,运营方应该选择用户在新媒体平台中的活跃时段推送信息。拼多多是注重信息推送的典型案例,该平台以每日派送红包的形式吸引用户参与游戏。不过,平台在使用此类物质刺激的运营方法时需要考虑成本问题。

第四,发布活动预告。在大促活动或品牌活动开始前,运营方应该针对活动产品提前做好活动策划,在各个社交媒体平台上进行全方位的预告和宣传,强化产品的推广效果,可适当拉长宣传周期以扩大用户范围。例如,淘宝的"聚划算"活动会在限时折扣开始前提前预告,并在商品页面显示"限时折扣倒计时",活动开始时还会再次提醒用户,以强化宣传效果。

第五,持续更新版本。新媒体平台运营方应该时刻关注用户需求的变化,优化平台的程序设计,不断拓展平台功能,给予用户持续使用平台的新鲜感,提升用户体验。例如,微信通过版本更新,增加了"拍一拍"功能,引发了大批用户使用和讨论。

第六,参与回环或重新激活用户。参与回环(Engagement Loop)是指通过一些外部触发物,如 Email、Push、短信等召回用户。召回或者重新激活用户需要选择合适的时间点,平台通常会在用户流失的 7 天、14 天和 30 天,自动向用户发送召回邮件或短信。此外,运营方也可在"618""双十一"等活动开始前,使用智能触达算法向潜在用户或历史用户发放优惠券、红包等,利用优惠的吸引力有效提升用户召回效果。活动结束后,运营方应该持续关注用户的信息反馈,有助于合理调整后续的运营方案和推广措施。

第七,拓展相关新业务。运营方应该不断丰富业务的内容和范围,以适应用户兴趣和习惯的变化,从而持续吸引用户。但过程中需要把握好界限和分寸,即应围绕品牌或企业的主业务,进行新业务的拓展。例如,美团最初主打的是团购业务,创立的十年间,美团在精耕团购业务的同时,不断拓展到店服务、酒店预订、共享出行、外卖等新领域,并逐渐在这些细分市场中占有了主导地位和相对竞争优势,成为国内领先的生活服务电商平台。

(三) 长期阶段

前两个留存阶段中,运营方的运营焦点主要集中在产品功能导向、用户体验和行为心理学等方面。而这个留存阶段的目标,则是改进产品、与忠诚用户共同完善产品。通过改进产品,持续给予用户新的体验感,使其不断更新对于品牌的认知。这些忠诚用户留存至最后一个阶段,已经从产品中获得了许多价值体验,对于品牌或产品会存在一些观点和建议。因此,运营方可邀请一批忠实粉丝共同参与产品和品牌的建设。例如,产品的功能迭代可征询粉丝的意见,更新版本后邀请忠实粉丝提前试用,或者邀请粉丝在各类社交渠道进行外围宣传等。

在长期阶段留存用户,主要有以下几个技巧:

首先,尝试再营销,鼓励用户持续关注品牌,提高长期留存率。数据表明,再营销对于留存用户极具有效性。运营方应尽早在各个市场投放再营销广告,与用户保持互动,让用户逐渐形成关注运营内容的习惯。运营方应该生成用户留存报告和群组报告,分析其中的安装数据和渠道数据,进行增量测试,挖掘丰富的运营数据,对受众进行高度细分。

其次,使用深度链接技术(Deeplink),提高用户平台转换的体验,保证用户从点击广告链接到打开软件具体界面这一过程的流畅性。广告应避免过度宣传,否则,用户进入软件后发现与预期不符,会影响用户的体验感,这可能会对品牌声誉产生负面影响。

最后,运营者可使用视频广告、可试玩广告等形式,合理利用应用商店的演示功能,打造精美的应用商店页面,通过丰富的宣传形式吸引用户。

二、用户留存规律

AppsFlyer 于 2020 年发布了一份研究报告,分析了全球应用的留存现状[①]。

如图 3-4 所示,通过对 2019 年和 2020 年的数据对比可知,应用留存率在下降,应用难以持续吸引用户的注意力并积累忠诚用户。疫情期间,虽然移动设备的使用量不断增加,应用会话总量在上升,但平均每应用留存率却在下降,这是因为用户拥有了更多的应用选择。如图 3-4 所示,对比自然用户与非自然用户可知,自然用户比非自然用户的长期留存率更高。但随着市场预算不断增加,营销人员越来越依赖非自然安装的驱动力。

---

① 引用来源:https://www.appsflyer.com/cn/infograms/app-retention-benchmarks-2020/.

2020年，许多类别的应用都实现了一定发展，应用数据呈现出明显的增长趋势。

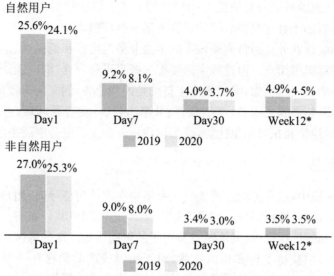

*周留存率=该周活跃用户数量/统计日期范围内首次激活应用的所有用户数量

图3-4 自然与非自然用户全球留存率趋势（来源：AppsFlyer官网）

受疫情影响，大部分用户处于居家隔离的状态，应用会话不断攀升。许多用户选择通过娱乐休闲应用消磨时光，比如看电影、玩游戏、听音乐、锻炼等；由于无法外出去餐厅就餐，一些用户会打开外卖应用点餐；学生无法返校上课，学校通过网课、会议应用开展视频教学；商场关闭，用户会通过网购应用，满足消费欲。这些情况是2020年的常态，使隔离期间应用会话总量和部分应用的忠诚用户数量（即30天后仍然使用应用的用户）大幅攀升，2020年9月的应用会话总量同比增长30％，忠诚用户数量同比增长25％。然而，平均每应用留存率却同比下降了12％，这是因为多种应用都在争夺用户的注意力，使得保持用户的活跃度成为难题。虽然可供用户自由支配的时间在增长，这也使得短期内应用会话量迅速增加，但由于应用间的竞争越来越激烈，用户可能会很快将注意力转向其他应用，如图3-5所示。

由图3-6中Day30的留存率可知，除了游戏和视频播放类应用，其他类型应用的自然用户留存率都比非自然用户高。游戏类应用的获客能力较强，其获客营销实现的用户留存率也更高，它拥有先进的LTV（Life Time Value，用户生命周期终身价值）数据模型，具备较强预测分析能力，能高质量、高效率地进行获客营销。

LTV：用户生命周期终身价值，指在获得新用户后的一段时间内，每一位用户的平均利润净现值①。

实际收入价值和毛利GMV（GMV：也称网站成交金额，属于电商平台企业成交类指标，指拍下订单的总金额，包含付款和未付款两部分）价值，可根据业务场景分别计算。LTV是单用户价值指标，属于衡量用户质量的指标，是一种非规模类指标。

LTV、获客成本、ROI（投资回报率）是公司级的主要账目指标。当公司开始通过规模化盈利的增长模式扩展业务时，需要注重这些账目指标，其中，LTV具有预测价值。

---

① 引用来源：https://baike.baidu.com/item/生命周期总价值/50957024?fr=aladdin.

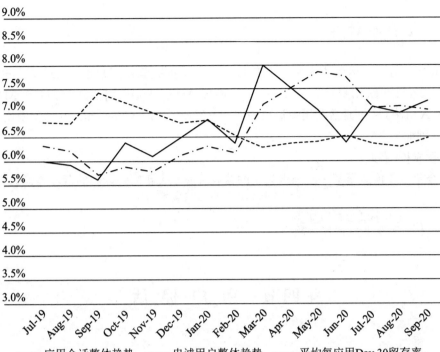

——应用会话整体趋势 —·—忠诚用户整体趋势 ----平均每应用Day 30留存率

应用会话整体趋势,通过对比每月会话量排名前 5000 的 App 的应用会话数量得出。忠诚用户整体趋势,计算方法相同。忠诚用户指的是 Day 30 打开应用的用户,包括 Day 30 忠诚用户比例在每项数字都经过标准化处理。

图 3-5　2020 年 7 月～9 月的主要互动指标全球分布(来源:AppsFlyer 官网)

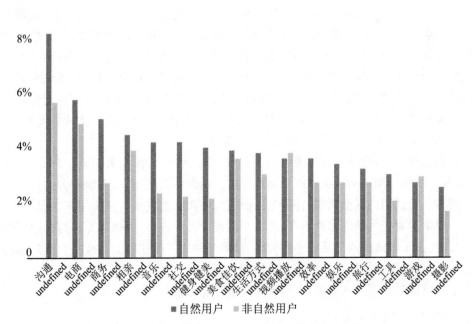

■自然用户　■非自然用户

图 3-6　2020 年第三季度全球各品类自然与非自然用户 Day30 留存率(来源:AppsFlyer 官网)

三、留存率计算

实施留存用户的运营方案后,可使用以下指标衡量留存用户的效果:DAU——Daily Active User(日活跃用户量)、WAU——Weekly Active User(周活跃用户量)、MAU——Monthly Active User(月活跃用户量)、YoY——Year on Year Percentage(同比增长率)。计算公式分别如下:

年营收成长(衰退)率

$$=\frac{\text{今年全年度或至某一时间点为止的营收金额}-\text{去年同一期间的营收金额}}{\text{去年同一期间的营收金额}} \times 100\%$$

$$YoY = \frac{\text{该年年度总营收金额}}{\text{上一年年度总营收金额}} - 1 \times 100\%[1]$$

第四节 用户促活

在实现用户留存后,运营方还需要进行用户运营的关键环节——用户促活。用户促活就是提升用户的活跃程度,促使活跃度较低的用户积极参与活动的过程,这是新媒体运营中巩固忠实用户不可或缺的环节。运营方应明确这一环节的动机、发展方向、渠道建设和预计成果,从用户的需求和体验感出发,对产品进行改进和推广,进一步提高产品热度,从而实现用户促活的预期效果。如果用户的活跃度很低,产品和品牌就会失去与其他市场竞品竞争的能力。如果长期未进行用户促活,将会造成用户流失、品牌发展停滞的后果。

在某些方面,用户促活的手段与用户留存存在相似之处。从用户角度来说,运营方可根据用户的特点和需求,从产品、服务、互动交流等方面入手。从产品角度来说,可拓展产品的功能和服务,满足用户对产品功能多元化的需求,在节日、周年庆等特殊时期,运营方可对产品外观作相应美化。从服务角度来说,运营方应该投入更多的资金和精力,提供更高质量的服务,根据用户的消费层次,设置不同的福利优惠、会员服务等,还可以为顶层消费者量身定制产品。从互动交流的角度来说,运营方应该设置人工客服,便于用户及时咨询和反馈,拓宽双向沟通的渠道,促进用户对产品的深入了解。

用户促活过程中,运营方需要通过 DAU、WAU、MAU 等指标来衡量用户的活跃程度。当然,也有一些指标用来衡量用户的不活跃程度。活跃度低的用户,可被分为尝试用户和流失用户两种。尝试用户只会偶尔打开产品或平台,使用次数较少。流失用户主要分为两种:第一种用户本身对产品的需求就不高,或者平台或产品的内容、风格等并不符合他们的兴趣爱好,因此失去了继续使用产品或平台的动力;第二种用户在使用产品或平台后需求已经得到满足,不再具有继续使用产品或平台的欲望。

为了尽可能减少用户的流失,运营者需要掌握以下技巧。

---

[1] 引用来源:https://www.dramx.com/Knowledge/Memory/20070524-6461.html。

一、利用从众心理刺激沉默用户

日常生活中,许多用户在购物时会关注产品的评论和销量,在外出逛街时往往会去人流量多的热门商场,这都是从众心理的体现。在新媒体运营中,运营者应该合理利用从众心理,激发用户对新产品的好奇心,提升用户对于品牌的认知和理解。比如,在每年的"双十一"活动中,天猫和淘宝就很好地利用了大众的从众心理,推动助力活动的病毒式传播,吸引越来越多的用户参与。对于本不愿参加活动的沉默用户而言,当他们多次收到好友的助力请求时,从众心理会被不断加强,最终促使他们也参与到助力活动中,这种营销方式对促活用户具有很好的效果。同时,用户行为可激励商家不断完善产品和服务,并促进品牌的发展。

二、通过激励体系促活沉默用户

运营者可通过物质激励和功能激励两种激励方式[①],提高用户的活跃程度。

一般来说,物质激励是更为有效的促活方式。但是,使用物质激励的方式时,运营方需要考虑成本,尽量实现物质付出与用户促活回报之间的平衡。例如,在淘宝网的淘金币板块中,用户通过签到、购物等方式获得金币,金币在用户购物付款时可以抵扣现金。由于用户只有产生消费行为才能获得金币,这进一步提高了用户的购物积极性,形成良性循环。

功能激励是指运营方在平台功能方面,适当给予用户奖励。例如,新浪微博平台会给予付费会员一些功能特权,包括会员可带图发表评论,ID名称呈红色,会员还拥有专属的皇冠标识等,而普通用户不具有上述功能权限。这种方式不仅能促进用户付费,实现用户变现,还可激励用户产生评论、转发等活跃行为,用户通过凸显自己的会员身份获得满足感。

三、学会"静音"

许多平台和品牌为了提高用户活跃度,会不断推送信息,吸引用户注意,这种行为是不可取的。很多用户不愿关注促活内容,推送次数过多会引起用户的厌烦情绪,造成用户流失。因此,运营方应在合适的时间推送适量的消息,对用户进行产品引导,告知用户新功能或新活动,不能为了提高活跃度而推送一些没有意义的消息。

四、通过邮件、短信等方式提醒用户

对于一些活跃度较低的用户,运营方会采取定期发送邮件或短信等方式,提醒用户重新关注[②]。用户活跃度降低后,对于运营内容的关注度也会相应降低,运营方可通过手机短信以及线上小程序消息推送等方式,提醒用户关注新产品或促销活动。采取第一种方式的前提是运营方在用户注册时已获取到用户的手机号码。但是,在推送这类消息时需要注意推

[①②] 勾伟俊.新媒体运营:产品运营+内容运营+用户运营+活动运营[M].北京:人民邮电出版社,2018.

送时间和推送频率,推送时机不当可能会被用户屏蔽或拉黑,造成用户流失。

【小结】

用户运营的焦点在于用户,因此在运营过程中,运营者需要深入了解用户群体。如何了解用户,实现用户价值最大化,进行用户转化变现,都是运营者需要解决的问题,运营者应时刻了解新媒体平台的新玩法。行为数据、日常情感维系、完整的用户成长体系等,都是成功的用户营销中不可或缺的要素。运营者只有不断开拓思路,才能将新用户转化为忠实用户,促进新媒体平台持续发展。

案例　阿里巴巴在"双十一"中的用户运营

> 阿里巴巴从2009年开始举办"双十一"活动,此后每年的11月11日都会进行大规模的打折促销。该活动从最初纯粹的降价促销模式,逐渐发展为多人助力的团队游戏,通过做任务、好友助力得红包等活动规则促活了一大批用户。
>
> "双十一"助力活动正式开始前,"你组队了吗?"是许多用户都会相互询问的问题。用户通过和好友组团做任务,可获得助力值与其他队伍进行PK,获胜一方可以获得红包,并进入更高级别的PK,获得更大数额的红包。红包诱惑对很多用户起到了激励作用,他们会积极地邀请好友助力,这促使很多本不参与活动的用户纷纷加入助力游戏,相当于一次大规模的网络动员。天猫和淘宝利用社交媒体的传播机制,大规模地散播关于"双十一"的消息,促使用户参与到互动游戏中来。简便的点击行为和有诱惑力的红包奖励吸引了大量用户,取得了良好的宣传效果,并成功实现了用户促活。

本章思考题

1. 你认为,对于平台或品牌而言,下单次数频繁、消费金额高的用户和消费次数少、金额少的用户,哪类更需要维护?
2. 用户画像采集方式包括哪些?
3. 拉新的方式包括哪些?
4. 请谈一谈如何在3天内和7天内做好用户留存?
5. 长期黏性用户留存有哪些方式,需要注意什么?

本章参考文献

[1] 勾伟俊.新媒体运营:产品运营+内容运营+用户运营+活动运营[M].北京:人民邮电出版社,2018.
[2] 叶龙.从零开始学新媒体运营推广[M].北京:清华大学出版社,2017.
[3] 赵宏田.用户画像:方法论与工程化解决方案[M].北京:机械工业出版社,2019.
[4] 彭兰.新媒体用户研究:节点化、媒介化、赛博格化的人[M].北京:中国人民大学出版社,2020.
[5] 李明伟.论搜索引擎竞价排名的广告属性及其法律规范[J].新闻与传播研究,2009,16(6):95-100,108-109.
[6] 刘珊.巨人之心:智能化内容运营[J].国际品牌观察,2021(27):32-37.

[7] 陈娟,邓胜利.社会化问答平台用户体验影响因素实证分析:以知乎为例[J].图书情报工作,2015,59(24):102-108.

[8] 王凌霄,沈卓,李艳.社会化问答社区用户画像构建[J].情报理论与实践,2018,41(1):129-134.

[9] 浦贵阳.新媒体2.0的发展特征诠释及运营策略探讨[J].编辑之友,2012(5):80-83.

[10] 林仕晖.社群时代下知识付费平台的用户留存困境:以分答为例[J].新媒体研究,2017,3(9):96-97.

[11] 严峰."技术赋权"范式下新媒体用户图像话语权的建构[J].当代传播,2017(3):74-76.

[12] 费坚,胡涛,陈景岭.心理账户、用户习惯与新媒体使用:基于社会心理学的思考[J].江海学刊,2015(2):215-220.

[13] 沈国梁.从流量池到留量池:私域流量再洞察[J].中国广告,2019(12):93-94.

[14] 毕秋灵,杨慧彩.知识付费用户行为体验研究[J].新媒体研究,2019,5(4):1-3.

[15] 詹新惠.基于互动的用户运营[J].新闻战线,2018(19):89-92.

[16] 许爱林.互联网思维之用户思维[J].电视技术,2015,39(6):80-83.

[17] 吴生华.从"时间运营"到"用户运营":传统广播电台构建"平台化"广播新业态[J].传媒评论,2018(2):55-57.

[18] 活动盒子.从拉新、留存、促活、营收四要素谈谈APP用户运营[J].信息与电脑(理论版),2017(7):11-14.

[19] 刘志诚,王有为.移动运营商用户运营之痛:移动互联时代用户运营核心能力分析[J].信息安全与通信保密,2012(11):118-120,127.

第四章　新媒体社群运营

> 如何使新媒体平台在众多竞争对手中脱颖而出，实现直接高效的传播效果，是新媒体运营的一项重点任务。除了前文提及的新媒体内容运营、用户运营，社群运营也是不可忽视的新媒体运营手段。社群运营，指的是根据前期的数据分析，将对运营内容感兴趣或产生过消费行为的用户聚集在一起，进行重点维护和宣传的运营手段。一个优质的社群，往往会聚集一批志同道合的粉丝，具备严密的组织架构，能够持续输出有价值的内容。运营者可复制已有的社群运营模式，将一个优质的社群裂变为多个高质量的子社群。广撒网式的非社群运营往往更重视宣传的广度，能够高效地提升用户对新媒体品牌的认知水平。社群运营更重视推广深度，这是对于前期运营结果的巩固，也是进一步进行粉丝积累和变现的重要渠道。在如今的新媒体运营中，社群运营和非社群运营相得益彰。本章节将探讨社群运营的定义、特点和优势，并结合社群运营的实际案例，总结社群运营的四大主要规则以及具体操作实践中应注意的细节，帮助读者理解和掌握社群运营。

第一节　社群和社群运营

一、社群

（一）社群的定义

网络社区的概念最早由 Rheinggold[①] 提出：当足够多的人长期参与公共讨论，并在社区中投入足够多的情感时，就会在网络空间中形成个人网络，进而导致网络社区中社会集群现象的产生。大部分网络社区的形成，都以"物"作为中心，社区成员被"物"所吸引，从而聚集在一起。这里所说的"物"，包括兴趣追求、情感交流、利益共享、价值认同等[②]。

---

① Rheingold H. The Virtual Community：Homesteading on the Electronic Frontier[M]. Cambridge：The MIT Press，2000.
② 戴维•波普诺. 社会学[M]. 10版. 陈强，等译. 北京：中国人民大学出版社，1999：173.

社群是指以共同爱好、信念、目标、需求等为纽带,让成员产生归属感与认同感的关系圈。这些成员既可是消费或使用过商品的客户,又可是有体验需求的用户。总之,社群成员拥有一个共同点:一致的兴趣追求。

一个运营质量较高的社群,往往拥有稳定的群体结构、一致的群体意识和行为规范以及持续的互动。在这样的社群中,社群成员可通过交流互动,了解彼此、培养感情,还可成为社群内容的传播者;而运营者可向成员发布指令,开展社群活动,明确成员之间的分工协作,从而保持社群的正常运转。如今,在线社群的形式与内容被不断挖掘、社群服务的范围在不断扩大,极大地促进了品牌和用户的互动成长。

(二)社群的特征

1. 聚集志同道合的粉丝

同质粉丝的聚集是建立社群的前提。一定规模的用户只有具有相同的喜好和价值观,才能以相似的目标聚集成一个群体,从而发展凝聚为社群。

运营者往往会围绕相对集中的某个群体开展社群服务。比如,在购物平台上,当客户下单某产品后,店铺客服会向其发送品牌社群的邀请链接;而在自媒体平台中,许多 UP 主会在个人简介中附上粉丝社群的群号码,选择加入群聊的粉丝以及对 UP 主感兴趣的游客,构成了社群的主要成员。

2. 拥有严密的组织架构

社群虽然存在于虚拟网络,但却拥有严格的组织架构以及明确的成员任务分工。社群组织架构,是指由不同社群成员和社群规则组成的社群框架,其中包括社群发起人、运营人员、管理人员、组织人员、普通成员等成员角色,如图 4-1 所示。

不同成员在社群中发挥的作用不同,需要承担的任务和工作也不同,依据各自在具体工作中的任务分配,可对社群人员进行细分。例如,在一场活动中,社群运营人员分为暖场人员、信息发布人员、信息收集人员、执行人员等。此外,运营者需要构建规则以保障社群的正常运营,建立起一个优质的社群组织,其中,包括入群规则、奖惩制度等规则体系。例如,作者聚集的社群的运营者可以通过采取"码字达标得免费批改名额"等奖惩措施,督促群内作者成员实现每日更新的字数目标,在此需注意群内活动所涉名额、活动资金的透明性、公正性,及时向社群成员公布评选结果。

3. 输出有价值的内容

社群价值的内容输出,是保障社群持续发展的重要资本。在社群运营中,社群管理者可采取多种形式,向成员输出有价值的内容,例如邀请嘉宾、引导社群成员分享和交流、开展社群活动等方式。

图 4-1 社群成员体系案例

高频率、高质量的社群活动和内容输出，能提升社群的活跃度，增强社群成员的归属感，助推社群成员的成长，进而促进社群良性发展。例如，在某服装购物店社群中，运营者除了会运用活泼语言播报"打卡福利"（淘金币、优惠券发放），而且经常推出"每日种草"、新品限时抢购、买家秀邀请等特别活动，吸引成员参与群内交流，共同输出优质内容。

重要的社群嘉宾，即社群中的关键意见领袖（KOL），其内容输出的影响力往往高于其他社群用户，运营者可通过多种方式体现对KOL的重视。商家可邀请KOL进行新产品的体验和推广、向KOL回馈赠礼、定量抽成、情感问候等。

例如，某购物平台举办了"种草官"活动，号召乐于发布买家秀的消费者从自身体验出发，分享与产品消费有关的经验和心得，发布"种草秀"晒出心仪好物，表达个人观点。作为回报，平台会给予"种草官"专属权益，如购物平台的专属标识、流量佣金奖励、专属商品试用机会以及丰富的平台币奖励等，如图4-2所示。

图4-2　某购物平台"种草官"介绍页面

4. 建立高质量的子社群

随着互联网和新媒体的发展和普及，分众传播逐渐成为重要的运营理念和传播模式。由于产品类别、用户数量众多，过量的子社群会增加运营难度，因此，运营者应建立一些高质量且个性化的子社群。运营者需要吸纳优质粉丝，将其培养为社群管理人才，并吸引大量喜好、价值观、需求相同的用户加入社群，提升粉丝黏度，利用粉丝经济获取收益。此外，运营者应通过复制已有社群的运营模式实现社群裂变，从而扩大社群规模，提升社群质量。

二、社群运营

（一）社群运营的定义

社群运营是以社群为基础，以社群经济为目标，通过微博、微信、社区等新媒体平台，宣传自身产品、服务或价值理念的一种分众传播形式。社群运营主要依靠社群关系实现运营效果，运营人员通过开展各种社群活动，使成员的目标趋于一致，保持持续的交流互动，形成共同的群体意识和规范，从而扩大社群的影响力和规模，促进社群不断发展。

目前，多数社群都是利用互联网进行虚拟运营的，成员线下见面的机会较少，因此难以实现较高的用户黏性和留存率。运营者需要采取新颖、多元的运营方式，激发用户的参与兴趣，提升用户的活跃程度，为品牌培养忠实用户，进而通过商品变现、广告变现、服务变现等方法汲取粉丝的经济价值，获得更高的经济效益。由于社群成员的参与度与创造力是保证社群运转的前提条件，运营者需要定期对社群成员进行清理和替换。

(二)社群运营的优势

1. 解决自媒体的运营难题

内容是自媒体独树一帜和突出重围的资本,但由于自媒体运营者的规模和数量有限,对他们而言,保持内容的持续更新,有效运营大规模的用户,具有较高的运营难度。构建社群媒体为解决上述难题提供了出路。自媒体本身在社群化方面具有天然优势,借助优质内容,吸引、筛选高质量用户,通过粉丝用户的积累和沉淀,能形成高活跃度和高忠诚度的社群。

社群运营解决了自媒体内容创作的三大痛点:

(1)内容生产的可持续性问题。社群媒体中,每个社群成员都是内容的创作者,随着社群规模的扩张,新的创作源泉会不断出现,有效解决内容生产的可持续性问题。与自媒体不同,社群媒体的目标用户是社群成员,具有较高的互动性和忠诚度。通过群成员的互动反馈,运营者可及时调整、优化内容创作,并且让成员参与内容生产,以提升内容的丰富性和精准性。社群成员参与社群内容创作,保证了社群媒体内容输出的持续性和稳定性,以此吸引更多的用户,从而扩大社群规模。

自媒体发展初期主要依靠 PGC(Professional Generated Content),由专业创作者进行内容输出。社群媒体将 PGC 和 UGC(User Generated Content)有机地结合起来,社群成员不仅是内容的接收者,还能参与到内容的创作过程中,对 PGC 进行反馈和补充。

(2)内容消费的审美疲劳问题。研究表明,当许多人参与到同一件事情中时,往往很难产生对这一事件的审美疲劳。社群媒体的内容生产是由社群成员共同参与的,产出的每一项内容都融入了每位成员的智慧和努力。社群经济属于关系经济,主张先连接关系,再从事商业行为。社群中内容的性质已转化为一种关系"催化剂"①,因而社群成员会对社群内容拥有较为强烈的情感认同和价值认同。

(3)用户关注的主动性问题。加入社群的用户往往对产品和服务已经存有一定的兴趣或关注度,这些用户为进一步加深对产品或服务的认知,或者享受与普通用户不一样的服务,会在商家的推荐下主动通过扫码、点击群聊邀请等方式加入社群,或者请求商家将自己拉入社群中,如图4-3所示。通过高效率的分类管理,社群运营可根据用户对产品感兴趣的程度,提高用户等级,例如从初级用户晋升到中级用户等。××手机品牌通过建立客户社群,聚集核心用户,在服务用户的同时,定期收集用户关于品牌产品的反馈,并且给予用户命名全新产品方案的机会,提升用户参与的主动性,促进品牌产品的研发与升级。

图4-3 社群加入方式的变化

2. 有助于增加私域流量,促进用户沉淀

社群运营促成了运营方与用户的直接对话,有助于运营方掌握私域流量的密码。私

---

① 程明,周亚齐. 从流量变现到关系变现:社群经济及其商业模式研究[J]. 当代传播,2018(2):68-73.

域流量,可被定义为"沉淀在品牌或个人渠道的,可随时、反复触达的,能实现一对一精准运营的用户流量"①。私域流量与公域流量最大的区别在于用户聚集不依赖所处平台的用户分配,社群运营方独立管理维护自己的用户。例如,用户在浏览购物平台首页时,会看到许多网店的产品推荐,平台首页用户浏览数量的分配,很大程度上决定了进入店铺的用户数量。这一机制中,平台首页用户浏览数量为公域流量,某个店铺的用户浏览数量则是私域流量。

与平台中被动分配至商户或者自媒体的用户不同,经社群运营的用户进入店铺或浏览自媒体内容的主动性较高,因而,如何做好用户沉淀是社群媒体的核心目标。自媒体虽能通过优质内容吸引流量,但单向、无交互的运作模式难以沉淀用户。而社群媒体以社群形式组织运作,内容仅仅是吸引用户的工具,社群才是体现群体凝聚力的核心,是沉淀用户的有效方式。例如,在某社交媒体平台中,部分穿搭博主会根据粉丝意见,选择店铺的衣裳进行试穿,开展穿搭教学,从而进一步提升用户的活跃度。

社群媒体往往会自设规则和门槛,以此对前期吸引的用户进行筛选,只有符合规则和要求的用户才能加入社群。这种筛选机制,为社群的用户质量提供了保障,也为后续社群媒体的内容生产以及商业变现奠定了坚实基础。例如,"罗辑思维"最初以"有种、有趣、有料"为理念,在微信公众号每天推出60秒音频,通过免费且有价值的内容,吸引了大批粉丝。此后,"罗辑思维"开始招募付费会员,在粉丝不知道任何会员权益、入群口令模糊的情况下,5000个200元的普通会员名额、500个1200元铁杆会员名额仅用了5小时便售罄。这些粉丝拥有相同的价值观和理想,对于"罗辑思维"具有较高的忠诚度和信任感,他们的加入,既能保证社群会员的质量,又潜移默化地为"罗辑思维"进行了二次传播。

3. 实现高效精确、多渠道传播

从传播效果上看,内容是社群媒体的流量入口,能帮助社群积累和沉淀流量。由于用户身份的变化,社群媒体的内容不必依靠其他平台,可直接在社群成员间实现传播,既精准又高效。从传播渠道上看,自媒体为保证自身流量,会避免其内容在其他平台传播,而社群媒体可借助多种平台的社群商业模式进行内容变现,形成全网多渠道传播。

对于社群媒体来说,内容的价值在于吸引和沉淀用户,形成影响力,这是后期进行内容变现的基础。其带有的互联网基因令社群具备了更为多元的变现模式,包括传统广告、知识付费、电商带货等,为内容变现持续赋能。例如,某知识领域博主通过稳定输出优质内容,积累了大量粉丝,形成了一个规模巨大的社群,其运营内容既在社群成员中得到了高效、精准的传播,也打破了自媒体内容传播的限制,实现了多渠道传播。

4. 形成社群对内对外双循环盈利模式

自媒体基本上只能通过内容实现变现,与之相比,社群媒体依托社群构建多元的商业化模式,拥有更加丰富、广阔的商业变现空间,会员收费、社群电商、社群广告等诸多商业模式,都可用于实现社群媒体变现,这些变现方式被归类于对内营销和对外营销,常用于精耕某领域的公司。

例如,某些专业公司在拥有一定粉丝基础后,会以低价学费吸引感兴趣的粉丝参与他们

---

① 艾媒咨询. 2021年中国私域流量营销洞察研究报告[R/OL]. (2021.0918)[2022-03-11]. https://www.iresearch.cn/include/ajax/user_ajax.ashx?work=idown&amp&rid=3848.

的付费教学，并承诺完成学习后会有一定的兼职收益。这些参与付费教学的粉丝相当于公司对内营销的对象。在完成付费教学之后，大部分粉丝会成为公司社群的成员，这奠定了公司对外营销的基础。

当一些企业有相关领域的需求时，为了避免费时费力聘用专业人员，常选择将此类业务外包给专业公司，通过公司间的合作达成双方共赢。而专业公司通过和企业建立频繁稳定的联系，能稳定地获得大量资金，这就是公司的对外营销。

专业公司借助自己的粉丝社群，低价聘请社群成员完成任务，从中赚取差额。社群成员通过完成社群发布的任务，参与到内容和产品的生产中，既能获得盈利，又可进一步学习专业技能。这种盈利模式的实现主要依托于社群成员对社群的信任，其价值更多地体现在社群成员的凝聚力上。

这种盈利模式所要求的是社群成员的能力而不是数量，它精耕于某垂直领域，能够发挥社群集体的作用，创造出比社群成员个人更大的价值。

(三) 社群运营的必备条件

1. 明确社群定位

社群定位对于后期的社群运营起着决定性作用。社群创建者应清晰把握社群指向性，明确社群定位。一般来说，社群定位的确定需要综合考虑用户和社群自身两个方面，主要包含以下几项任务：

第一，构建用户画像。绘制用户画像也就是为用户打"标签"，"标签"是运营者们应该具备的一种运营思维，更体现着一个账号、一个社群的文化[①]。运营者要充分了解社群用户的类型、特点，包括性别、年龄、地域、学历、职业和喜好等属性，使用大数据处理、可视化等手段，对这些标签的集合进行深入分析，概括出社群用户的信息全貌。

第二，分析竞品社群。"竞品"指的是形成竞争关系的产品。放在社群调研语境下，分为直接竞品和间接竞品。直接竞品是指目标受众相同、社群目的一致、产生直接竞争关系的社群。而间接竞品则是指广泛的、具备交流互动功能的、属于同一或相关领域的平台社区等。运营者应通过行业分析、竞品分析等锁定竞争对象，分析自身与竞品之间的差异。

第三，分析自身优势。运营者应分析自身的优势、条件和资源，明确社群所能提供的服务，从而解决用户的痛点和需求。例如，某著名奢侈品牌主打高雅、简约、现代的中性化风格。根据该品牌消费群体，其社群主要由中产阶级的事业型女性组成，柜台销售人员（SA）是社群的中心和管理者，负责引导社群话题，管理社群人员。客户的消费金额达到一定标准后，方可进入社群，在群内分享心仪的该品牌产品，讨论日常生活，SA 会在群内分享品牌理念，推荐商品，及时通知品牌上新，定期组织线下聚会，以维系社群成员的联系。

2. 精准吸引用户

企业如果想实现良好的运营效果，必须精准地吸引目标用户，准确把握用户需求。具体而言，运营者需要基于用户画像，结合问卷调研、访谈等手段，充分了解用户需求。明确社群定位与了解用户需求应相辅相成，这样既便于对社群进行定位，又利于精准地吸引用户。

[①] 欧梨成,张帆,陈培颖.传播学视域下科技期刊短视频平台运营策略探析：以抖音、哔哩哔哩和微信视频号为例[J].中国科技期刊研究,2022,33(1):58-66.

知名度越高、粉丝量越大,对自身目标用户的定位往往也更加清晰。B站是非常典型的一个例子,根据艾瑞咨询报告,2020年B站35岁及以下用户占比超86%,也佐证了其是中国年轻世代高度聚集的社区①。中国科学院物理研究所的B站账号便带有明显的"二次元"标签,在吸引有志青年报考的同时,还能传播科学知识,截至2023年1月,已拥有190多万粉丝。

3. 做好用户分类管理

依据用户的活跃度或消费程度,将用户分级,不同等级用户的维护和运营有所差异。对用户进行分类管理是社群运营的关键。比如,在商场的线下消费场景中,依据一年的消费额度,可将商场会员分成黑金、白金、铂金、黄金等不同级别,不同级别的会员享受不同福利,在线上社群运营中也同理。

首先,运营者应将不同类型的用户归类于不同的子社群,分类标准包括用户年龄、所处地域、活跃度、消费等级等。例如某戏曲节目主持人便建立起了以戏曲种类区分的诸多社群,汇聚了各地大批戏曲爱好者,为该节目整合了听众。随着用户等级的提高,筛选规则也愈加严格。若是晋升类型的社群,在有效期内,会员没有达到一定的消费金额,还将自动降级,退回下级社群,无法享受原本权益。

其次,社群中不同类型用户的维护成本不同,享受的权益和福利也不同。高等级社群中,管理人员、处理社群事务的助手素质更高,成员不仅能享受一对一或者一对少的社群服务,还可参与高等级社群的专属活动。比如,在线课程社群中,普通学员可能仅拥有限时观看课程的权益,而VIP学员则可享受永久回看、作业批改、平台其他课程优惠券等多项权益。

4. 维护和提升用户活跃度

社群的发展依托于社群成员之间关系的维系,用户的活跃度对于社群的发展极其重要。为增强社群成员的凝聚力、提升用户活跃度,运营人员可通过各种线上、线下活动提升社群的总体活跃度,比如邀请嘉宾、社群成员进行线上经验分享,组织社群成员进行线下特别日聚会等。

此外,在确定了社群定位的前提下,持续输出优质内容,也是提升用户活跃度的重要方式。社群运营者需要专注于社群的高质量内容创作与输出,帮助社群成员建立集体观念,营造文化氛围。在内容运营的具体过程中,社群应该根据用户需求,适时调整内容创作方向,持续输出优质内容,调动社群成员参与互动的积极性。以美食领域为例,很多博主会根据社群成员的提问和建议,选取新推出的产品进行测评、试吃,进而发布测评报告视频或图文等高质量内容。

---

① 哔哩哔哩. 关于我们[EB/OL]. [2022-9-25]. https://www.bilibili.com/blackboard/aboutUs.html.

第二节　社群创建与运营

一、社群创建

(一) 设置社群名称

社群名称决定了用户对于社群的第一印象,是用户了解社群的重要信息。此外,社群成员可以利用社群名称,对社群品牌进行宣传和传播,吸引更多志同道合的用户成为社群的新成员。因此,设置社群名称是建设社群的首要任务,其命名方法主要有两种,必要时可两种方式混合使用。

其一,以社群的核心构建点来命名。社群的核心构建点是形成社群的主要因素,也是社群相较于其他社群的核心竞争力。此类命名可自灵魂人物的关键词、核心产品的名称等进行延伸。一般情况下,用户从群名称里可以看出具体信息。

其二,以目标用户的需求来命名。根据目标用户的需求,可在社群名称中使用便于用户识别的关键词,吸引用户加入。例如"××健身打卡群""××股票学习群"等。

此外,命名过程中需注意,切忌使用宽泛、生僻的字眼,一个优秀的社群名称是容易让路人记住和传播的,也方便意向用户在海量信息中快速识别社群。

(二) 确定社群口号

社群口号(Slogan)是指社群用于宣传的广告语或标语,高质量的社群口号能令人耳目一新、印象深刻,同时也可通过口号传达特殊意义。运营者可从不同的角度切入,确定社群口号。

第一种类型是按照功能特点,确定社群口号。这类口号通常是描述社群功能或特点的一句话,核心要素简洁明了且易于用户理解。例如,××搜索引擎的口号是"搜索一下,你就知道"。

第二种类型是按照利益获得,确定社群口号。在社群口号中传达加入社群能获得利益的信息,通过利益激发用户的兴趣,此类口号还可促使用户不断为社群做出贡献。例如,××运动汇社群的口号是"××运动汇,汇运动和健康于一身",技能学习群的口号是"每天3分钟,进步一点点"。

第三种类型是按照情感价值,确定社群口号。通过表达利益背后的态度、情怀、情感以及更大格局的世界观、人生观、价值观,以此吸引认可该社群价值观的用户加入社群。例如,志愿服务社群的口号是"奉献自己,愉悦大家",××创业者社群的口号是"帮你,帮我,帮大家"。

(三) 设计社群视觉标识

社群视觉标识是指用于区分不同社群的标识元素,如 Logo、徽章等,一般是根据社群名称、社群口号设计的,这象征着社群成员与众不同的身份,也可作为线下活动的标志物吸引、聚集社群成员。需要注意的是,社群标识务必具有辨识度,建议设计专属的社群 Logo 作为社群头像,不要直接设置为企业品牌 Logo,否则可能无法彰显社群的特殊性。

(四) 明确社群管理者结构[①]

虽然同一个社群中的成员拥有共同的兴趣或需求,但不同成员仍具有各自的特质和个性,即社群成员具有多样性,因此,设置社群管理者具有重要性和必要性。在结构良好的社群中,社群成员通常被分为社群创造者、社群管理者、社群参与者和付费者、社群开拓者、社群分化者、社群合作者 6 种角色。

1. 社群创造者

社群创造者往往是具备人格魅力、掌握专业技能的能力出众者,具有吸引用户加入社群的特质,拥有对社群的定位、发展、成长等进行长远且正确考虑的能力。维持社群的生命力,离不开这些意见领袖的积极引导。例如,某科技领域求职者社群的社群创造者,是一位拥有互联网领域精英人脉资源的资深 HR。

2. 社群管理者

一个成熟的社群应拥有完整的社群管理团队,通过不同层级的管理员,对不同的任务、内容进行管理,管理者可分为总管理、副管理、管理组长、管理人员、管理助手等。社群管理者应采用逐级升级的机制,在低层历练一定时间后,才能参加考核,晋升职位。

由于社群的互联网特性,社群管理者大多需要在线上完成工作,因此应具备良好的沟通、协调、决策与执行能力,能够公正严明、以身作则,拥有一定的应变能力。例如,在某网络主播社群中,社群管理者会通过社群解答粉丝疑惑、介绍产品信息、更新直播内容等,帮助社群成员更好地融入社群、使用产品。

3. 社群参与者和付费者

社群参与者是社群中的普通成员,会参与日常的社群活动和讨论;社群付费者是通过缴纳一定的入会费用加入社群的成员,他们不仅能为社群的发展提供资金支持,还能积极参与到社群的交流活动中去,提升社群的活跃度。

4. 社群开拓者

社群开拓者是社群发展的核心力量,需要具备较高的谈判水平,拥有善于交流的特质。社群开拓者借助不同平台,对社群进行宣传和拉新,为社群注入新鲜血液,并促成社群的各种商业合作。

5. 社群分化者

社群分化者是社群大规模扩张的基础,他们能促使新建立的社群不断发展,逐渐形成子社群。这类人具有较强的理解力,能深刻理解社群文化,为社群建设添砖加瓦。

6. 社群合作者

社群合作者是与社群彼此认同、理念一致、具备互补资源,能与社群进行互惠互利的合作的企业或组织,可与社群进行资源的互换、经验的分享、财力的支持等。

---

① 李俊,魏炜,马晓艳. 新媒体运营[M]. 北京:人民邮电出版社,2020:110.

二、社群规则

(一) 引入规则

对于社群发展而言,社群成员的质量比成员规模更重要,只有依托高质量用户的支持与信赖,社群才能进一步扩大自身影响力,生产更加优质的内容。如果社群不加区分地对任何用户开放,将会导致社群成员的质量参差不齐,进而增加社群管理与运营的难度,因此,管理者有必要设置一定的社群门槛。一般来说,社群成员的引入主要有5种规则[1]:

第一种为邀请制。群主或者管理员邀请他人加入社群,使其成为社群成员,这种方式适用于规模较小或专业领域较强的社群圈子。

第二种为任务制。用户必须完成某项任务,才能成为社群成员。任务制社群的任务难度会受到社群规模、性质等因素的影响,比如,规模较大的社群可能会将填写报名表、注册会员、转发集赞等作为考核任务。

第三种为申请制。用户在浏览社群发布的公开招募信息后,投递简历申请加入社群,只有通过笔试、视频面试等考核,才能成为社群成员。这种引入方式的审核过程较为复杂,考验着审核人员的耐心和细心,但也提升了社群成员的纯净度。

第四种为付费制。用户必须支付一定的入群费用,才能成为社群成员。付费社群主要适用于上班族、企业营销人员、微商以及想通过兼职提升业余收入的人群。例如,某新媒体领域社群日常会提供营销方案、行业报告等内部资源,用户需要支付3.6万元的会员费用,才能成为该社群的一分子。与申请制不同,该制度下的新成员一般无需经过专门人员审核,免去了提交个人资料的麻烦,可直接加入社群。

第五种为举荐制。用户通过社群内成员的推荐成为社群成员,这种规则适用于知识型或技能型社群,群内成员的举荐名额一般是有限的。这种引入规则要求推荐人事先向被引入者介绍社群,以帮助新成员更好地融入社群。

(二) 日常规则

日常规则是指当社群用户和运营者入群后,在社群中需要遵守的日常行为规范。运营者需要进行群内发言、群消息管理等日常维护工作,与普通社群用户的定位不同,因此日常规则需要分别针对用户、运营者进行制定。常见的日常规则,包括禁止成员在群里发布与本产品无关的广告、禁止诋毁或诽谤他人等。群规的制定有助于社群的管理,其设置必须合理,不能过于松散,也不能过于苛刻,应根据具体情况设定。日常规则一般包括名称规则、交流分享规则2个方面:

名称规则主要包括群命名规则、群成员命名规则等。群名称的重要性在前文已提及过。为方便社群管理,群成员的命名规则要依据具体情况设定。例如,跨地区的社群,应以"昵称＋城市＋职业"的格式备注群成员名称,如图4-4所示,并且以"群名片修改完成的同学请回复:已修改群昵称"等类似提示话术结尾,从而提升新入群成员的活跃度。

---

[1] 李俊,魏炜,马晓艳. 新媒体运营[M]. 北京:人民邮电出版社,2020.

合理详尽的交流分享规则,有助于保证社群良好的沟通和交流环境,促进信息的传播,加强社群成员的互动,提高社群活跃度,促进社群的发展。交流规则需包含交流时间、交流格式、交流礼仪、交流疑问解决、交流争论解决、交流处罚、投诉渠道等要素;而分享规则需包含分享过程疑问解决、分享处罚、分享争议讨论、分享礼仪等要素。① 社群分享处罚规则案例如图 4-5 所示。

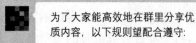

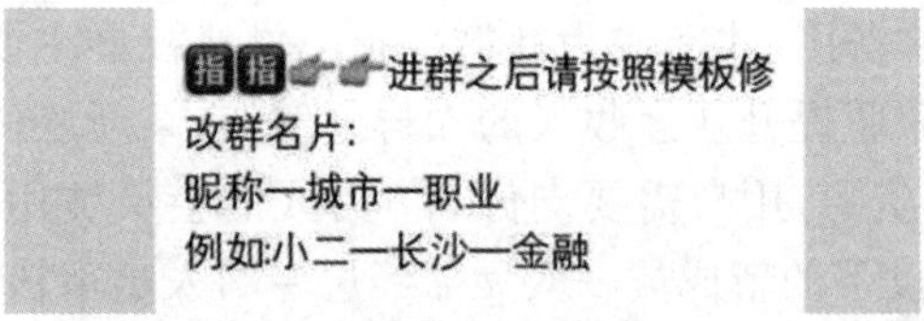

图 4-4　群成员名称规则案例 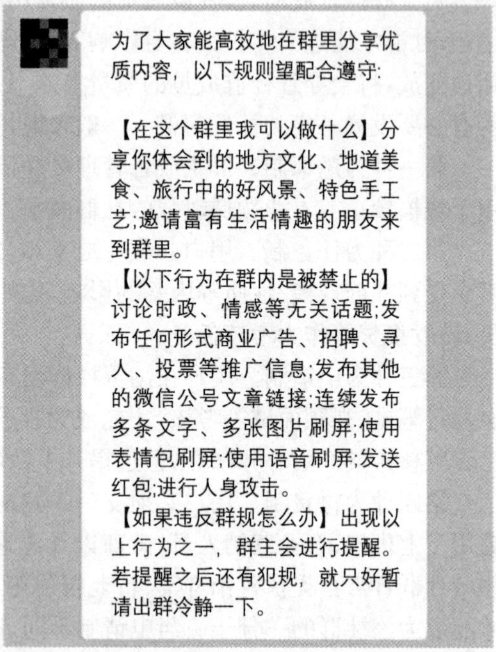　　　　图 4-5　社群分享处罚规则案例

(三) 激励规则

设置一定的激励规则,能提高社群成员的积极性,增强社群的凝聚力。社群激励规则一般包含考核规则、奖励规则 2 个部分:②

考核规则是指社群管理者应对社群成员进行考核,可结合日常规则,启用积分制度,即通过积分考察社群成员的行为质量。如发帖积 5 分,分享积 3 分等。

奖励规则是指社群管理者应给予考核成绩优秀的社群成员一定的奖励,奖励形式包括物质奖励和精神奖励,物质奖励有现金红包、社区精美礼品、会员体验券等。例如,向考核排名第一的社群成员赠送"满 500 减 50"的限时优惠券。这种方式促使成员产生消费行为。精神奖励包括提供案例分享机会、同大咖一对一交流、相关社群邀请等。

(四) 淘汰规则

社群规模扩张的过程中,为保证社群成员的质量,社群管理者应及时对社群成员进行筛选,淘汰活跃度低、不利于社群发展的成员,保留对社群有贡献、积极参与社群活动的成员。

---

①② 李俊,魏炜,马晓艳. 新媒体运营[M]. 北京:人民邮电出版社,2020.

社群的淘汰规则有3种,分别是人员定额制、犯规剔除制、积分淘汰制。[1]

人员定额制是指将社群成员人数限制在固定人数内的机制,例如,微信群的人数上限为500人。当人数达到限额时,社群应按照成员的活跃度排名,剔除活跃度较低的成员,为社群扩充出吸引新人的空间,以保证社群始终处于活跃状态。

犯规剔除制是指将违反社群规则的成员淘汰,上文中提到社群常设有交流分享规则,若有成员多次违反规则,管理者可考虑将其移出群聊,以保证社群良好的沟通和交流环境。

积分淘汰制是指根据社群成员的行为给予积分奖励或惩罚的制度,管理者基于设置的积分标准线,定期统计成员的积分,将积分较低的成员剔除,再吸引新成员的加入,如图4-6所示。

需要注意的是,淘汰规则一般适用于社群中等级较高的用户圈层。社群中,成员的级别越高,其淘汰规则越严格。但对于普通用户,尤其是新媒体平台存在积累大量用户的需求时,不建议采用淘汰制,尤其不能仅依据单方面表现对成员实施淘汰。

有学者发现,在互联网虚拟社区内,各成员的活跃度与参与度呈现出典型的长尾效应。"90-9-1"法则指出,在一个虚拟社群内,90%的成员观察而不参与,9%的成员存在有限贡献,1%的成员创造绝大多数的新内容。[2] 因此,如果仅以发言次数来淘汰普通用户,可能会造成较大的损失。

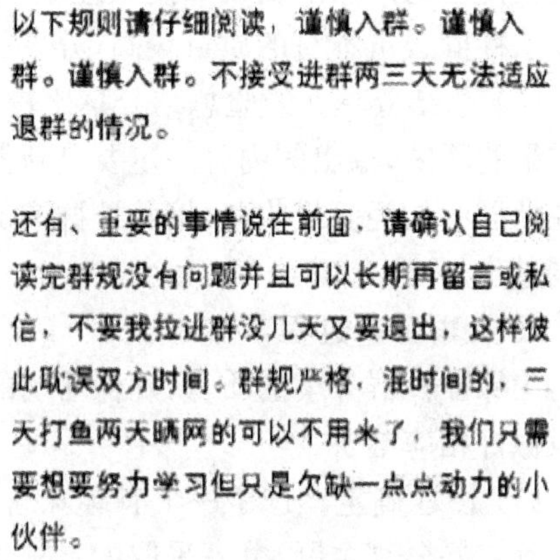
以下规则请仔细阅读,谨慎入群。谨慎入群。谨慎入群。不接受进群两三天无法适应退群的情况。

还有、重要的事情说在前面,请确认自己阅读完群规没有问题并且可以长期再留言或私信,不要我拉进群没几天又要退出,这样彼此耽误双方时间。群规严格,混时间的,三天打鱼两天晒网的可以不用来了,我们只需要想要努力学习但只是欠缺一点点动力的小伙伴。

图4-6 社群设置淘汰规则案例

第三节 社群活动

一、线上活动

(一) 社群分享

社群分享是指社群成员围绕某一话题,开展关于知识、心得、体会、感悟等内容的讨论。通过一系列线上活动,充分调动社群成员的积极性,保证社群内容持续输出,以此吸引更多新成员,促进社群发展。

---

① 李俊,魏炜,马晓艳. 新媒体运营[M]. 北京:人民邮电出版社,2020.

② Mierlo T V. The 1% Rule in Four Digital Health Social Networks: An Observational Study[J]. Journal of Medical Internet Research,2014,16(2):33.

1. 四种社群分享类型[①]

（1）灵魂人物分享。灵魂人物是指具有极高威望的重要社群人员，通常为社群创始人或者领导者，这类分享机制对人物的素质要求很高，需要其具备较高的威望、流利的口才以及充足的机动时间。灵魂人物在社群中的存在感、高质量的分享内容两者叠加，能够提高社群的威望以及社群成员的凝聚力。

（2）嘉宾分享。邀请与社群主题相关的专家或红人进行分享，需要提前通知分享嘉宾，这些嘉宾通常是在社群之外，分享主题一般是社群成员感兴趣的议题或社会热点，这种分享要求社群有充足的资金、人脉等资源，足以吸引嘉宾进入社群，开展内容分享。

（3）成员内容分享。社群成员轮流分享个人的兴趣爱好等信息，从自身出发，向其他社群成员传达对产品的认识和使用经验，这是社群中最主要的信息分享方式。但这种分享方式要求社群成员本身的质量较高，分享的素材足够多，才能进行分享，否则会适得其反。

（4）总结分享。经验总结分享比较适合企业内部的社群，以及熟悉社群运营、有一定运营成果的团队，输出的内容一定要是新鲜的"干货"。此类分享能动员社群中的每个成员，分享在社群中的经验或收获，培养社群成员主动思考和复盘的能力，以促进社群成员的沟通和共同进步。

2. 社群分享过程

为保证社群分享的质量，确保活动的顺利开展，运营人员应在分享活动的前、中、后各个阶段做好相应准备。

（1）话题确定。选定一个有趣味且有意义的话题十分关键。在开始分享前，运营者应提前确定好分享主题、分享采取的形式等，可利用问卷搜集社群成员感兴趣的议题，整理筛选与话题相关的素材。最终确定话题前，还可在社群内就话题是否会引起讨论，进行效果评估，以保证社群分享的质量。

（2）预热造势。确定分享时间后，运营者可通过群公告、@全体成员等方式，对分享活动进行多次通知，确保更多的成员了解分享活动，进而参与到活动中。

运营者应把握好发布通知的时间和频次。发布预告通知通常与活动正式开展的时间间隔不超过3天，有的活动预告时间也可拉长至7天。预告期间，群信息需保持每天更新，通知频次需随活动日期的临近而增加，通过预告活动福利吸引用户参加。但过高的通知频次也会导致用户反感，常见做法是在活动开始前24小时内通知3次。

（3）会前暖场。启动一场分享活动，必须具备一定的仪式感。在分享活动正式开始前，主持人需要对分享主题、分享嘉宾等进行介绍，令观众进入正式倾听状态。还可预告本次活动将对积极发言的成员给予惊喜礼物等激励，提高成员的心理期待，为分享活动暖场，营造合适的活动氛围，引导各成员提前做好准备。暖场开始的时间也很关键，通常为活动开始前1个小时，如此方能实现与社群成员的良性互动。

（4）规则说明。由于社群常有新成员加入，为了维护分享活动的秩序，每次分享前，管理者需要提前制定、提示活动规则，比如分享过程中不能打广告、不能插话等。在分享过程中，管理者应鼓励大家认真听讲、做笔记、梳理思路，时刻注意是否有社群成员干扰分享进程，若有此类行为应及时制止。

[①] 李俊，魏炜，马晓艳. 新媒体运营[M]. 北京：人民邮电出版社，2020.

（5）促进互动。互动的核心是对话，而对话中的实际体验不只是接收一个信息，更多的是联系与开放的境界。① 在分享过程中，主持人应该引导成员积极参与互动环节，还可提前安排人员适时活跃气氛。分享人也要在稿子中设置互动诱导点，耐心等待其他成员开麦互动，避免冷场。

（6）提供福利。为了提升社群成员参加分享活动的积极性，在分享结束后，可设置福利环节，给予表现出彩、配合度高的成员以有吸引力的福利，激励社群成员继续参与今后的分享。当成员的讨论内容脱离讨论主题时，管理者有必要通过红包等奖励方式，引导成员重新关注此次讨论的主题。

（7）及时宣传。在分享期间或分享结束后，管理者可通过奖励机制，引导社群成员宣传与此次社群分享有关的信息。同时，运营人员应及时总结、提炼分享内容的要点、精华，通过社交媒体平台进行发布和传播，集合品牌活动的势能，提高社群的知名度和整体影响力，进而打造新品牌、稳固老品牌。

（二）社群交流

社群交流是指挑选一个有价值的选题，动员社群成员参与讨论，进行观点碰撞，输出高质量内容的活动。与社群分享类似，在进行社群交流的前、中、后各个阶段，社群管理者都需要深思熟虑，做好专业、细致的策划工作。

1. 选定议题

高质量内容是社群的引爆点，而交流议题则是输出高质量内容的前提。在动员社群成员互动交流时，运营者通常应选择有热度、与社群主题相关，且便于理解的话题。管理者应合理分配角色和任务，保证社群交流的秩序和氛围。

2. 预热暖场

在进行社群交流前，设置预告环节，将活动主题、交流时间等相关信息展示给社群成员，便于社群成员提前搜集相关资料，为社群交流做好充足准备。管理者还可设置暖场环节，通过互动游戏（如抢答领红包）等各种形式，调动社群成员的积极性，营造良好的交流氛围。

3. 交流过程

社群交流主要包括开场白、交流、过程控制、互动和结尾等环节，该过程只需要按照预先设计的流程进行即可。管理者需要时刻关注交流环境，如果出现偏离交流主题或成员间的交流没有价值等情况，管理者或运营人员应当及时提醒，将话题拉回议题。

4. 交流结束

在社群交流活动结束后，主持人或组织者需对活动进行总结，整理较有价值的交流内容，总结活动的经验与不足，在社交媒体平台上传播社群交流的精髓，附上热烈讨论的聊天记录截图，提高社群交流活动的知名度和影响力，打造自身品牌，沉淀品牌能量。

（三）社群打卡

为了保证社群成员的活跃度，许多社群推出了社群打卡等仪式性制度。社群打卡与线下考勤制度类似，是一种督促社群成员参与活动的手段，打卡次数可作为评价社群成员活跃

---

① 彼得·科斯洛夫斯基. 后现代文化：技术发展的社会文化后果[M]. 毛怡红，译. 北京：中央编译出版社，1999：53.

度的指标,是奖励或惩罚成员的参考标准之一,因此,社群打卡是社群促活的一种常见形式。

1. 设置打卡规则

社群打卡的任务和目的,主要是通过社群成员的打卡行为保持社群的活跃度,进而实现社群功能,完成社群目标。为了保证社员形成日常打卡的习惯,管理者需要制定严格的打卡制度,维系社群秩序和稳定。社群打卡制度主要由保证金规则、监督规则、激励规则以及淘汰规则构成。

保证金规则,指的是社员在进入社群前需要缴纳保证金,以鞭策其在规定时间内达成相应目标。未达成目标的成员的保证金将进入奖金池,用于奖励表现优越者,对其他社员形成激励作用。

监督规则适用于实时跟进社群成员的活动参与情况。监督规则指社群管理者应统计、监督、管理社员的打卡情况,定期将整个社群的打卡统计结果,以图片、消息、文档、群公告等形式发送至社群,激励社群成员坚持打卡。

激励规则是指定期给予表现优异的社群成员奖励,从而激发社群成员的积极性的规则。奖励的形式包括荣誉证书、徽章、头衔等。例如,购物平台上的一些店铺会向每天坚持打卡的客户赠送优惠券,提升打卡的积极程度,如图 4-7 所示。

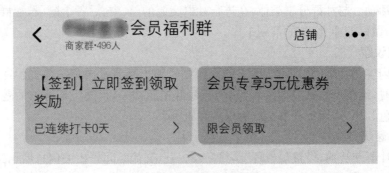

图 4-7 店铺社群打卡激励案例

淘汰规则是指将打卡完成度低的社群成员淘汰的规则,代表着组织内部的"优胜劣汰"。此外也能对其进行约谈,给予相应惩罚,或让其通过某种方法弥补。

2. 营造打卡气氛

一个积极健康的打卡社群,应拥有良好的打卡氛围。营造良好打卡氛围的方式主要有提供模板、树立榜样、设置竞争、提供惊喜、调动感情等。

(1)提供模板。在每项打卡活动开启前,社群管理者应该提供详细直观的打卡示范模板,从而缩短社员打卡的思考时间,提高打卡的规范性和积极性。比如,在每日运动打卡活动中,管理者只需要提供一条以"姓名+日期+露脸锻炼照片"为格式的打卡模板,然后让社群成员接龙即可。提供打卡模板,既能降低社群成员的参与门槛,避免出现误解规则的情况,又可规避一些滥竽充数、随意打卡的行为。

(2)树立榜样。榜样的选取可采用面向社群征集的方法,也可由社群管理员推荐和挑选。挑选出表现好、有恒心、在往期打卡活动中比较积极的成员之后,运营者可整理出书面的榜样故事,在社群中对其进行公开表扬,明确将其树立为社群榜样,并宣传其坚持打卡后所获得的成就和奖励,增强社群成员学习榜样的动力。

（3）设置竞争机制。设置竞争机制，其实是利用了人们争强好胜的心理。对积极打卡的社群成员，应予以更多的特权和奖励，调动社群成员的积极性。竞争机制中，可将社群成员分为不同的组别或层级，定期考核打卡成绩，打卡表现优秀者可升级，不合格者会被降级，营造组内竞争关系，调动组员的积极性。

（4）提供惊喜。惊喜是指不定时给予社群成员意料之外的福利。社群成员会存在疲惫期，为了激励成员们坚持打卡，除了日常激励之外，社群管理者可适当增加物质激励，例如提供惊喜大礼包等。比如，有些活动的参与性在夜间较低，管理者需要在晚上开展临时抽奖活动，调动成员们的打卡热情。

（5）调动感情。社群成员之间的关系需要以一定的情感为纽带相连接，才能保证社群的稳定和发展。社群成员的真实故事可作为激励和感染其他成员的内容素材。在打卡过程中，管理人员可挖掘社群成员的打卡故事，与其他社群成员分享，通过真实案例增强社群成员对打卡活动的认同。

二、线下活动

单纯依靠与用户在社群中的虚拟交互，无法长期、高效地维持用户社群的生命力。新媒体时代，运营者应将线上线下社群运营手段相结合，顺应时代潮流，满足用户需求。线上交流能克服地域差异，而线下交流可促使社群成员奔现，增进成员之间的感情，增强社群凝聚力，两者相得益彰、互通有无。在线下开展社群活动，不仅增强了社群成员对组织的归属感，还能升华社群成员之间的关系，让社员从虚幻的网络好友拓展为现实好友，拓宽社群成员的交际圈，使社群关系更为亲密。

一场线下活动的策划，必须把控好活动的每一个步骤和细节。本节将根据线下活动的通用流程，分析线下活动中需要注意的细节。

（一）活动前期准备工作

首先，明确活动目的。社群定位不同决定了成员需求的差异，每次活动的具体目的也不尽相同，明确开展线下活动的核心目的，便于节约活动成本。

其次，必须充分了解用户需求。即使是同一社群里的用户，也会存在细微不同的需求。在进行活动策划之前，社群管理者应该预先征集社群成员的意见，了解社群成员的需求、心仪的活动类型、感兴趣的活动主题等信息。在此基础上，更新活动细节，发布相关预热信息，将会对社群成员产生更为巨大的吸引力。

最后，对活动细节的细致策划，也是前期准备工作中的关键一环。相比于线上活动，线下活动具有更多的不确定性，在开展线下社群活动前，工作人员需要对活动方案、活动流程、活动预算等细节进行规划，并设想活动过程中可能出现的各种问题，做好应急预案。

（二）开展活动

开展活动的步骤，通常包括宣传推广、对外联系和活动开展3个部分。

在活动的宣传推广阶段，运营者需借助微信、QQ、抖音等新媒体平台，搭配其他辅助推广方式，例如安排参与人员报名、设计和发布活动海报、邀请媒体、开展直播活动、采集新闻稿和活动图片、收集参与人员的建议等。比如，××品牌在线下门店开展活动前，会在公众号上发布通知，并搭配各式海报，同时也会在品牌社区中及时发帖，以"新体验惊喜来袭""限时活动来了"等话术，吸引用户报名。

在对外联系阶段，工作人员应提前与活动合作方联系，协商确定好活动细节，如场地、设备、嘉宾、活动的预计人数等。在这个过程中，工作人员需要确保活动场地和设备的正常运作，邀约嘉宾准时出席以及活动文稿无误等。

活动的具体开展是线下活动的重要部分，在活动开展阶段，活动执行者需注意灵活把握活动节奏、维持现场秩序、确保活动安全等细节。由于活动需要在有限的时间内迅速抓住参与者的眼球，在开展过程中，工作人员需要采取绘制串联表、精准计时等手段，提高活动效率。

（三）活动后期总结工作

与线上社群分享、交流活动类似，线下活动结束后也需进行总结。运营者应该将有价值的交流内容整理成文，或者将活动现场的精美照片、趣味视频等及时发布到新媒体平台，进一步提高社群活动的影响力，维持社群成员参加线下活动的激情。

值得注意的是，线下活动结束后，工作人员内部还需要对活动效果进行总结和反馈。任何一场线下活动都不可能是完美的，运营人员需要及时进行活动复盘，总结活动的成功经验，并梳理活动中出现的漏洞，比如"活动物料与实际需求不对等"等问题，分析这些问题产生的原因，并思考如何在今后的活动中避免此类问题的发生。

本章思考题

1. 新媒体运营和社群运营有何区别与相同之处？
2. 你认为一个良好的社群应该具备哪些特征？
3. 相比于其他运营模式，社群运营拥有哪些优势？
4. 从社群筹备到最终成形是一个复杂的过程，创建社群需要经历哪些步骤？
5. 在社群创建之初，运营者需要建立怎样的规则来规范社群？
6. 以提升社群活跃度为目标，运营者可以开展哪些活动？在社群活动中，我们应该注意哪些事项？请举例说明。

本章参考文献

［1］ Rheingold H. The Virtual Community: Homesteading on the Electronic Frontier[M]. Cambridge: The MIT Press, 2000.
［2］ 戴维·波普诺. 社会学[M]. 10版. 李强，等译. 北京：中国人民大学出版社，1999：173.
［3］ 程明，周亚齐. 从流量变现到关系变现：社群经济及其商业模式研究[J]. 当代传播，2018(2)：68-73.
［4］ 艾媒咨询. 2021年中国私域流量营销洞察研究报告[R/OL]. (2021-09-18)[2022-03-11]. https://www.iresearch.cn/include/ajax/user_ajax.ashx? work=idown&amp&rid=3848.
［5］ 欧梨成，张帆，陈培颖. 传播学视域下科技期刊短视频平台运营策略探析：以抖音、哔哩哔哩和微信视频号为例[J]. 中国科技期刊研究，2022，33(1)：58-66.
［6］ 哔哩哔哩. 关于我们[EB/OL]. [2022-9-25]. https://www.bilibili.com/blackboard/aboutUs.html.
［7］ 李俊，魏炜，马晓艳. 新媒体运营[M]. 北京：人民邮电出版社，2020.

[8] 彼得·科斯洛夫斯基. 后现代文化:技术发展的社会文化后果[M]. 毛怡红,译. 北京:中央编译出版社,1999:53.

[9] 王佳炜,李亦宁. 社会化媒体时代品牌社群营销的核心逻辑[J]. 当代传播,2014(5):93-95.

[10] 李科. 知识付费平台的社群营销探析:以"十点读书"为例[J]. 出版广角,2021(22):89-91.

[11] 沈蒙和,王慧华. 线上服务结合线下活动 多管齐下强化用户黏性:浅谈教育公众号"升学宝"如何做好社群运营[J]. 传媒评论,2018(7):34-36.

[12] 陈三玲. 社群经济视角下自媒体的营销策略:基于"罗辑思维"的分析[J]. 青年记者,2015(5):86-87.

[13] 赵大川. 微信社群营销用户分享裂变研究[J]. 新闻传播,2021(9):105-107.

[14] 党格致. 基于社会网络分析的线上粉丝社群网络结构特征研究[J]. 四川图书馆学报,2020(1):95-100.

[15] Richard. 自媒体应当走社群媒体之路[J]. 计算机与网络,2016,42(24):40-42.

[16] 王茂胜. 自媒体时代"内容创业"模式研究:以《罗辑思维》为例[J]. 新闻研究导刊,2017,8(9):56-57.

[17] 李竹君,尧丹俐. 从社会认同理论视角看社群消费行为[J]. 中国市场,2017(31):115-116.

[18] 方倩,罗明宇,胡守忠. 基于价值共创的服装新型社群平台运行模型构建[J]. 丝绸,2020,57(8):57-69.

[19] 匡文波,李芮. 论社群营销中的聚众传播机制及趋势[J]. 出版广角,2017(8):6-9.

[20] 陶妍如. 社群媒体的广告价值探析[J]. 传媒论坛,2019,2(13):110-111.

[21] Mierlo T V. The 1% Rule in Four Digital Health Social Networks:An Observational Study[J]. Journal of Medical Internet Research,2014,16(2):33.

第五章 新媒体市场营销

> 在新媒体运营中,内容运营、用户运营和社群运营是市场营销的前提,而市场营销则是这些运营模块所追求的目标。市场营销作为新媒体运营中的重要板块,关系着产品变现,这是新媒体运营的主要目的。除公益新媒体外,大多数新媒体平台需要通过后期营收弥补前期的成本投入。在传统营销方式的基础上,新媒体为营销活动充分赋能,打破了以面对面为主的传统社交互动方式,在企业和用户间搭建起有效的双向沟通渠道,实现了营销信息的"零时差"传播,提升了沟通效率,有助于优化营销效果。而新技术也带来了一些值得我们思考的问题:如何与粉丝互动? 如何打造更能吸引用户的产品或服务? 如何达到营销效果的"最优解"? 什么样的内容更容易被受众转发、传播? 从商业模式上看,哪些角色构成了新媒体营销产业链? 产业链的运作逻辑是怎样的? 为了解答上述问题,本章将围绕新媒体市场营销的定义和特征、内容变现的模式与途径、新媒体营销产业链三个方面来解读新媒体市场营销,同时结合大禹网络等典型案例,帮助读者理解和掌握新媒体市场营销的技巧。

第一节 新媒体营销的定义和特征

一、新媒体营销的定义

新媒体营销,是以新媒体的发展为前提,利用新媒体渠道策划和推广新媒体平台内容的一种整合营销模式。在营销过程中,营销者必须全面把握产品的概念及相关信息,以便制定、实施市场营销策略,影响用户的消费心理,促使其做出消费决策。[1]

艾瑞联合微梦传媒共同发布的《2020年中国新媒体营销策略白皮书》,将新媒体营销界定为:由广告主、营销服务商、MCN、KOL和新媒体平台等为产业链构成要素而共同支撑运作的,以KOL为主体,在社交平台、内容平台、短视频平台等新媒体平台上所开展的内容化

---

[1] 站长头条. 新媒体在品牌营销中的实践应用[EB/OL]. (2020-12-23)[2022-03-27]. https://www.seoxiehui.cn/article-290224-1.html.

营销活动。①

上述定义强调了新媒体市场营销方式的多元化。当前,广告主们越来越重视在KOL和新媒体营销方面的营销预算投入。根据艾瑞咨询报告中2020年6月的调研数据显示,在未来一年,广告主将会增加内容营销、电商广告和信息流广告的营销预算,这三类广告形式也包含以KOL为主体进行推广的新媒体营销模式,如图5-1所示。

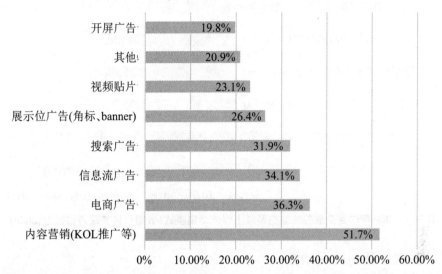

图5-1　2020年广告主将增加营销预算的主要广告形式(数据引自艾瑞咨询报告,2020)

同时,直播营销、短视频营销、社交媒体营销等依靠KOL开展的新媒体营销模式,成为当前广告主们最关注的营销手段。根据艾瑞咨询报告中2020年6月的调研数据,直播营销和短视频营销的KOL参与度相对较高,分别以52.8%和51.7%的选择率,成为广告主最关注的线上媒体营销模式,如图5.2所示。②

二、新媒体营销的特征

新媒体营销的特征大多是由新媒体本身的特征赋予的。新媒体的互动性、开放性打破了以面对面为主的传统社交互动方式,在企业和用户间搭建起有效的双向沟通渠道;新媒体的即时性实现了营销信息的"零时差"传播;新媒体的移动性也提升了沟通效率,优化营销效果。与传统营销模式相比,新媒体营销具有创造性、互动性、开放性、即时性等全新特征。

(一) 新媒体营销的创造性

与传统营销相比,新媒体营销更注重横向及纵向的拓展与延伸,以更加低廉的成本,既完成新营销元素的开发,又以全新方式实现对原有元素的整合。随着技术持续进步,媒体终

---

① 艾瑞咨询,微梦传媒. 2020年中国新媒体营销策略白皮书[R/OL]. (2020-07-10)[2022-03-27]. https://report.iresearch.cn/report_pdf.aspx? id=3617.

② 艾瑞咨询,微梦传媒. 2020年中国新媒体营销策略白皮书[R/OL]. (2020-07-10)[2022-03-27]. https://report.iresearch.cn/report_pdf.aspx? id=3617.

端、产品及营销模式的更新换代和结合发展,将成为新媒体营销的重点目标和方向。

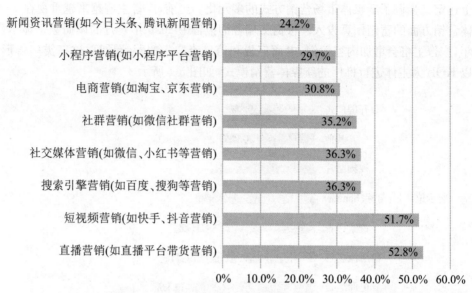

图 5-2　2020 年广告主最关注的主要线上媒体营销模式(数据引自艾瑞咨询报告,2020)

(二)新媒体营销的互动性

在新媒体营销中,营销者与用户存在双向的互动关系。新媒体营销方式的使用,不仅能将企业信息传输至用户,提升用户对信息的接受度,还能将用户反应反馈至企业,使企业了解市场的相关情况,以便及时做出相应的调整和优化,改进营销方案。这个过程已不再是传统营销模式中单向的信息传播,单纯依靠企业自行宣传。这也是新媒体营销如此火爆的重要原因。

(三)新媒体营销的开放性

在传统营销模式中,受众只能被动地接收信息。而在新媒体营销中,用户除了能接收信息以外,还能主动地参与传播过程,包括直接发表自身观点和意见、通过创作原创内容以传播情绪和观点等,掌握更多的主动权。这种营销模式能触达全国各地乃至全世界的目标消费人群,增加用户主动传播营销信息的概率。

(四)新媒体营销的即时性

新媒体营销的传播过程不再受限于传播时间和传播地点,信息的接受者在接收信息的同时,还可进行信息的传播,能在短时间内实现信息的大范围传输,随时随地传播、接收信息,甚至能实现信息的"零时差"传播。[1] 在信息及传播渠道中增添娱乐化元素,有效迎合了当下的用户需求,更加符合市场的发展趋势。

---

[1] 孙永鲁. 新媒体时代思想政治教育传播学创新研究[M]. 北京:新华出版社,2020:61.

三、新媒体营销思维

优化新媒体营销效果的关键在于对新媒体思维的运用。以下四个问题值得我们思考:如何与粉丝互动?如何打造更能吸引用户的产品或服务?采取怎样的营销手段,才能达到营销效果的"最优解"?什么样的内容更容易被受众转发、传播?以上四个问题分别对应四种新媒体营销思维。本小节将对这四种常用的新媒体营销思维进行具体介绍。

(一)粉丝思维

粉丝思维,指的是运营者应该与粉丝建立良好的互动关系。在新媒体营销中,运营者虽然无法与用户直接接触,但用户内心的想法、观念可经新媒体平台传达至企业,这种主动的交流模式是传统营销时代难以实现的。企业只有有效把握粉丝的所想所思,才能实现营销效果的最优化。

(二)平台思维

平台思维,即通过打造优质产品,以高价值的服务确立品牌形象,吸引、留存用户。当前,互联网提供了更丰富的资源,整合了更多元的营销模式。在这种情况下,产品的"优质"不仅指内容的丰富、专业,还包括配图、排版、关键词等细节的精致,两者兼备才能确保自身和粉丝利益的最大化。

(三)营销思维

营销思维,主要体现于对消费者兴趣爱好的迎合,这种思维要求运营者借助丰富的创意,制造有趣的营销事件和营销活动。娱乐化的营销方式,将新颖有趣的营销内容传递至消费者,吸引消费者的眼球,最大限度地提升营销效果。"可达鸭"在肯德基活动中的蹿红便是典型的一个营销案例。在很多年轻人的印象中,可达鸭就是一只呆呆的、经常捂着脑袋思考"鸭生"的角色,在宝可梦家族IP里属于不温不火的角色。而在2022年5月21日,肯德基推出儿童节套餐,并官宣和《宝可梦》的联名赠品玩具,可达鸭是其中之一。品牌方抓住了可达鸭形象的可爱以及儿童节的节日红利,捕获了年轻消费者的心。从数据上看,可达鸭的百度搜索指数飙升约8倍,二手交易平台上也迅速出现售卖链接,且均为高溢价出售。[①]

(四)病毒传播思维

病毒传播思维,是指由受众自发产生的,发散式、激荡式、扩散式传播的思维。充分利用这种思维,有助于扩大宣传覆盖面与辐射率,进一步提升品牌的影响力和知名度。[②]例如,愤怒、恐惧是比较容易引发病毒式传播的情绪,营销中可适当涉及容易引发这类情绪的内容。另外,情感内容也易引起受众的共鸣,促成转发目的。[③]

---

① 卢扬,韩昕媛. 任天堂冲"鸭"[N]. 北京商报,2022-05-25(004).
② 谭贤. 新媒体营销与运营实战从入门到精通[M]. 北京:人民邮电出版社,2017:277.
③ 叶龙. 从零开始学网络营销和推广[M]. 北京:清华大学出版社,2017:5-6.

第二节 内容变现

在内容为王的时代,内容是新媒体平台运营的重要模块。变现作为新媒体平台提升营收的重要方式,更是新媒体平台运营的重中之重。因此,通过内容实现变现,对运营者而言是很有必要掌握的技能。本节通过分析平台收益模式、内容变现途径等,致力于帮助有意向从事内容变现相关工作的业内外人士,了解内容变现的模式和方法,提供入局的"敲门砖"。

一、新媒体平台的收益模式

由于不同平台的运作机制是不同的,同一种类型的内容放在不同平台,获得的关注度不尽相同,取得的收益也不一致。不同平台在各个时间段对各类内容的扶持力度不同,运营者需要了解各个平台的特性,从而选择适合的变现渠道,提升变现效率。[①] 本小节将从 4 类平台入手,介绍不同平台的变现模式。

(一) 社交媒体平台

社交媒体平台以微博为代表。随着产品的功能和设计不断更新迭代,越来越多的用户会在社交媒体平台上接收信息和生产发布内容,此类平台的收益主要包括广告、内容收益两部分。以微博为例,个人创作者若想获取广告补贴收益,需要满足阅读数或播放量等条件,才可申请加入广告共享计划。微博的内容收益分为三类,即 V+订阅、微博打赏和微博问答,如图 5-3 所示。此外,运营者还可获得创作激励收益等。

图 5-3 微博变现工具

(二) 资讯平台

资讯平台以今日头条、一点资讯、36 氪为代表。除了源源不断地吸引流量之外,大量引入新资讯对于此类平台极为重要。资讯平台需要不断完善收益制度,如平台分成、广告补贴、原生/自营广告、用户打赏、问答奖励等,并辅以平台独有的政策激励、创作者补贴等。例

---

① 新媒体商学院. 新媒体运营一本通:营销推广+活动策划+文案写作[M]. 北京:化学工业出版社,2019:102-107.

如,今日头条的"千人万元计划"、腾讯的"芒种计划"、一点资讯的"点金计划",这些计划的推出表明平台们致力于扶持优质内容创作。如果有运营资讯平台的意向,运营者需要对平台的各类政策、准入条件、奖励规格等进行研究。

(三) 问答平台

问答平台以知乎、得到、分答为代表。知识"溢出—吸收"聚合网络的高效运转保障了此类平台的活力与持续,知识的双向互动、反馈循环,改善了互联网时代信息泛滥下的"认知盈余"。问答平台顺应了移动化生产和消费的发展趋势,其内容变现属于知识付费领域。目前,问答平台的主要变现方式包括广告变现、电商变现、赞赏、付费咨询等。

(四) 视频 App 和在线视频平台

视频 App 以抖音、快手、梨视频为代表,在线视频平台以 B 站、腾讯视频、爱奇艺视频为代表。不同平台的收益方式有所不同,视频 App 的创作者通过粉丝打赏、平台补贴、广告收益等方式盈利,而在线视频平台的创作者则通过平台分成、边看边买、分享盈利、赞助打赏等方式获得收益。其中,分享盈利是指将视频分享到站外,吸引用户来到站内观看视频,通过提高站内播放量赚取收益的盈利方式。

二、新媒体内容变现的途径

粉丝经济下,内容变现的重要前提之一就是进行粉丝积累。只有积累足够规模的粉丝量,提升粉丝的忠诚度和黏性,才能实现内容变现。比如,微信公众号的运营逻辑,就是将创作的内容和产品直接触达粉丝,没有关注公众号的用户是无法收到信息推送的,用户只有主动搜索才能浏览公众号的文章。如果只有内容而无法触达受众,是难以实现变现的。

那么,怎样的内容能吸引粉丝?以什么形式呈现内容,能激发粉丝的付费意愿?下文将对利用优质内容进行变现的主要途径进行介绍。

(一) 线上课程

线上付费课程,指专业人士在内容平台上推送内容产品或服务,用户需要支付一定费用,才能获得观看权限。与一般的知识内容相比,线上课程经历了反复的制作和打磨,专业度更高,也具有更为精准的指向性,千聊、荔枝、腾讯课堂等平台已经形成了较为成熟的付费模式。尤其在疫情期间,更多用户愿意为在线课程付费,这种变现形式让内容创作者获得回报,因此吸引了越来越多的运营者。但为了让用户更有效地接收信息,线上课程一般时长较短,这一点限制了内容创作者的发挥空间,课程的内容深度很难保证。

(二) 付费订阅

付费订阅是指内容创作者在平台上发布推文,用户在未付费前仅可免费试读部分内容,付费后才能完成对整篇文章的阅读。这种途径类似于会员机制,更多地适用于某个行业领域内的资深从业者,营销者在提高留存率、提升用户价值的同时,还能得到物质收益。例如,北京大学胡泳教授在其个人微信公众号上推送了一系列付费文章,粉丝需要购买才能完成阅读,如图 5-4 所示。此外,某知识领域微信公众号也在其小程序中推出了付费订阅功能。值得注意的是,这种变现方式主要依靠忠实粉丝实现长期变现,因此需要保证内容的优质性,否则将会失去粉丝的信任。

(三)流量分成

完成平台任务,获得流量分成,是比较常见的内容变现模式。这种模式依据内容发布后的数据进行分成,例如短视频的播放量、转发量、点赞量等。一般只有账号达到一定规模后才有资格获得平台分成,前期主要靠广告获取收益,适合拥有较高点击量和较多高黏性用户的创作者。而且,若想要获得平台分成之外的收益,需要开通自身账号的"原创"功能,为作品打上"原创"标签,才可获得其他收益。

(四)点赞打赏

目前,微博、豆瓣、简书等平台都具备这项功能,创作者若想开通这项功能,需要满足平台设定的条件。以微信公众号为例,只有开通原创声明的账号,才能开启"赞赏"功能,企业账号需要进行一段时间的内容原创,微信后台才会发送赞赏功能的邀请,企业便能申请开通这一功能。这种方式更加考验内容的独特性和价值,因为只有内容足以引发用户共鸣,用户才会主动完成点赞、打赏等操作。如图 5-5 所示,B 站推出的"充电计划"就属于点赞打赏的范畴。

图 5-4　胡泳微信公众号付费文章页面

图 5-5　B 站充电计划

(五)平台补贴

平台补贴的发放一般分为两种形式:一种是根据内容生产者贡献的流量定期结算发放;一种是平台提供站内流量的金额,创作者借此推广自己的内容。这种变现途径是对内容创作者的保护,如果内容优质且领域细分到位,变现效果就会较为显著。比如,B站推出的"创作激励计划"中,满足粉丝量或播放量条件的UP主,可凭借发布稿件的流量、质量获取补贴。

第三节 新媒体营销产业链

在新媒体营销中,广告主需要将营销需求、预期营销效果等信息传达给策略制定方,依靠支持方提供的数据技术,确认与广告主品牌、商品和目标消费者属性等相匹配的内容创作方,以及适合投放营销内容的新媒体平台,最后通过资源对接,建立起整体营销投放及多方合作链接的产业链,如图5-6所示。①

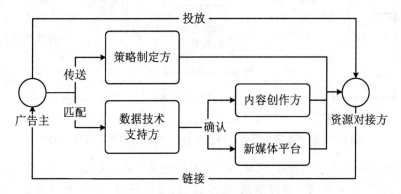

图5-6 新媒体营销投放产业链示意图

由此,新媒体营销产业链主要包括以下五个角色方:广告主、新媒体营销服务商、新媒体平台、MCN机构和KOL。接下来将对这五个新媒体营销角色方进行详细介绍。①

一、广告主:需求方

传统模式下,广告主通过媒介进行品牌产品宣传,将商品和服务信息送到消费者面前。但由于当下用户的媒体消费习惯、营销方案可行性等因素始终在动态更新,传统的营销模式无法满足广告主的需求,因而需要依靠新媒体进行营销,提供更多有价值的信息,供消费者进行选择,以此来进一步推动产业链的健全和完善。

---

① 艾瑞咨询,微梦传媒. 2020年中国新媒体营销策略白皮书[R/OL]. (2020-07-10)[2022-03-27]. https://report.iresearch.cn/report_pdf.aspx?id=3617.

二、新媒体营销服务商：支持方

新媒体营销服务商无论是在寻找或开发潜在营销平台、筛选和匹配不同平台的自媒体账号上，还是在制作创意内容、确定投放价格、评估投放效果等方面，都比传统媒体服务商更为专业，新媒体营销通过算法等增值服务，实现更高价值的分配。[①]

随着大数据技术的成熟，消费者行为偏好等数据持续沉淀，数字化升级推动新媒体营销告别粗放式阶段，步入精细化阶段。新媒体营销服务商通过布局职能业务和资源合作，以联动新媒体营销产业链上下游的运作。作为产业链运作的轴心，新媒体营销服务商不仅需要加强与产业链各角色方之间的合作，还需要由内向外持续提升服务能力，在自身服务、技术能力加强后，也要向外赋能，将自身的高品质服务价值发挥到极致。新媒体营销服务商是广告主开展数字化新媒体营销的重要支持方，如图5-7所示。

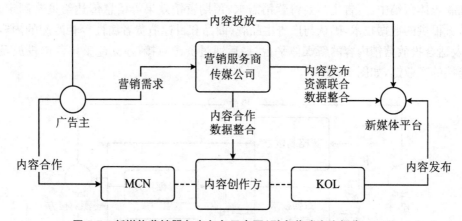

图5-7 新媒体营销服务商角色示意图（引自艾瑞咨询报告，2020）

新媒体营销服务商通过收集KOL、粉丝、品牌竞品等相关信息，向其他角色方提供数据产品，尤其是为广告主提供影响力指数、去水评估、账号筛选、KOL粉丝排重、竞品调研、传播分析等数据分析服务，全面覆盖各投放阶段的需求，帮助广告主选择合适渠道，制定内容策略，使营销信息高效、准确地触达目标消费者。

三、新媒体平台：承载方

在碎片化时代，电商平台、短视频平台、社交平台和在线视频平台等各类新媒体平台，通过图文、视频、直播等形式，不断扩充营销玩法，对品牌或商品进行营销展示，使营销信息精准触达消费者。同时，新媒体平台不断规范商业运作模式，成为新媒体营销的重要承载方，推动产业发展。

艾瑞数据曾对各类新媒体平台的用户使用时长进行监测，经分析发现，视频服务、通讯

[①] 广发证券. MCN产业链系列报告之二：新媒体营销时代下营销服务商的模式变迁与价值分配[R/OL]. (2019-03-26)[2022-03-27]. https://mp.weixin.qq.com/s/JrDHMjaRJ16mCMRwwi0YZA.

聊天、社交网络和电子商务等新媒体营销主要聚焦的平台类型，位列用户使用时长前四。2018第一季度至2020第一季度，这4类平台的用户季度使用时长占比总和维持在60%左右，保持着对消费者较高的吸引力，如图5-8所示。

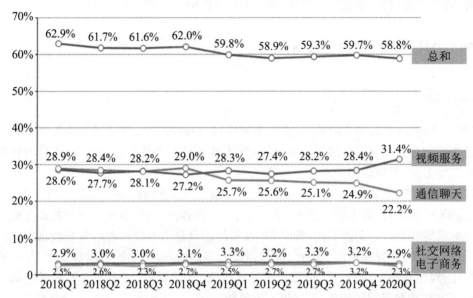

图 5-8　2018 年第一季度至 2020 年第一季度用户使用时长占比 TOP10 媒体类型
（来源：mUserTracker，2020）

当前，以微博、微信等为代表的社交平台，以抖音、快手、B 站等为代表的视频内容平台以及以小红书、淘宝等为代表的电商平台，因内容承载量大、消费者高活跃度以及社交裂变传播等特征，已经成为进行新媒体营销的主阵地。但不同平台的营销策略各有差异，以下将对典型平台进行分析：

微博：由官方微博或 KOL 选择与品牌或商品有关的话题，引发网友的关注和讨论，再由 KOL 借助图文、视频等形式，引导消费者做出转化和变现的决策。微博的特殊社交属性，使微博营销具有话题传播度广、用户消费力强等特征。

微信：KOL 通过长条漫、图文软广等形式的公众号文章，为品牌或商品打造独特的故事线，提供更加深入的内容信息洞察。同时，KOL 在文章中融入商品购买渠道等信息，有效引导消费。这种营销策略基于微信朋友圈的熟人网络，能轻松达到裂变效果。

B 站：KOL 在视频内容中融入品牌或商品的亮点，借助鬼畜、互动、Vlog 记录等多元的视频内容呈现形式，实现品牌或商品信息的传播。

抖音、快手等短视频平台：两者的相同点是，这类平台的 KOL 会将品牌或商品的亮点以多元的内容展现模式融入短视频内容之中。不同点是，抖音上的 KOL 通过详细讲解产品特色、成分信息、购买渠道等，实现对消费者深度种草的目的；而快手的 KOL 则是借助粉丝对其的强信任感，以接地气的带货方式，激发用户的消费欲望。

小红书：KOL 以测评、教学、使用分享等形式，融入品牌或商品信息，生成分享推荐内容，实现深度种草，转化效率高。

淘宝：KOL 借助自身影响力，在社区或直播频道中，通过内容分享或直播展示，传播商品的限时优惠信息,使消费者种草品牌或商品。这种营销策略的转化效率也较高。①

总之,在话题传播广泛度、消费者讨论参与度、内容呈现深度、种草拔草转化效率等方面,不同类型的新媒体平台各有优劣。未来,丰富营销策略,整合多平台开展新媒体营销,融合优势,弥补劣势,持续优化营销效果,将成为新媒体市场营销的发展方向。

四、MCN机构:孵化者

(一) MCN

MCN(Multi-Channel Network,多频道网络)机构通过签约、孵化或收购等方式,将具有变现潜力的内容劳动者灵活组织起来,并以机构名义与平台及广告商对接,通过内容策划、商业推广等方式,促进内容变现,实现利润分成。②

MCN最早源于美国的YouTube,后经本土化创新,逐渐形成了多频道网络的产品形态,联合PGC内容,在资本的支持下,保障内容的持续输出,最终发展为全新的商业模式,实现商业的稳定变现。与美国不同,我国MCN机构不只是内容创作者的集合地,更是内容产业重要的参与者,主导和链接了生产、流通以及内容的变现,能够提供内容生产、红人孵化、主播孵化、经纪管理、电商直播、短视频账号代运营、运营管理、营销服务等多样化的服务。当前,MCN机构数量持续增加,发展迈入成熟期。

目前,行业中的MCN机构主要分为两类:电商型、泛内容型。电商型MCN机构的变现渠道主要为电商平台,商品供应链管理也在其业务范围之内。泛内容型MCN的变现渠道更加多元,比如IP产业链变现、知识付费等。③ 两种MCN机构的运营模式及发展方向,见表5-1所示。

表5-1 不同类型MCN机构一览④

机构类型	运营模式	发展方向
电商型MCN	红人电商 红人直接带动销售转化	打造自主供应链 培养电商基因 向商家服务机构转型
	内容电商 从内容流量积累到电商变现	
泛内容型MCN	IP布局 深耕卡通形象IP	培养运营创作者团队 KOC矩阵的工业化投放 短视频带货
	内容生产 自研生产优质内容	

---

① 艾瑞咨询,微梦传媒. 2020年中国新媒体营销策略白皮书[R/OL]. (2020-07-10)[2022-03-27]. https://report.iresearch.cn/report_pdf.aspx?id=3617.
② 翟秀凤. 多频道网络(MCN)机构背后的平台循环创新机制[J]. 新闻记者,2021(8):48-60.
③ 国盛证券. MCN系列报告一:六问六答,一文看懂MCN与直播带货[R/OL]. (2020-01-06)[2022-03-27]. https://www.fxbaogao.com/pdf?id=1879965.
④ 招商证券. 从直播电商的春秋战国,看MCN的进阶之道[R/OL]. (2020-03-20)[2022-03-27]. https://img3.gelonghui.com/pdf/30c95-73146dd7-c79f-4416-9733-cf7c3ce8b157.pdf.

MCN 市场中的玩家从内容、营销、商品与服务等各个方面持续发力,为各行业广告主的多元营销需求提供系统化、专业化的实现路径,也为新媒体营销产业链的发展与运作持续注入活力。2020 年典型的 MCN 图谱如图 5-9 所示,其中,大禹、古麦嘉禾等 MCN 聚焦内容创作,偏向于以软性内容深入打动消费者,从而实现广告主的营销需求;而电商类 MCN 借助 KOL 进行直播带货,其业务运营更贴近商品销量的实际提升。

图 5-9　2020 年典型的 MCN 图谱(引自艾瑞咨询报告,2020)

MCN 机构会不断发掘、培育和帮助 KOL,与 KOL 的关系十分紧密。由单个 KOL 的内容生产向集成式生产转变的过程,是 MCN 机构的必经之路,只有储备丰富的 KOL 资源,配备成熟的内容运营团队,才能保证机构整体的内容创作能力。[①] 然而,KOL 的生命周期相对较短,依靠少量红人实现稳定、长久变现的愿景并不现实。

为了实现内容的产业化运营,一流的 MCN 机构应该建立完善的 KOL 梯队和孵化机制,招募大量 UP 主,通过"广撒网"的方式,提高成功孵化网红的概率,此类机构往往能支持千百账号的批量管理。但海量签约策略往往对签约者筛选不足,签约后也难以实现全面系统的培训,加之机构的高额提成,无法保证创作者的合理收入,以及持续创作的热情。[②]

MCN 给予网红孵化的考验期较短,通常为三个月。《2020 年抖音 KOL 生态研究》中,

---

① 发现报告. 2021 中国内容机构(MCN)行业的本质、规模及核心壁垒[EB/OL]. (2021-07-09)[2022-03-27]. https://mp.weixin.qq.com/s/qLsPXrVmVkDVryZ2XldyGw.

② 胡钰,王嘉婧. 中国新媒体发展:特征、趋势与调整[J]. 中国编辑,2021(3):10-15.

对于抖音账号的研究证实了这一点,超过8成的抖音账号都"火不过3个月"。① 在初期的选题中,多数网红倾向于选择专业门槛较低的话题,例如彩妆等。但是荷尔蒙、孤独感和共鸣性被认为是较易引起共鸣的话题,更加适合作为网红的选题。进入MCN后,由自媒体人创作的视频版权归MCN公司所有。MCN公司对版权管理十分严格,例如,自媒体人"林晨同学"对MCN版权限制的控诉一度引起争议。MCN对于版权的限制会根据创作主体的流量区别对待,如果加入MCN公司的自媒体人自带流量,后续的视频版权可归自己所有,MCN会帮助管理运营;不带流量的自媒体人,其版权和相应的管理运营往往都归MCN公司所有。

(二) MCN 运营模式

MCN机构的运营模式,以内容生产业态、运营业态为基础内核,延伸出营销业态、电商业态、经纪业态、IP授权/版权业态、社群/知识付费业态等五大业态。②

1. 内容生产业态

内容生产业态是MCN布局多元业态的基础。MCN机构提供内容生产服务,比如剧情段子、知识科普、追踪热点等。MCN机构的发展主要依靠内容的持续生产,提升生产力是商业变现的前提。这类MCN机构多为前PGC内容生产商,如新片场、橘子娱乐等,后经改革转型,已基本形成了《十二位房客》等较为成熟的IP或专栏。

以二更为例,作为原创短视频内容制作商,相较于其他MCN机构,它更加注重品牌内容建设,与500多家国内外知名品牌展开深度合作,目前已打造了20多个子品牌,包括二更视频、mol摩尔时尚、"更城市"系列等。

2. 运营业态

运营业态帮助实现变现。MCN机构通过内容制作和红人人设吸引流量进行变现,建立强个人标签,并将IP运营延伸为团队符号、企业IP。IP运营涉及内容、平台和账号等多个方面。其中,内容运营包括内容策划、选题把控、内容传播;平台运营包括规划研究和内容分发;账号运营包括账号定位、粉丝管理、矩阵规划。在盈利方面,MCN主要通过平台补贴、内容电商、课程销售、衍生品销售和IP授权等方式变现。在行业中进行有效宣传和提高知名度,是MCN机构扩大业务量和获得商单的前提,但目前国内大多数MCN还处于"自说自话"的阶段,如何吸引用户成为众多MCN关注和研究的焦点。此类MCN包括大禹网络、蜂群文化、末那传媒等。

其中,蜂群文化从独家网红资源优势着手,是新浪、淘宝、网易等平台的战略MCN机构,集内容原创、自媒体孵化、社会化媒体营销、影视创作及宣发于一体,据其官网显示,公司目前已签约孵化1500+独家KOL,深耕网红市场。

3. 营销业态

营销业态的主要运作模式是综合多维度的分析,为广告主推荐最佳的整合营销方案,然后利用大量账号形成庞大的流量池,通过多渠道分发接触潜在消费群体,从而实现有效转

---

① 卡思数据. 2020抖音KOL生态研究[R/OL]. (2021-02-22)[2022-03-27]. https://mp.weixin.qq.com/s/5g0br_329E3fBosiPncUxw.

② 艾媒咨询. 2019—2020年中国MCN机构专题研究报告[R/OL]. (2020-06-08)[2022-03-27]. https://mp.weixin.qq.com/s/UUicGTcpdc667sNt6NeA2g.

化。典型的营销业态MCN有橘子娱乐、青藤文化等,其作为一种新兴媒体,具有传播迅速、覆盖面广、互动性强、成本低等特点。此类MCN的营销优势主要体现在"人"上,拥有一定数量网红资源的MCN,凭借自身资源优势和内容聚集能力,在与品牌或平台对接时,具有更大的话语权,更易获得广告主的青睐。

以飞博共创为例,它是国内首家新三板上市的自媒体公司,拥有自媒体、营销业务、项目孵化三大业务主体,旗下拥有@冷笑话精选、@星座秘语、@读书有道等近200个知名自媒体,在自媒体、网红、动漫IP、整合营销等板块有所布局。

4. 电商业态

电商业态更注重与粉丝之间的沟通,主要通过"内容生产+电商"的方式实现销售转化。电商业态在塑造和巩固个人IP的同时,根据粉丝需求进行消费转化,电商变现和品牌变现的效率往往高于广告变现。电商业态的形成是一个长期的过程,其发展受多种因素的影响,其中,消费者的消费行为是最重要的驱动力量。按照驱动力的差异,可将电商业态划分为以"人"为主要驱动力的红人电商和以"内容"为主要驱动力的内容电商,如涵控股、达人说、美one等属于前者,微念、洋葱视频、军武科技等属于后者。

其中,被称为"中国网红电商第一股"的如涵,业务包括网红孵化、电商和营销三大板块。其旗下红人涉及美妆时尚、生活方式、母婴快消等多个女性消费领域。与其他机构不同的是,如涵自主开发了自营电商模式ERP系统,支撑"时尚网红-供应链-店铺-财务"体系。

5. 经纪业态

经纪业态致力于解决博主的前端商务问题,通过"内容生产+资源优势"的逻辑进行组合营销,实现互惠互利。此类MCN机构往往会签约大量独家账号,然后利用自身资源优势推动商业化进程,主要通过广告,辅之以IP授权、电商等达成变现目的。在此背景下,经纪业态也被称为IP运营。经纪业态的商业模式主要分为两类:一类以内容为核心,一类是基于粉丝经济的商业模式。目前国内的经纪业态较为混乱,无忧传媒、星匠联盟、Papitube、洋葱等都属于经纪业态MCN。

例如,"洋葱"是由内向外生长出来的业务形态,通过内容打造IP,再通过IP吸引流量,从而构建流量池,然后利用商业化变现路径对流量池进行多次利用,提高变现效率,孵化了办公室小野、七舅脑爷、大嘴博士等知名IP。

6. 社群/知识付费业态

社群/知识付费业态主要通过从大盘粉丝中沉淀"重垂粉丝"进行专业变现,一般通过"内容生产+粉丝沉淀"的模式实现社群经济的发展和转型,其商业变现方式包括图书出版、付费课程、内容电商、影视节目开发等。其中,知识付费平台的MCN机构作为典型的案例,具有一定代表性和借鉴意义。此类MCN机构的代表主要有灵魂有香气的女子、日日煮、米未传媒等。

米未开发的知识内容产品有网络综艺节目《奇葩说》《奇葩大会》《饭局的诱惑》等以及付费音频节目《好好说话》《201堂情商课》《职场B计划》等,这些都是通过专业内容生产,在垂直领域实现粉丝转化的典型产品。

7. IP授权/版权业态

IP授权/版权业态前期的变现效率稍低,属于后起之秀,一般通过"内容生产+品牌/栏目打造"的模式,实现版权层面的变现。IP授权是一种基于互联网思维和商业逻辑的商业模式,其核心在于通过 IP 授权平台,将具有商业价值的内容资源转化为可销售的商品或服务,并获得相应收入,最终实现利润最大化。该业态往往需要利用知名的形象 IP,通过形象 IP 授权、周边电商、线下漫展、费用采购等形式开展业务。这种模式主要以大禹、震惊文化、吾皇的白茶、幕星社等 MCN 机构为代表。

与专注于网红产业链的 MCN 不同,苏州大禹网络定位于数字内容生产商,专注孵化网生 IP,现已打造出《一禅小和尚》《拜托啦学妹》《奔波儿灞与灞波儿奔》《软软》等诸多知名 IP,占据国内 MCN 第一梯队。① 在本章节的案例分析部分,会对该 MCN 机构展开详细介绍。

为了充分迎合市场消费需求、占据更大的市场份额,许多 MCN 机构通常会采取多种业态相结合的协同发展模式。一般情况下,公司核心运营团队会配置包括内容、运营、商务、红人经纪、拍摄、后期制作、供应链管理、客服等多个部门。内容、运营、商务部门是 MCN 稳定发展的核心配置。MCN 机构往往会在拥有稳定业务的前提下,再进行业务拓展,从而提高变现能力。

(三) MCN 行业的变化

如今,MCN 行业呈现出多维度的变化。

1. 入局者增加,"新角"以不同姿态进入 MCN 行业

"新角"们包括平台传统企业、传统媒体、品牌企业、明星/名人等,见表 5-2 所列。其中,平台传统企业以投资 MCN 的形式完成业务版图的拓展;电视台、传统影视娱乐公司等传统媒体受到新媒体行业冲击,转型成立 MCN 公司;品牌企业成立内部 MCN 部门,既扩展了内部工作职能,又能服务于行业;明星、名人等发挥资源优势,成立自己的 MCN 公司,完成自我转型,由此,可能会带来 MCN 优质资源争夺升级等发展趋势。

表 5-2 入局 MCN 行业的新角色和新方式

新的入局者	进入 MCN 的方式
平台传统企业	投资布局
传统媒体	业务转型
品牌企业	职能延伸
明星/名人	自我转型

2. 用户内容消费量陡增,流量市场变大

用户内容消费量陡增,流量市场变大,主要表现在用户阅读习惯、内容审美、消费方式和内容喜好四个方面:阅读习惯方面,用户短视频观看习惯不可逆,但图文类信息仍是严肃阅读和深度阅读的主要形式。内容审美方面,纯粹的热点内容很难吸引更多用户的注意力,内容需要具备深度和思想性,充分与用户产生共鸣。消费方式方面,从 2019 年下半年开始,用户逐渐养成在直播间进行消费、观看短视频后购物的习惯。内容喜好方面,除了娱乐生活类内容,用户对导购类、技术类、知识类内容的关注度持续增加。

---

① 独角特辑. 网红经济崛起,哪些 MCN 公司值得注目?[EB/OL]. (2019-04-11)[2022-03-27]. https://socialbeta.com/t/MCN-Company-deserves-attention.

3. MCN自建数据工具,业务运营管理更趋系统化

未来,MCN将结合数字经济,催生更多衍生的运营方式,主要表现在优化内容创作、高效运营电商和升级营销服务三个方面:内容创作方面,MCN机构善于抓取热点,为内容的持续创作服务,不断优化内容创作;根据账号平台的数据表现,及时调整运营动作;剖析粉丝画像,分析互动数据,加速内容升级。运营电商方面,通过梳理红人的带货数据,规划后续发展;反馈主播孵化期的数据,精准匹配直播品类;实时监测直播间各项数据,助力运营策划。营销服务方面,整合多品类红人,满足客户的多元需求;管理红人带货数据并提供数据服务,分析红人与粉丝之间的契合度;关注竞品的运营状况,提供在线解决方案。其构建的信息收集与分析平台,能定量分析众多企业的各方面数据,总结现有产业的优势和短板,助力直播、电商等产业链进入现代化。

4. 品牌投放要求更为严苛,考验MCN四方面的综合能力

随着用户审美水平的提升和消费习惯的改变,广告主对内容质量的要求愈加严苛;开始重视广告对用户的真实影响,强调真实有效的投资回报率,也就是转化效果;注重考察红人过往的数据表现、粉丝契合度、互动活跃度以及合作配合度;除了账号数量、覆盖用户量外,选择MCN的维度还包括行业匹配度、资源整合与服务能力等。[1]

在此趋势下,MCN机构需要展开区域合作,联合地方上的头部机构,从线上场景切入线下场景,将账号流量转换为线下交易,实现变现闭环。同时,机构也应打通垂直行业上下游,探索更多的合作模式。

五、KOL:展示者

(一) KOL

KOL(Key Opinion Leader),即关键意见领袖。KOL与网红的区别在于是否有话语权、是否具有群体影响力,但需要依据所处的语境进行具体判断。

KOL营销,即有KOL参与的社会化媒体营销传播形式,是新媒体时代的一种新型盈利模式,指的是以在特定领域拥有较大号召力的关键意见领袖为桥梁,利用KOL的粉丝基础和影响力,打通品牌、产品与目标受众之间的联系,激发消费者的消费行为,帮助广告主实现预期的品牌营销效果,不断提升市场关注度。该营销概念的核心在于KOL本身,原则上对具体的营销形式没有限制。

KOL可视为一类意见领袖。意见领袖是指在人际传播网络中经常为他人提供信息,在团队中充当信息和影响的重要来源,同时对他人施加影响且能左右多数人态度倾向的"活跃分子",他们在大众传播效果的形成中起着重要的中介或过滤的作用,由他们将信息扩散给受众,形成信息传递的两级传播。[2] 其中介功能体现在对信息的加工与解释,对信息的再传播与再扩散,对其他传播者的传播行为的协调或干扰,以及对受众或其追随者的态度和行为

---

[1] 克劳锐. 2020年中国MCN行业发展研究白皮书[R/OL]. (2020-05-08)[2022-03-27]. https://mp.weixin.qq.com/s/4ZNpsxDeS3PL3ee2n-NUUQ.

[2] 李彪,庄晓东. 社交媒体时代网络意见领袖筛选和测量方法研究[J]. 中国出版,2013(22):3-7.

的支配和引导。

群体意见领袖在人类社会中一直存在,随着自媒体的不断发展,关键意见领袖(KOL)开始为大众熟知。通过 KOL 开展营销活动触及特定群体的方式,不是互联网时代的产物,但随着媒介技术和媒介环境的发展,KOL 的概念逐渐从线下群体过渡到线上群体,并且还在不断衍生出更加丰富的内涵、形式和特征。

我国 KOL 营销发展历程如图 5-10 所示。在传统线下时代,KOL 更多以社会名人的形式存在,营销模式为代言人模式,因当时没有互联网络,品牌信息触达受众的渠道较少,名人们基于电视、广播、报纸等大众媒介拥有较大的影响范围;在 PC 时代,互联网络逐渐普及,KOL 更多以达人的形式存在,基于社区及社交网站的小众文化圈层,发挥着更加专业化的影响力;在移动时代,移动互联网出现,各类新媒体形式不断涌现,KOL 也愈加多元化、职业化和娱乐化,加深与粉丝间的互动渠道和方式,KOL 矩阵的搭建、不同平台内容的联合成为品牌方新的营销选择。目前,以平台主播以及知识博主为代表的头部 KOL 凭借其独特优势,逐渐发展成了主流网红平台中最具代表性的职业群体。

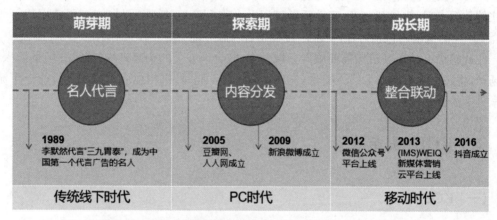

图 5-10　中国 KOL 营销发展历程(引自艾瑞咨询报告,2019)

KOL 有多种分类方式,此处列举两种:

(1) 按用户粉丝数划分,分为头、肩、腰、尾部 KOL。卡思数据重新定义了主流短视频平台的头、肩、腰、尾部 KOL,认为粉丝量介于 300 万～1000 万的账号为头部账号(占 KOL 总量的 2.51%),粉丝量介于 100 万～300 万的为肩部账号(占比 10.88%),粉丝量介于 30 万～100 万的为腰部账号(占比 31.63%),粉丝量超过 1000 万的为超头部账号(仅占比 0.38%)。[①]

(2) 按功能定位划分,分为明星类 KOL、垂直类 KOL、泛娱乐类 KOL。其中,明星类 KOL 负责话题引爆,其影响力和营销价值最为显著,但营销成本和风险性也更高,在选择明星类 KOL 时需要仔细斟酌。一般地,在明星类 KOL 的选择过程中,需将营销目标与明星人设、粉丝画像和热点动态三个方面进行匹配,从而筛选出更加合适的明星 KOL 进行营销合作。值得注意的是,由于明星类 KOL 在整个营销传播活动中起到关键性作用,因此在选定

---

① 卡思数据. 2020 短视频内容营销趋势白皮书[R/OL]. (2020-03-03)[2022-03-27]. https://mp.weixin.qq.com/s/uhXAu5mvN7Kzxuoi05c5wg.

明星后,后续的媒介和策略选择也需要充分考虑明星自身的特征和意愿,进而实现更好的营销效果。垂直类 KOL 更加适合深度内容的解读,而泛娱乐类 KOL 则更适合营销信息的分发传播。

与其他营销主体相比,KOL 具备以下四大优势:

(1) KOL 融合了社群传播和大众传播的特征,造就了 KOL 营销盛况。一方面,每个 KOL 都有自己领域的粉丝群体,通过 KOL 展开营销,能深度触达其粉丝群体内的成员。基于群体传播中的群体意识和群体压力,成员对 KOL 传播的营销信息有更强的信赖度。通常,群体关系越集中,群体边界越清晰,群体意识和压力就越强烈。另一方面,互联网时代,KOL 可通过社会化媒体打破传播渠道的群体边界,群体成员对营销信息进行二次传播,会进一步扩大营销活动的覆盖范围。

(2) KOL 栖身于互联网头部流量平台。在日常触媒环境中,KOL 与用户有许多接触场景和机会,即时通讯、在线音乐、短视频、新闻资讯和网络购物等平台均存在 KOL,他们以不同的方式影响着用户。随着互联网技术的发展,KOL 越来越成为一种新型的社交工具和营销手段,KOL 的出现改变了传统的信息传播模式,为企业带来了巨大商机。

(3) 用户接触 KOL 的时间长、频率高。一方面,即时通信和社交媒体是人们日常生活中最常用的 App 类别,其频次分别为 11.2 次和 8.4 次,碎片化、反复式的注册登录行为让用户接触更多的 KOL,KOL 也为用户提供了丰富多样的产品体验,用户对移动端的依赖性越来越强;另一方面,除视频、游戏和阅读等深度沉浸式的长内容消费平台外,通讯聊天、综合资讯、社交网络等平台是用户每天使用最多的平台,用户有更多的时间与 KOL 互动。

(4) KOL 的营销价值获得广告主的认可。根据 AdMaster 的调研数据,KOL 营销以 60% 的优势位居社会化营销方式选择意向调查榜首。由此可知,KOL 营销已经成为所有社会化媒体营销中最受认可的方式之一,KOL 营销策略和玩法也成为行业广泛关注的焦点。①

案例　大禹网络

> 公司概况:大禹网络科技有限公司成立于 2014 年,是中国具有代表性的 MCN 机构之一,也是国内领先的新媒体 IP 孵化平台。作为一家 IP 公司,大禹定位于专注内容 IP 生态产业,已获得 100 多个机构奖项、170 多个红人奖项。
>
> 平台布局:大禹在现有平台的基础上,全面构建自媒体 IP 精英矩阵。除了与微博、微信、抖音、快手、B 站、小红书等平台达成战略合作外,还布局了百家号、淘系、得物、华为视频等渠道,拓宽平台边界。目前,其分发平台有 80 个,以提升旗下 IP 的曝光度,为后期优质内容的持续输出和变现蓄能。
>
> 业务板块:大禹经过数次更迭,顺应平台红利,进化出目前的三大核心业务板块:深耕美妆、泛娱乐、美食等领域的 MCN 业务,深耕动漫、游戏等领域的 ACG 业务,研发新消费品牌、电商代运营的品牌电商业务。具体而言,公司旗下有传媒、美妆、动漫、游戏和电商五大事业部。

---

① 艾瑞咨询. 2019 年中国 KOL 营销策略白皮书[R/OL].(2019-03-19)[2022-03-27]. https://mp.weixin.qq.com/s/Qbnyrh7JQ1IBE1eKiCiYtA.

红人养成：值得一提的是，大禹旗下红人覆盖美妆、泛娱乐、美食、科普、母婴、生活六个领域，占据国内MCN头部位置。美妆KOL是大禹网络的重要组成部分，拥有过亿的粉丝量。在此以美妆领域的两位代表KOL为例，简要分析大禹网络的红人养成。一位红人被称为"全网口红测评一姐"，曾数次创下1条抖音2小时卖断全网口红单色号的纪录，在口红垂直领域拥有独特的见解和话语权，其粉丝受众以16～36岁的都市年轻女性为主。另一位红人具有11年明星彩妆师经验，定期出仿妆视频，分享美妆干货，科普专业护肤知识，有较高的粉丝信任度，曾创下直播一晚带货销售额超过500万的纪录，其粉丝以18～25岁对护肤、彩妆感兴趣的女性群体为主。

未来展望：在MCN机构竞争激烈的背景下，大禹网络将在数字经济、数字内容、数字文化、消费品牌等多赛道组合发展，持续打造更优质的内容IP、更强大的内容矩阵。目前，大禹已建立起数字内容生产、发行、变现的完整生态链，是国内红人及IP孵化产业的开拓者和领跑者，致力于为广告主提供品效合一、全域服务的新媒体品牌营销平台。①

（二）KOL推广方式

KOL推广方式，即营销策略主要分为以下三种：

1. 搭建垂类KOL矩阵，聚焦关键人群，集中进行宣传

首先，运营方需选择多个平台，以覆盖同类消费者的多种触媒场景，从而对用户进行深度触达和刺激。其次，KOL的选择需集中在垂直领域的腰部，形成一定规模，从而覆盖各个垂直领域下的消费者群体。同时，不同平台的KOL内容需要进行个性化定制，使内容趋于差异化，避免同质化内容的集中曝光造成用户反感。企业要与KOL达成长期合作关系，并将其作为重要资源。最后，运营方应基于KOL的个人特征，采取以"长尾理论"为指导的营销策略。采用这种策略的营销主体通常拥有针对特定消费群体提供的特定产品。

2. 联合不同类型KOL，阶段式推动营销信息的传播

首先，运营者应制定阶段化策略，按照"预热—引爆—持续扩散"的执行节奏，不断扩大营销活动的声量。在预热期，运营者可利用明星KOL的粉丝基础和影响力，吸引大量用户的关注度；在引爆期，应联合明星KOL策划线上互动和线下活动，制造营销爆点；在持续扩散期，需要利用明星KOL的粉丝量和影响力提高营销活动的热度。

其次，注意打造热点话题，注重挖掘话题的互动性和可创造性，充分发挥话题的二次传播价值。

再次，制定多KOL联动策略，邀请1～3位明星类KOL共同参与营销，通过腰部KOL在各领域的覆盖面，使营销触及更大的垂直粉丝群体。其营销目标主要是实现广泛的信息传播，如品牌形象、新产品推广等重要信息的传播，营销产品主要是大众消费品。

---

① 来自大禹网络官方资料。

3. 根据 KOL 的类型，整合营销资源

广告主在将新媒体营销内容投放到具有不同属性特征、用户偏好及内容表达形式的新媒体平台时，对 KOL 类型的选择也存在差异。以典型的新媒体营销平台——微信为例，很多用户习惯于每天阅读公众号文章，并会将内容转发和推荐给熟人。情感类 KOL 往往能产出吸引用户深度阅读的内容，此类内容会使用户产生共鸣，从而促使其自发分享，因此，这类 KOL 成为微信平台广告主投放率较高的对象。同时，承载更多信息且易于阅读的长图号，也成为微信平台的主流内容形式。而对于其他形式，如原创故事、明星 IP 等，则不一定能产生持续影响，但这些内容可能会被大量转载至其他平台进行二次传播，进而形成较为广泛的受众群体。在泛娱乐信息需求突出的新浪微博平台中，以制作泛娱乐内容为主的娱乐搞笑类 KOL 更受广告主的青睐。在借助短视频形式承载丰富娱乐信息的抖音平台上，内容表达多元、多层次的剧情搞笑类 KOL 获得了更多的广告投放。[①]

总而言之，整合营销传播活动应将 KOL 营销作为重要的传播渠道，借助 KOL 自身的影响力和灵活性，根据不同产品、不同阶段的传播需求，定制个性化的传播策略，促成整个营销目标的实现。

（三） KOL 营销趋势

当前，KOL 营销也呈现出一些新的趋势：

1. 垂直类 KOL 更受青睐

随着互联网用户红利逐渐消退，流量价值不再是品牌营销活动的主要目标，如何深度接触并影响用户，扩大变现价值，已成为业界共同关注和思考的焦点。尤其在社交化、碎片化和微传播等趋势下，"粉丝经济"成为塑造品牌的重要方式。品牌的营销目标不再是大范围的曝光，深入垂直场景触及用户的营销需求在不断增加。

2. 矩阵化投放更受青睐

在 KOL 垂直化发展、营销模式日趋成熟的背景下，广告主对 KOL 营销的策划逻辑逐步从单独联系不同 KOL 的单点作战，向统一联系多平台 KOL 的矩阵联动进行过渡。

3. 媒介决策更加复杂

传统 KOL 营销的关键在于选择合适的 KOL，这就相当于找到了其背后相应的受众群体。因此，KOL 营销的关键是精准定位目标受众，并根据目标受众的需求设计相应的产品或服务。目前，KOL 营销主要集中于社交媒体、移动终端及电商平台。随着新兴媒介不断涌现，KOL 营销策略变得愈加复杂，除了要根据 KOL 的人设和特点去定制营销形式和内容外，还需要结合不同媒介的特征，以及 KOL 在不同媒介下的差异化特征等各项因素进行营销策划。

4. 中腰部 KOL 的推广效果更受认可

中腰部 KOL 的性价比较高，同等情况下，企业大多会选择与中腰部 KOL 进行接洽。相关交易数据显示，在成本方面，头部 KOL 的平均接单价格比中腰部 KOL 高 2.2 倍，中腰部

---

① 艾瑞咨询. 2019 年中国 KOL 营销策略白皮书［R/OL］.（2019-03-19）［2022-03-27］. https://mp.weixin.qq.com/s/Qbnyrh7JQ1IBE1eKiCiYtA.

的试错成本相对较低;在中腰部 KOL 的转化情况方面,对于中腰部 KOL 推荐的产品,用户的兴趣会更高;在合作满意度方面,中腰部 KOL 在配合度、效果满意度以及响应满意度等方面得分较高;在粉丝方面,中腰部 KOL 能触达更丰富的消费圈层,粉丝异常率较低,用户相关度和产品内容相关度较高。

本章思考题

1. 新媒体平台包括哪些类型?不同类型平台的收益模式存在哪些异同?
2. 粉丝经济背景下,运营者和创作者如何利用内容达到变现目的?
3. 通过阅读本章,请概括新媒体营销产业链的运作逻辑。
4. 你认为,新媒体营销产业链的哪一环节最为重要?为什么?
5. 请举例说明 MCN 机构分别拥有哪几种业态?
6. 当前,广告主如何利用 KOL 进行营销推广?主要的推广策略包括哪些?
7. 如何理解关于 MCN 与 KOL 之间的关系?请举例说明。

本章参考文献

[1] 站长头条. 新媒体在品牌营销中的实践应用[EB/OL]. (2020-12-23)[2022-03-27]. https://www.seoxiehui.cn/article-290224-1.html.

[2] 艾瑞咨询,微梦传媒. 2020 年中国新媒体营销策略白皮书[R/OL]. (2020-07-10)[2022-03-27]. https://report.iresearch.cn/report_pdf.aspx?id=3617.

[3] 孙永鲁. 新媒体时代思想政治教育传播学创新研究[M]. 北京:新华出版社,2020:61.

[4] 卢扬,韩昕媛. 任天堂冲"鸭"[N]. 北京商报,2022-05-25(004).

[5] 谭贤. 新媒体营销与运营实战从入门到精通[M]. 北京:人民邮电出版社,2017:277.

[6] 叶龙. 从零开始学网络营销和推广[M]. 北京:清华大学出版社,2017:5-6.

[7] 新媒体商学院. 新媒体运营一本通:营销推广+活动策划+文案写作[M]. 北京:化学工业出版社,2019:102-107.

[8] 广发证券. MCN 产业链系列报告之二:新媒体营销时代下营销服务商的模式变迁与价值分配[R/OL]. (2019-03-26)[2022-03-27]. https://mp.weixin.qq.com/s/JrDHMjaRJ16mCMRwwi0YZA.

[9] 翟秀凤. 多频道网络(MCN)机构背后的平台循环创新机制[J]. 新闻记者,2021(8):48-60.

[10] 国盛证券. MCN 系列报告一:六问六答,一文看懂 MCN 与直播带货[R/OL]. (2020-01-06)[2022-03-27]. https://www.fxbaogao.com/pdf?id=1879965.

[11] 招商证券. 从直播电商的春秋战国,看 MCN 的进阶之道[R/OL]. (2020-03-20)[2022-03-27]. https://img3.gelonghui.com/pdf/30c95-73146dd7-c79f-4416-9733-cf7c3ce8b157.pdf.

[12] 发现报告. 2021 中国内容机构(MCN)行业的本质、规模及核心壁垒[EB/OL]. (2021-07-09)[2022-03-27]. https://mp.weixin.qq.com/s/qLsPXrVmVkDVryZ2XldyGw.

[13] 胡钰,王嘉婧. 中国新媒体发展:特征、趋势与调整[J]. 中国编辑,2021(3):10-15.

[14] 卡思数据. 2020 抖音 KOL 生态研究[R/OL]. (2021-02-22)[2022-03-27]. https://mp.weixin.qq.com/s/5g0br_329E3fBosiPncUxw.

[15] 艾媒咨询. 2019-2020 年中国 MCN 机构专题研究报告[R/OL]. (2020-06-08)[2022-03-27]. https://mp.weixin.qq.com/s/UUicGTcpdc667sNt6NeA2g.

[16] 独角特辑. 网红经济崛起,哪些 MCN 公司值得注目?[EB/OL]. (2019-04-11)[2022-03-27].

https://socialbeta.com/t/MCN-Company-deserves-attention.

[17] 克劳锐. 2020年中国MCN行业发展研究白皮书[R/OL]. (2020-05-08)[2022-03-27]. https://mp.weixin.qq.com/s/4ZNpsxDeS3PL3ee2n-NUUQ.

[18] 李彪,庄晓东. 社交媒体时代网络意见领袖筛选和测量方法研究[J]. 中国出版,2013(22):3-7.

[19] 卡思数据. 2020短视频内容营销趋势白皮书[R/OL]. (2020-03-03)[2022-03-27]. https://mp.weixin.qq.com/s/uhXAu5mvN7Kzxuoi05c5wg.

[20] 艾瑞咨询. 2019年中国KOL营销策略白皮书[R/OL]. (2019-03-19)[2022-03-27]. https://mp.weixin.qq.com/s/Qbnyrh7JQ1IBE1eKiCiYtA.

第六章 代表性新媒体平台案例

在前面的章节中,我们已经认识了新媒体以及新媒体运营,并从新媒体的内容运营、用户运营、社群运营以及市场营销等方面,对新媒体运营进行了深度剖析。在具备了足够的新媒体运营相关理论知识之后,我们需要将目光转移到对这些知识的实际应用当中,深入了解当前各类新媒体运营的成功案例,汲取有益经验。

随着互联网、大数据、云计算等技术的不断发展,新媒体的种类越来越丰富,旨在从各个方面满足网络用户的需求。当前,用户应用最为广泛的新媒体平台类型,主要有即时通信 App、短视频平台、社区类 App、直播平台以及商品点评平台等。本章的案例主要围绕这几种新媒体类型,选择其中较有代表性的新媒体平台展开讨论,分析平台的运营现状、运营特点以及运营困境,重点剖析其中较为流行或最新开发的功能,例如微博中的连麦功能、微博超话等,帮助读者对主流新媒体平台的运营新形势形成全面认知。

通过对本章的学习,读者可以了解不同类型新媒体平台的运营特点,发掘新媒体平台的运营特色,同时探析新媒体平台目前的运营困境,汲取经验和教训。在对成功案例进行了解后,读者可根据不同平台的特征,开展相应的运营工作,依据运营目的和需求,制订符合平台特性的运营计划,从而提高新媒体运营的成功率。

第一节 案例一:即时通信 App

微信是新媒体时代即时通信 App 的典型代表,具有用户数量大、黏性强等特点。腾讯公布的 2021 年第三季度财务报告显示,微信及 WeChat 的合并月活跃账户数已超过 12.6 亿。

公众号是个人、企业等进行微信运营的重要平台,也是用户最为熟悉的微信功能之一,因而,本小节将围绕微信公众号展开讨论。近年来,微信公众号主打的运营项目,除了最初的订阅号、服务号外,还有小程序、视频号等。

一、微信公众号

微信公众号是基于微信这款即时通讯软件,依托平台优势开发的功能板块。它充分利用了微信的即时性、强社交黏性等特点,吸引了大量个人、组织。通过微信公众号开展新媒体运营,成为目前新媒体运营的主流方式。用户运用图文和音视频等形式发布内容,与粉丝形成互动,从而展现自身特点,建立品牌形象。

(一)微信公众号账号分类

微信公众号分为订阅号、服务号、小程序、企业微信和视频号 5 种类型,每一种类型都有各自的功能和特点,见表 6-1。

表 6-1 微信公众号的种类、功能和特点

分类	功能和特点
订阅号	为媒体和个人提供一种新的信息传播方式,构建与读者之间更好的沟通与管理模式
服务号	给企业和组织提供更强大的业务服务与用户管理能力,帮助企业快速建立管理便捷、针对性强的公众号服务平台
小程序	是一种新的开放能力,可以在微信内被便捷地获取和传播,具有出色的使用体验
企业微信	原企业号,企业的专业办公管理工具,具有与微信一致的沟通体验,提供丰富且免费的办公应用,并与微信消息、小程序、微信支付等互通,助力企业高效办公和管理
视频号	以微信平台为依托,为个人、组织等提供的短视频传播平台

(二)微信公众号的特点

1. 熟人网络传播,用户信任度高

微信最初的用户源自于已有的腾讯用户,主要靠绑定 QQ 号寻找好友的功能拓展新用户。因而不同于其他社交平台,微信的好友圈基本都是现实中彼此认识的人,其人际网络是一种熟人网络。这种熟人网络使得微信中的信息传播存在一定的范围限制,区别于具备匿名性和广泛性的大众传播,微信信息传播是一种基于熟人网络的小众传播。这种传播形式的信任度和到达率,是传统媒介无法比拟的,有助于微信公众号获取更加真实的客户群。

2. 随时随地分享,内容形式丰富

微信公众号破除了时间和空间的限制,也将用户的碎片化时间运用到极致。同时,它丰富了社交传播形式,使社交不再局限于传统的文本传输,信息可以通过多媒体形式进行传播,集图片、文字、声音、视频等于一体,这种形式能够更好地承载用户所要表达的内容。并且,用户可以向好友、群聊分享公众号内容,还可以转发至朋友圈,实现一对多的传播效果。

3. 分析用户特性,提供精准服务

微信公众平台可对用户进行分组,通过算法分析用户的浏览习惯,了解用户的兴趣爱好。另外,微信公众号的渠道二维码,拥有"超级二维码"的特性,经用户扫描后,可准确获知用户群体的属性,从而使营销和服务更加个性化、精准化。

微信公众号运营还提供基于 LBS 的服务。LBS(Location Based Services)是指基于地理位置的服务,简言之,就是与定位相关的各类服务系统,简称"定位服务"。基于 LBS 的服务包括两层含义:一方面,可以确定移动设备或用户所在的地理位置;另一方面,能够提供与位置相关的各类信息服务,例如所在地区的美食等。"查找附近的人""摇一摇"等功能均以 LBS 为基础。

4. 营销成本较低,可持续性较强

与现实生活较为重合的微信社交圈,给予用户更加安全和私密的社交体验,使得用户自发分享感兴趣的内容,传播效果更强。但是,熟人网络的小众传播限制了传播范围,使得客户范围过于局限。在保证用户隐私的前提下,出于进一步扩大传播范围的目的,企业微信被推出。企业微信建立了关联度高、可持续性强的组织传播关系,并与微信消息、小程序等互通,运营功能更为丰富,通过企业微信进行公众号营销,成本更低。

5. 搜索相关主题,呈现多元内容

用户在微信搜索框中搜索关键词,可以获取相关的视频号、地图等新媒体传播内容。例如搜索"肯德基",能看到其官方账号、百科以及相关表情包、视频号、地图服务等信息,如图6-1(a)和图 6-1(b)所示。此外,系统会根据阅读量、浏览记录,优先展示符合用户阅读喜好的内容,打造因人而异的"搜索引擎"。

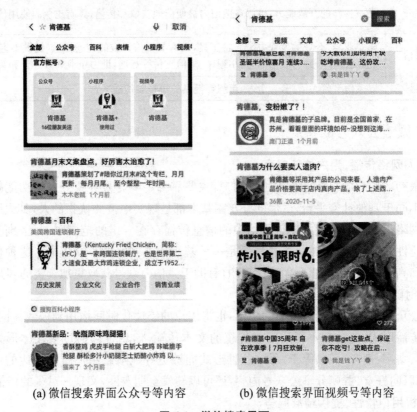

(a) 微信搜索界面公众号等内容　　(b) 微信搜索界面视频号等内容

图 6-1　微信搜索界面

二、微信小程序

微信小程序由腾讯公司于 2017 年 1 月 9 日推出,是一种无需下载安装,即可在微信平台上使用的应用程序,主要向企业、政府、媒体、其他组织或个人等提供微信平台服务。

（一）微信小程序的发展现状

1. 小程序总体发展趋势

全网小程序数量、微信小程序数量、微信小程序日活跃用户人数都在逐年增长。数据显示，2021 年，全网小程序数量已经超过 700 万。其中，微信小程序数量在 2021 年上半年就已经超过 430 万。微信小程序的日活跃用户数量具有较为明显的增加，与 2020 年微信小程序的日活跃用户数量（4 亿）相比，2021 年的日活跃用户数量大幅增长，已超过 4.5 亿，见表 6-2。

表 6-2　小程序 2021 年与 2020 年数据对比

时间	全网小程序数量	微信小程序数量	微信小程序 DAU
2021 年	700 万+	430 万+	4.5 亿+
2020 年	600 万+	380 万+	4 亿+

（引自阿拉丁研究院《2021 年小程序互联网发展白皮书》，2022）

2. 小程序使用时段变化趋势

如图 6-2 所示，2021 年，小程序的使用已无明显的高峰时段，而是比较均匀地分布在 7 时至 22 时之间。这说明在用户的一日起居中，小程序正持续发挥作用，遍及生活、工作等方方面面。

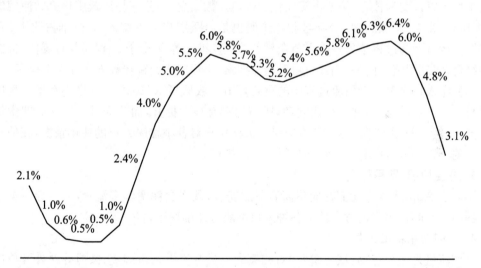

图 6-2　2021 年小程序使用时段趋势
（引自阿拉丁研究院《2021 年小程序互联网发展白皮书》，2022）

3. 微信小程序的商业价值与社会价值并举

微信小程序不仅具备很大的商业潜力，还有很高的社会价值，近几年正被不断挖掘（表 6-3）。在商业价值方面，2021 年，用户的小程序消费习惯基本养成，尤其是在服装、美妆、商超、餐饮等热门领域。小程序及微信支付协助企业和品牌进一步加强与用户之间的联系，微信小程序的商业影响力在进一步爆发。在社会价值方面，社交通信与效率办公场景逐步打通，腾讯文档、金山文档微信小程序均突破1亿流量大关，此类去中心化信息交互文档，在许多时刻发挥着积极作用，比如疫情期间的谣言信息汇总，河南洪灾期间待救援人员信息汇总等。

表 6-3 微信小程序价值发展趋势

分类	特点
商业价值	用户通过微信小程序购物的习惯已逐渐养成
社会价值	社交通信与办公打通，腾讯文档小程序流量突破1亿

(引自 QuestMobile《QuestMobile2021 微信小程序秋季报告》，2021)

（二）微信小程序的优势

1. 开发成本低

小程序相当于一个轻量级 App，但其开发成本比 App 低很多。在价格上，小程序的开发和维护一年一般只需几千元，功能简单的小程序甚至是免费的；在时间上，一个简单小程序的生成只需要十几分钟，甚至几分钟。而 App 的开发和维护，需要投入大量的人力、物力和财力，消耗时间也很长。与之相比，小程序在开发成本上更有竞争优势。

2. 流量优势大，小程序入口多

微信小程序依附于微信——拥有近十亿流量的社交平台，有着得天独厚的流量优势。微信小程序以社交为核心，裂变出多元化的入口。数据显示，分享是活跃用户最常使用的入口，占比 54.2%。除此之外，公众号和二维码也是活跃用户的主要入口，分别占比 14.7%、12.5%。运营者通过将小程序嵌入公众号菜单栏及推文等方式，让小程序与自媒体、推文内容相结合，实现引流。此外，用户也可以通过搜索、小程序之间跳转等方式进入小程序。

小程序入口是运营者引流过程中的重要环节。数据显示，2021 年分享仍然是小程序拉新增长速度最快的方式，并且相比同期，所占比重有很大提升，而公众号、二维码、搜索等方式的同期占比却有所下降。运营时，应时刻关注用户对各小程序入口的使用情况，在使用频率较高的小程序入口应有针对性地进行小程序推广。

3. 方便快捷，即用即走

不同于 App，小程序无需在应用商店下载安装，既不会耗费较多流量，又不会占据电子设备的内存空间。用户通过微信的各种入口都能打开小程序，省时又便捷。

4. 私域流量精细运营

私域流量是一个与"公域流量"相对的概念。公域流量是指淘宝、微博等对外开放的流量平台，运营者在平台上获取流量需要付费。而私域流量是基于信任关系建立起的封闭流量池，在私域流量池中，运营者可以自主、方便地触达用户。与需要公域平台推荐流量的电商平台不同，小程序的流量主要来自于品牌自身的用户，且与微信生态紧密结合，以"朋友圈＋微信公众号＋微信社群"的模式，形成多个用户触点，更容易形成自发式的微信生态裂变传播。例如，现在有越来越多的商家，倾向于推荐客户使用小程序付款，在小程序中，用户可以绑定 VIP 卡，使用小程序扫码付款可获得积分，从而不断促进用户沉淀。

近几年，基于微信的私域流量池，企业微信、微信直播和视频号发展迅速，逐步形成了"企业微信＋微信小程序＋直播/视频号"的营销服务模式。见表 6-4 所列，企业微信与小程序进一步连接并沉淀用户,交易转化效率不断提升,私域营销服务蓬勃发展。"企业微信＋微信小程序＋微信直播"的社群营销服务、"企业微信＋微信小程序＋视频号"的全域营销服务不断拓展,其中,视频号承载多元化的内容,而小程序承接转化交易。①

表6-4 微信小程序的营销服务

类型	模式	特点
私域营销服务	企业微信＋小程序	沉淀用户,提高转化效率
社群营销服务	企业微信＋小程序＋直播	企业直播,小程序转化交易
全域营销服务	企业微信＋小程序＋视频号	视频号与小程序交互作用

(三) 微信小程序的运营思路

1. 重视产品和服务

相比开发传统 App,小程序作为一种轻量级 App,对开发者的要求更低,运营也更加便利。但随着小程序数量激增,竞争也日益激烈。为了能使产品脱颖而出,开发小程序前,应做好产品定位。例如在地图软件上,有些地区的公交动态并不能查询,许多用户也不愿为此专门下载 App,而实时公交查询小程序以提供公交动态信息为定位,便利用户出行。运营者应不断提高产品和服务质量,突出差异化优势,更好地满足用户需求。②

2. 线上运营与线下运营相结合

现在,越来越多的线下门店会开发自己的微信小程序,用户可通过小程序进行线上点单,更加方便快捷。比如,奶茶店会在店面门口张贴小程序二维码,推荐用户进行线上下单,而不是在门店内点单。通过小程序点单,用户会获得优惠券等福利,而线上点单也给商家带来了便利,小程序的优势为商家带来流量。

3. 拥有"小程序＋"的运营思维

除了依靠其本身方便快捷的优势,微信小程序还应与其他平台进行联动。"小程序＋"的运营模式,不仅拓宽了微信小程序本身的用户范围,还能使品牌形象得到多方位展现,从而更好地为企业服务。"小程序＋"的运用模式及特点,见表6-5。③

表6-5 "小程序＋"运营模式

模式	特点
小程序＋公众号	借助公众号有效触达、沉淀会员; 用户消费场景化,促成复购
小程序＋小程序	小程序矩阵多点触达用户,满足不同用户需求; 小程序流量互通,强化整体运营能力

---

① 阿拉丁研究院. 2021 年上半年小程序互联网发展白皮书[R/OL]. https://aldzs.com/viewpointarticle?id=15524.
② 陈政峰. 新媒体运营实战指南[M]. 北京:人民邮电出版社,2019.
③ 阿拉丁研究院. 2021 年上半年小程序互联网发展白皮书[R/OL]. https://aldzs.com/viewpointarticle?id=15524.

续表

模式	特点
小程序＋线下	通过"小程序码＋支付"的模式连接线上线下,有效提升线下服务的效率
小程序＋视频号	通过视频号进行宣传,为小程序引流
小程序＋社群	社群运营构建私域流量池,用户成为铁杆粉丝; 完善场景购买,口碑分享和裂变推动销量增长
小程序＋入口	入口不断更新,流量入口持续开放; 针对不同入口特点设计差异化广告

(四) 小程序对于 App 的冲击

正如前文所述,小程序具有成本低、入口多、方便快捷等特点,这些优势对 App 造成了一定的冲击。面对此类情况,App 应如何顺应快节奏、轻应用的新媒体技术潮流,成为值得思考的问题。相比于小程序,App 主要存在如下劣势:

1. 数据囤积多,内存压力大

小程序的主要优势就是"轻量",这一特征对 App 造成了极大的冲击。首先,App 必须下载后才可以使用。此外,使用 App 过程中,会自动下载或缓存一些视频、图片、表情包等数据信息至手机,这些数据会占据手机内存,甚至会导致手机产生卡顿、运行缓慢等状况。而小程序无需安装,帮助用户节省了内存空间。

2. 入口单一,体验感差

下载安装 App 是用户进入 App 的前提。同时,用户使用 App 的主要方式就是点击已经安装好的 App 进入应用。而小程序的入口丰富,用户通过扫描小程序码、点击链接等多种方式都可以享受小程序的服务。虽然现在一些 App 之间已经存在"应用跳转"功能,但流畅度较差。点击链接也可以打开某些 App,但是操作复杂,用户体验感较差。

3. 获客成本高,用户黏性差

微信小程序依附于微信这个流量巨池,推广成本低、速度快,凭借用户的私域转发裂变即可收获巨大流量。而新款 App 的推广往往较为困难,且成本较高,需要支付大量的广告费、短信费等才能实现较好的流量聚集效果。

由于 App 存在这些劣势,小程序的迅速发展对其造成了不容忽视的冲击。因此,App 的发展必须做出调整,以应对小程序的挑战。例如,在内存方面,应注重开发轻量级 App,同时进一步优化云端存储技术,缓解用户的内存压力。在入口方面,App 之间应开展合作,优化应用跳转流畅度。但是,App 的功能丰富、服务完善、能够满足用户多元化需求的优势是小程序无法比拟的。App 应继续精耕垂直功能的开发,不断强化自身优势。[1]

三、微信视频号

微信视频号于 2020 年 1 月开始内测,是一个全新的内容记录与创作平台,以短视频的

---

[1] 薛梦雅,石雨萱,韩雨坤.小程序冲击下的手机 APP 功能整合方向探析[J].传媒论坛,2018,1(20):21,23.

形式承载信息,使用户能够了解他人,看懂世界。视频号的入口与其他公众号不同,位于发现页朋友圈入口的下方,位置醒目。与其他短视频平台相比,微信视频号有着独特优势,发布视频可附带公众号文章的链接,也可以将作品分享至朋友圈、群聊中。2021年6月,视频号的日活跃用户数量突破2亿。

(一)视频号的发展状况

视频号的发展历程如表6-6所列,2020年1月,视频号内测开始,但效果很差。与头部短视频相似的内容推荐机制,并未发挥视频号的先天优势。5月,视频号发布新版本,其推荐机制由机器推荐改为社交推荐,逐渐实现了用户的留存和增加。

表6-6 视频号发展历程

时间	发展阶段	主要特点
2020年1~10月	视频号内测开始	从机器推荐改为社交推荐
2020年10~12月	快速迭代,直播开放	出现直播"破圈"现象
2021年1~8月	商业化能力提升	新增城市定位、私信等功能
2021年9月以后	完善直播带货功能	品牌视频号与微信支付打通

2020年10月后,视频号打通了小商店,开放了连麦、美颜等功能,直播的功能不断完善,出现了直播"破圈"现象。

2021年起,视频号的商业化能力不断提升,新增了私信、城市定位等功能,可以@微信好友,微信红包封面可以设置为视频号内容,实现了进一步的宣传。

2021年9月以后,视频号不断完善直播带货功能,新增"活动"关联、"带货中心"等功能,打通品牌视频号与微信支付,平台还发布了"创作者激励计划",鼓励用户创作优质内容。[①]

(二)视频号的特点

1. 熟人社交,信任感强

微信视频号合理利用了微信的熟人社交圈层,在视频号中,微信好友点赞、转发过的内容,优先于其他内容呈现。"高黏性用户+熟人社交+算法结合"的推荐机制,使用户更容易建立对优质内容的信任感。

2. 个人创作者多,蓝V账号活跃

根据账号申请主体和认证与否,可将视频号中的账号类型,分为个人认证账号、个人未认证账号、企业蓝V账号以及机构未认证账号4类。其中,企业蓝V账号即企业和机构认证账号,需要使用已认证的同名公众号为视频号认证。如图6-3和图6-4所示,蓝V账号表现活跃,虽仅占21%,却生产了31%的内容。视频号中,个人账号数量庞大,占比为74%,有62%的内容来自个人账号。

---

① 克劳锐指数研究院. 2021微信视频号生态洞察报告[R/OL]. https://www.cbndata.com/report/2792/detail?isReading=report&page=1.

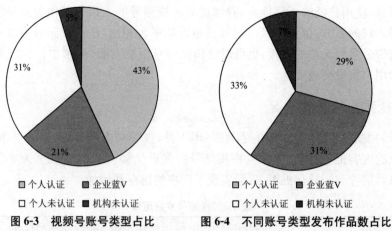

图 6-3　视频号账号类型占比　　图 6-4　不同账号类型发布作品数占比

(图 6-3、图 6-4 引自克劳锐指数研究院《2021 微信视频号生态洞察报告》)

3. 以不足 1 分钟的短视频为主

如图 6-5 所示,70% 的视频号作品的平均时长不到 1 分钟,其中,平均时长为"30～60 s"的视频号数量最多,平均点赞量最多,这与大众的碎片化浏览习惯有关。数据还显示,视频号中,傍晚发布的内容占 25%,且平均获赞量最高,清晨有大量情感内容发布,获赞量较高,是待挖掘的情绪高峰期。①

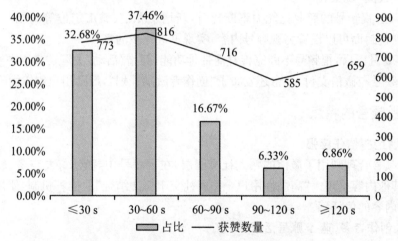

图 6-5　不同平均时长的视频数量及获赞水平对比

(引自克劳锐指数研究院《2021 微信视频号生态洞察报告》)

4. 内容垂类丰富,新闻资讯、情感等内容较多

目前,视频号中内容垂类众多,涉及资讯、情感、美食等各个方面。从总点赞量、作品总量、活跃账号数量等维度来看,资讯、生活、情感等内容占比较高。新闻资讯类内容是视频号中内容占比最高的垂类。情感类和新闻资讯类内容能够与用户建立正向的情感连接。情感类内容中,情感语录和人生感悟容易触动用户情绪,获赞能力较强。此外,视频号中,母婴育

---

① 克劳锐指数研究院. 2021 微信视频号生态洞察报告[R/OL]. https://www.cbndata.com/report/2792/detail?isReading=report&page=1.

儿、美食、汽车等内容的获赞量也很高,这些内容与用户的生活息息相关,能够满足用户的生活需求,帮助他们解决生活中遇到的问题,见表6-7[①]。

表6-7　2021年11月视频号十万赞内容垂类TOP5

排名	内容类型
1	新闻媒体
2	情感
3	母婴育儿
4	美食
5	汽车

(引自百准《2022微信视频号生态发展研究报告》)

(三) 运营模式

如图6-6所示,与微信其他生态打通,是视频号变现的基础,微信中不同生态间流量互通,能够建立社群流量,引导消费。视频号的运营模式呈现出以下三个优点:

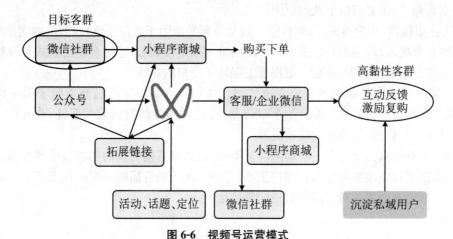

图6-6　视频号运营模式
(引自克劳锐指数研究院《2021微信视频号生态洞察报告》)

1. 便于社交分发内容

通过公众号引导用户关注,利用标题、活动、定位等方式,优化视频号的内容推荐,这些引流方式实质上是致力于连接用户与视频号的社交玩法。这种社交玩法便于品牌进行内容输出,激励用户转发,积累更多的粉丝。

2. 助力精准营销

通过将公众号、企业微信等生态与视频号打通,运营者能够更加高效便捷地将目标用户转化为私域流量中的忠实粉丝。

---

① 百准. 2022微信视频号生态发展研究报告[R/OL]. https://blog.csdn.net/m0_37586850/article/details/123606314.

3. 实现品牌与社群的无缝对接

小程序商城与视频号的连接,避免了不同页面跳转产生的流量折损,与私域流量建立了对接渠道,为商业变现提供了最直接的通道。这使运营者能够与用户及时进行互动反馈,激励用户复购。①

(四) 视频号直播

相较于抖音、快手等平台,微信视频号是一个后入场的短视频平台,在直播方面,更是面临短视频平台、电商平台、游戏直播平台等的挑战。在直播市场已经相对成熟的情况下,视频号直播在上线后仍取得了许多媒体、机构、个人用户等的关注和使用。

例如,2021年央视新闻在微信视频号发起"庆祝中国共产党成立100周年大会"直播,观看人次达2666万,这个数据标志着视频号跻身千万级直播平台的行列。中央广播电视总台《2022年春节联欢晚会》也首次尝试竖屏直播,1.2亿人参与观看。此外,受到新冠疫情的影响,多场线上演唱会引爆社交网络,视频号也成为线上演唱会的主阵地之一,例如2022年8月14日,央视总台与视频号共同推出《这Young的夏天》2022夏日歌会,累计吸引超过3200万人在线观看。

在直播市场相对成熟、竞争激烈的情况下,视频号直播仍旧能够后来居上,在直播市场中占据重要地位,主要有以下几点原因:

(1) 依附微信,用户范围广、黏性强。微信视频号依附于微信平台,在微信的朋友圈、公众号等都有直接入口,为用户提供了多种路径进入微信视频号,这种多路径模式为视频号直播提供了良好的引流效果,也在一定程度上保证了用户的黏性。

(2) 兼具公域流量和私域流量双重优势。视频号直播的推荐机制克服了单一化的缺点,不仅能够通过直播方式推荐获取公域流量,还能利用微信的熟人关系链,有效触达用户的私域流量,流量的扩散和裂变效果更好。

但是,视频号直播仍存在一些局限性。例如,视频号直播的预约功能仅呈现直播的时间和标题,无法通过文案和图片吸引用户预约。此外,视频号直播同一时间仅支持下一场直播的预约,会影响直播主体对于后期直播的预热运营。②

第二节 案例二:微博客平台

一、微博客概况

微博客,简称微博,是一种信息分享、传播及获取的社交媒体平台。通过Web、Wap及

---

① 克劳锐指数研究院. 2021微信视频号生态洞察报告[R/OL]. https://www.cbndata.com/report/2792/detail?isReading=report&page=1.

② 李伟,王奕程. "庆祝中国共产党成立100周年大会"直播重大活动微信视频号直播的传播特征和运营方式[J]. 中国记者,2021(8):38-40.

各种客户端,用户可以开设个人微博账号,实现信息的即时分享。目前,中国最大的微博平台是新浪微博,如图 6-7 所示;世界上最早、最著名的微博是美国的 twitter,如图 6-8 所示。

图 6-7　新浪微博

图 6-8　美国 twitter

(一)新浪微博的发展状况

作为涵盖图片、视频等全媒体内容形式的信息平台,新浪微博能够满足当代中国网民在内容消费和网络社交方面的多重需求。2021 年第三季度财务报告显示,微博的月活跃用户达到 5.73 亿,日活跃用户达到 2.48 亿。

如图 6-9 所示,微博用户群体以 90 后、00 后为主,两者总占比接近 80%,微博用户呈现出年轻化趋势。以 Z 世代为代表的当代年轻人乐于记录、表达和分享,使得微博整体内容发布量不断提升。此外,带话题的原创内容数量大幅提高,这是微博用户越来越熟悉微博规则和玩法的表现。

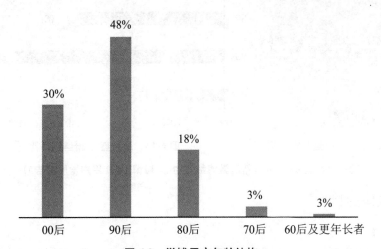
图 6-9　微博用户年龄结构
(引自新浪微博数据中心《微博 2020 用户发展报告》,2021)

数据显示,2020 年,微博认证的媒体机构类账号数量超过 3.8 万个,全年媒体机构所发布的微博,累计被转评、评论和点赞超过 66.8 亿次,总阅读量超过 2.4 万亿次。如图 6-10 和 6-11 所示,微博媒体粉丝中,男性占比高于女性,以 80 后和 90 后为主。

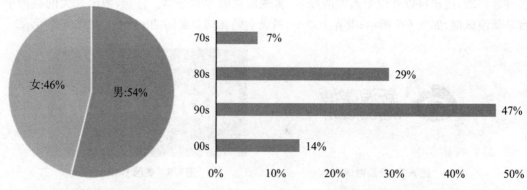

图 6-10　微博媒体粉丝性别比例　　　图 6-11　微博媒体粉丝代际比例

（图 6-10、图 6-11 引自新浪微博数据中心《微博 2020 用户发展报告》）

另外，如图 6-12 和 6-13 所示，2020 年，微博认证的政务类账号数量超过 14 万个，政务微博的粉丝总数突破 30 亿，政务蓝 V 粉丝中，男性占比高于女性，以 80 后和 90 后为主。另外，权威疫情信息、社会热点回应、正能量暖心故事等，是用户关注政务微博最希望看到的内容。①

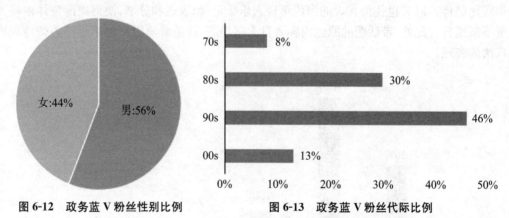

图 6-12　政务蓝 V 粉丝性别比例　　　图 6-13　政务蓝 V 粉丝代际比例

（图 6-12、图 6-13 引自新浪微博数据中心《微博 2020 用户发展报告》）

（二）微博的特点

1. 便捷性

在微博中，用户既可以作为观众，在微博上浏览感兴趣的内容，又可以作为发布者，发布供他人浏览的内容。微博具有发布和传播信息、即时通信等强大功能，只要持有网络和手机等电子设备，用户即可随时随地发布所见、所闻和所感，这为用户提供很大便利。同时，微博对突发事件报道的及时性、现场感和快捷性是传统媒体无法比拟的。

2. 传播性

微博具有很强的传播性，转发、带话题发帖等方式，会使信息迅速扩散。对于关注度较高的微博，在很短时间内，转发量就可达到数万甚至数十万，尤其是当微博内容带有明星效

---

① 新浪微博数据中心. 微博 2020 用户发展报告[R/OL]. https://data.weibo.com/report/reportDetail? id=456.

应,或与社会民生息息相关时,微博会呈现病毒式传播,影响十分广泛。

3. 原创性

在微博,无论是微博大V、机构官方账号,还是普通个人用户,都会分享一些所见所闻,或是对某些事物的观点,以及音乐、舞蹈等个人作品。他们通过有选择性地发布信息,建构起自己的网络形象,这些内容多为原创,使微博成了一个内容丰富的原创信息库。

4. 匿名性

与微信等平台的熟人社交不同,微博中的社交模式更多地体现为:围绕同样的兴趣或关注点,本不熟识的用户产生社交互动。在微博中,信息的发布具有匿名性,用户并不会使用真实姓名,而是使用微博昵称发布信息。在一定程度上,匿名性降低了用户在信息传播过程中的熟人社交压力,拥有更少的约束性。

5. 草根性

传统媒体拥有较大的经济规模和复杂的组织机构,只有少部分个人和机构,有机会通过传统媒体传播信息。与之相比,微博的准入门槛较低,给予普通人更多发布信息的机会。因此,微博具有很强的草根性,方便社会各个阶层的人和组织发布或转发内容。

(三) 微博运营的内外双系统

1. 微博运营的内系统——新媒体编辑团队

新媒体编辑团队对微博运营来说至关重要,其职能主要包括9个方面,如图6-14所示。对具备一定影响力的微博账号成立专门的微博运营团队势在必行。严密的团队分工协作,不仅可以提高微博运营的效率,还可以减少微博运营的失误。只有拥有相对完善的内系统,微博运营才能达到专业化水平。

图6-14 新媒体编辑团队的职能

2. 微博运营的外系统

除了新媒体编辑团队外,公司其他部门则属于微博运营的外系统。这个系统是支撑系统,新媒体编辑团队与其他部门,需要在资金、人力等方面进行协调配合。如果无法获得公司资源的支持,微博运营的工作无法开展。

二、微博直播连麦

在很大程度上,微博直播连麦功能助力了微博数据的大幅提升。2021年东京奥运会期间,关于本届奥运会的全网讨论量为3.83亿,全网互动量高达15.33亿。在31场冠军连麦系列直播中,共有35名运动员参与了连麦,直播观看量突破1.1亿,单场观看量突破1550万。① 目前,直播连麦是微博最火的直播社交形式。

(一)连麦功能概况

直播连麦功能于2020年11月正式上线,是微博直播中的一种新型社交方式。在直播中,主播可邀请大V好友或者粉丝路人连麦,进行专业知识分享、热点话题讨论及互动提问交流等。连麦的形式包括在线语音、视频等,新版微博直播最多支持一位主播同时与四人连麦。

2021年前三季度,微博直播连麦总观看量超过400亿,头部用户连麦人数达3.4万人。3月,微博直播连麦功能使用出现新突破,有超过5000名主播参与连麦直播,总连麦场次过万。其中,明星宠粉连麦、热点连麦以及财经连麦等形式吸引了较多用户观看直播。② 7~8月,微博直播连麦发展迎来了高峰,由于暑假、奥运、社会热点等因素的影响,更多主播在直播中使用连麦功能。

(二)微博直播连麦模式

微博直播连麦的模式多样,其中最主要的4种模式是圆桌模式、粉丝互动模式、宣发模式和电台模式,如图6-15所示。

1. 圆桌模式

这种模式主要用于投资和商业观察等,便于多个头部主播基于某个议题连麦,议题的可控性较强,能够破圈和提升调性。在圆桌模式中,每个参与者都有机会围绕议题集中表达观点,其他主播也会对某个人的观点进行讨论和评价,第一时间进行补充和完善,使议题获得良好的讨论效果。

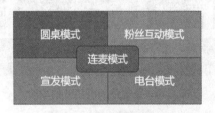

图6-15 微博连麦模式

2. 粉丝互动模式

这种模式比较常见,博主可以号召粉丝进行连麦,加强博主的人设,增强粉丝黏性。获得连麦机会的粉丝,不仅有机会与偶像直接对话,还会在粉丝群体中获得知名度,从而收获成就感,对博主的喜好度和粉丝黏性也会提升。暂未获得连麦机会的粉丝,也会对连麦充满期待感,进一步为博主做出粉丝的贡献。

3. 宣发模式

这种模式主要用于作品、活动等的宣传,通过连麦艺人、作者或主创等,为宣传造势,凭

---

① 微博. 东京奥运会微博观赛报告[R/OL]. https://weibo.com/1642634100/Kt02L7oBW.
② 微博直播. 微博直播连麦3月盘点月报[R/OL]. https://weibo.com/ttarticle/p/show?id=2309404623663747170576.

借明星效应吸引更多用户观看直播。在作品发布、活动开始前进行宣发模式的连麦,有助于用户提前积累对于作品或活动的认识,提升期待值。作品发布或活动正式开始后,该模式的连麦有助于及时维护观看者、参与者的黏性。

4. 电台模式

这种模式与电台类似,博主可主动邀请嘉宾或粉丝连麦,就某一话题进行互动。虽然电台逐渐淡出了许多人的生活,但人们对于电台仍有怀旧情感,通过电台模式邀请嘉宾或粉丝连麦,能够唤起他们的校园记忆、年轻时的记忆等,对于某些用户极具吸引力。

(三) 连麦分享的特征

1. 即视感

用户进入微博直播连麦现场,可以直观地观察每个名人聊天时的状态,仿佛置身于这些名人的聊天现场。用户可以观察到聊天过程中的任何细节,感受名人的表情、动作、语气等,给用户一种身临其境的即视感。

2. 互动性

连麦分享的过程中,用户不仅可以作为嘉宾与主播连麦,直接向主播提问或者表达自身的想法、观点,还可以作为旁观者,在评论区留言,与其他用户交流互动。直播间的名人看到某些评论也会实时回复,具有较强的互动性。

3. 亲切感

在微博直播中,连麦的名人聊天的内容往往不是提前设定的,聊天者的言论一般是自发产生的,他们通过连麦向主播、其他连麦者以及用户表达自我。用户可以在名人连麦分享的过程中感受他们自然的相处模式,获得亲切感。

(四) 直播连麦的优势

1. 对于博主而言

博主可以通过与不同领域的大 V 或粉丝破圈交流,丰富直播内容。通过互动,博主可以打造人设,形成个人 IP,提升影响力。直播连麦的形式能够为直播间引流,稳定受众群,为变现转化做铺垫。

2. 对于粉丝而言

通过直播连麦,粉丝拥有了与大 V 平等对话的权利,大 V 通过连麦将知识储备以及话题资源进行聚合。通过大 V 提供的内容,粉丝可以不断充实自我,实现内容上的共享与交流上的平等。此外,连麦使粉丝拥有更加真实的参与感和更实时直接的互动感,从而获得更佳的直播体验。

三、微博超话

(一) 微博超话发展状况

2016 年,微博超话的概念被提出,它衍生于微博话题,是内嵌于微博的二级社区,与话题相比,微博超话更加垂直于特定圈层。2019 年,在推出三年之后,超话的大 V 开通数已近万,日活跃用户数步入千万级。如果将超话的运营模式按纵横两个方向拆分,其横向上是在吸纳用户以打造"圈子",纵向上则是在单个超话内垂直发展"圈子"。

截至 2021 年,超话社区一共有 48 个分类,包括常见的明星、游戏、动漫,以及小众一些的曲艺、科普和收藏等。从某个领域出发,超话可以涵盖与之有关的各个层面。以电视剧超话为例,超话按照地区分为内地剧、港台剧、日韩剧、东南亚剧和欧美剧(图 6-16)。在日韩剧的小圈子内,用户又可以根据自己的喜好,分别进入具体剧集的超话。因而,超话既可以实现数量上的持续繁衍,也能保证话题的精准定位。

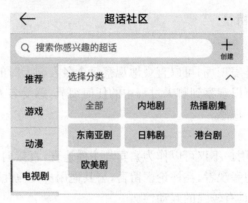

图 6-16　电视剧超话分类

超话的设置可以泛化,也可以精细,比如针对一门语言,可以建立一个超话,而针对这门语言的某个考试,也可以建立一个更加精细的超话。针对一个新的作品,例如一本书、一部剧,都可以开设新的超话,这就实现了超话数量的不断增加。同时,超话内粉丝的兴趣点也更趋一致,更有利于相关信息的发布和传播。

除了帮助用户找到根据地,在一定程度上,超话社区也能帮助用户规避公共舆论场的喧嚣。它对内可完善社区属性,对外可连通微博公共舆论场,由内而外,形成一套完整的生态体系。这套生态体系是提高用户黏性的利器,也为微博更精细化的商业变现提供了可能。

在超话中,用户自发建立、讨论话题,用户较强的黏性可以保证话题源不断地产生,使得超话拥有较高的活跃度。这与公众号或大 V 账号的运营机制不同,不需要运营者自己提出话题,就可以保证话题的持续更新,赋予用户更多传播信息的权利。

(二) 微博超话的特性

1. 话题精准性

超话是"超级话题"的简称,建立在"话题"的基础之上。将"话题"升级为"超级话题",需具备两个基本条件:① 申请开通超级话题人数达 200 人;② 话题具有持续讨论性。超话促使拥有共同兴趣爱好的用户聚集在一起,就某个精细的兴趣点展开讨论,在这个空间内,用户可以针对特定话题,精准地创作内容。

2. 交流互动性

超话社区是一个带有"虚拟社区"性质的产品。在对共同话题感兴趣的基础上,成员可以在超话内部,对这一话题的相关内容展开讨论。在讨论的过程中,超话成员可以带话题发帖,其他成员可对该帖进行转发、点赞、评论等操作,这些功能使超话具有很强的交流互动性。

3. 管理严格性

超话社区官方设置了整体的超话规则。在每一超话内部，会根据超话具体特征，由主持人、小主持人设置更加细致的超话规则。主持团队会对超话内部的帖子进行审核，违规帖会被删除、屏蔽或拉黑。而申请超话主持人、小主持人的条件比较严格，对用户的超话等级、发帖数量等都有要求。

4. 用户黏性高

超话内有签到、粉丝等级等功能，用户进行签到、发帖等操作可获得积分，积分可用于超话打榜，打榜积分会被记入贡献榜，连续签到还可获得"铁粉"等标识。用户完成操作任务，可获得超话经验，升级超话等级，达到 12 级的用户可申请"粉丝大咖"的黄 V 认证。用户为了这些标识和称号，会持续在超话内活动，增强了超话社区的用户黏性。①

（三）超话的营销价值

超话最初兴起于饭圈，是饭圈进行追星的重要工具。如今，这一开放自由的"虚拟社区"不仅是重要的饭圈营销平台，越来越多的产品也开始利用微博超话开展营销。超话的营销价值主要体现在以下四点：

1. 有效聚集高忠诚度粉丝

开通超话的条件之一是申请人数达到 200 人，因此超话在开通时，要有一定的粉丝基础。加入超话的用户，基本都是对某一产品、品牌、明星、话题等认同且具有较高兴趣的忠实粉丝。对于饭圈超话而言，超话是内嵌于微博的二级社区，粉丝在使用时无需转换平台，这为粉丝追星带来了便利。对于产品粉丝而言，微博中也可以添加产品、商品平台的链接，用户点击即可实现应用跳转，方便用户进一步了解产品，购买产品。

2. 内容交互的商业性

超话内的粉丝交流，有利于商业信息的传播，因此微博超话是开展产品的社群营销的优良平台。尤其在明星超话中，由于偶像效应的影响，一些其他用户不感兴趣的广告、促销等信息，放在明星超话内，反而会引起粉丝的讨论、扩散及二次创作，这体现了超话中内容交互的商业性。在明星代言某品牌或产品后，粉丝也会涌向相应的品牌、产品超话，进一步增强产品的宣传效果。

3. KOL 粉丝引流及销售变现

KOL 的超话是忠实粉丝的聚集地，也成为 KOL 代言商品信息的传播阵地。通过 KOL 本身的粉丝号召力，超话能够以较低的成本，实现粉丝引流及销售变现。明星代言某品牌或产品后，粉丝会对产品进行讨论和宣传，进而吸引更多的粉丝参加相关活动，并催生实际购买行为。另外，消息灵通的粉丝也会在超话内发布购买信息，粉丝购买产品后，还会纷纷在超话内晒单，这就实现了销售变现。

4. 发挥舆论引导作用

在超话内，主持团队会对粉丝发布的内容进行把关，并会发帖进行引导，以净化超话内的舆论。在产品超话中，不允许出现抹黑产品、贬低产品质量的言论。在明星超话中，当偶像面对舆论攻击时，粉丝会在超话内沟通好"反黑"方式，到微博、贴吧等平台进行舆论争辩，

---

① 黄舒铃. 基于"使用与满足"理论的超话社区运营[J]. 视听界，2021(1): 64-67.

在这个过程中,超话发挥着舆论引导作用。

(四) 超话引起的争议性事件及其整治

1. 争议性事件

由于不同超话有各自的内部文化,当超话之间产生交集,可能会出现矛盾与冲突,这一点在饭圈中尤为明显。不同偶像的粉丝群体有着各自的饭圈文化,饭圈与饭圈之间粉丝文化的差异,容易引起争议性事件。这种争议性事件能够形成所谓的"热点",引起大众关注,吸引更多非超话内部的用户参与,带来巨大流量。[①]

2. 微博整治

针对超话暴露出的一些问题,2021年,中央网信办进行了多次专项整治,以维护超话社区生态,改善超话环境。

(1) 饭圈治理。为制止应援打榜、刷量控评、互撕谩骂等"饭圈"乱象,2021年"清朗"系列专项行动中,"饭圈"乱象成为治理重点,中央网信办下达了关于进一步加强"饭圈"乱象治理的通知。数据显示,2021年7月至9月,"饭圈治理专项"共清理违规微博近5万条,关闭违规超话5290个,处置违规账号近1.3万个。

(2) 清朗行动治理。为有效遏制网络乱象滋生蔓延,中央网信办部署开展"清朗"系列专项行动,"清朗"行动也成为2021年度中国媒体十大流行语之一。8月28日以来,配合"清朗行动治理专项"永久封禁1175个违规采编发布新闻和恶意营销的账号,对153个头部自媒体账号做禁言1个月至永久禁言处理。

(3) 未成年人保护。为了在网络环境中保护未成年人的合法权益,"未成年人保护专项"共清理相关违规微博110万余条,解散超话5000余个,驳回违法违规广告2570个。[②]

(五) 超话运营策略

如图6-17所示,良好的超话社区运营,需要依靠几个关键要素的协同作用,运营者应关注对于这些要素的处理是否得当。

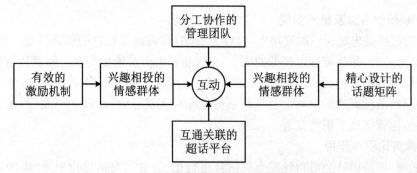

图6-17 超话运营的关键要素

---

① 陈青. 新浪微博超级话题社交平台的粉丝营销价值与策略探析[J]. 新闻知识,2018(10):63-67.
② 微博. 2021年微博第三季度财报[R/OL]. https://weibo.com/1644114654/L11IC1vN6.

1. 兴趣相投的情感群体

相同的兴趣爱好是超话建立的基础,通过在超话交流、讨论信息,超话成员可以获得群体归属感和认同感。在超话中,传播者和受众的身份没有明确界限,可以灵活转换,同时,内容的发布者、传播者也可以去浏览他人生产的内容。兴趣相投的情感群体聚集在一起,更能增加话题热度,引发更高关注。

2. 互通关联的微博超话平台

微博平台有"关联超话"功能,一个超话可以关联多个相关的超话和话题,超话阅读量的计数,不仅包含超话本身的阅读量,还会将关联的超话和话题的阅读量计算在内。因此,在超话运营的过程中,应合理利用关联超话和话题的功能,将超话与其他有关的优质超话和话题相关联,同时也要注重被关联超话和话题的曝光和引流。

3. 有效的激励机制

超话平台会按照活跃度,对同一类型的超话进行排名,排名会产生对比效果,而超话成员往往有很强的竞争意识,因此,微博超话排行榜具有很强的激励作用。虽然微博明星超话排行榜已被取消,但超话的发帖量、粉丝量,仍然以明确的数据显示在超话页面上。运营超话时,应合理利用类似的有效激励制度,增加发帖数量,提高发帖质量,并通过点赞、评论和转发等方式,提高帖子的曝光度。

4. 分工协作的管理团队

每个超话都有自己的运营团队,由超话的主持人和小主持人等组成,他们负责监管发帖情况,并带动超话成员进行互动交流。在超话运营中,应对主持人和小主持人设置一定要求,从而选择出能够分工协作、合理运营超话的管理团队。

5. 精心设计的话题矩阵

超话中发布的帖子一般都带有话题,只有设置合适的话题,并合理利用话题,才能使超话及其所指代的事物(比如明星、书籍、影片等),吸引更多人的关注。话题并不是孤立存在的,话题与话题之间也存在着联系,打造合理的话题矩阵,可进一步增加超话的关注量。[1]

第三节 案例三:短视频平台

一、短视频发展状况

经过近几年的迅速发展,短视频在媒介生态中的地位日渐稳固。CNNIC 数据显示,截至 2022 年 6 月,通过短视频平台、微信、电视等各渠道观看短视频的网民占比高达 91.5%,

---

[1] 董晓晴,王艳丽,刘彦君,等. 明星微博超话社区运营关键要素对科学传播微博超话社区的启示[J]. 科技传播,2021,13(2):133-136.

但用户规模增速明显放缓。①

作为一种移动化、碎片化的传播形式,短视频黏合了用户的碎片时间。如今,短视频已经逐渐渗透到了用户生活的各种场景。如表6-8所示,短视频的各场景使用比例全线增长,其中选择在"平常休闲时"观看的短视频用户仍居首位,占比上升至71.4%。

表6-8 短视频用户观看短视频场景比例变化

年份	平常休闲时	晚上睡觉前	乘坐交通工具出行时	排队等候的间隙	其他任何有空闲的时候	看电视时
2021年	71.4%	61.3%	40.7%	39.1%	30.7%	20.7%
2020年	65.1%	43.3%	32.3%	26.9%	26.3%	13.6%

(引自CSM《2021年短视频用户价值研究报告》)

除了短视频App,微信、微博等新媒体平台也纷纷开发视频号功能,加码短视频赛道。而随着短视频的观看渠道越来越分散,用户对短视频的使用时长进一步增长。如图6-18所示,2021年,日均收看短视频超过1小时的用户占比增至56.5%,首次过半;用户短视频日均使用时长也由2020年的76分钟,增至2021年的87分钟。②

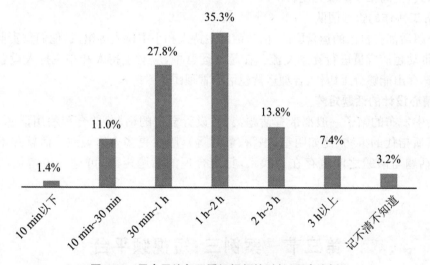

图6-18 用户平均每天看短视频的时长(用户比例)
(引自CSM《2021年短视频用户价值研究报告》)

---

① 中国互联网络信息中心. 第50次中国互联网络发展状况统计报告[R/OL]. http://www.cnnic.net.cn/NMediaFile/2022/0916/MAIN1663313008837KWI782STQL.pdf.
② CSM. 2021年短视频用户价值研究报告[R/OL]. https://mp.weixin.qq.com/s/JcRKhxS2c2MpueGQEllqZg.

二、抖音

（一）抖音发展状况

抖音短视频是中国的一款短视频社交软件，由字节跳动公司开发，于 2016 年 9 月上线，以"适合中国年轻人的音乐短视频社区"为定位。在抖音中，用户既可以录制短视频，又能上传设备中已有的视频、照片等。拍摄视频时，用户不仅可以轻易完成对口型等操作，还能使用美颜、特效、滤镜等功能。

如表 6-9 所示，抖音及快手在短视频领域的头部优势明显，抖音虽比快手起步晚，但追赶势头明显，入驻 KOL 数量不断增加，带货推广情况良好，成为用户最多的短视频平台。

表 6-9　2021 年 10 月中国短视频 App 活跃用户数据

App 名称	月活跃用户（亿）	月活跃用户环比
抖音	6.74	2.87%
快手	4.25	0.86%
西瓜视频	1.72	−2.48%
快手极速版	1.52	2.50%
抖音极速版	1.09	2.86%
抖音火山版	0.97	−3.73%
好看视频	0.74	−5.79%
微视	0.32	−6.51%
央视频	0.15	−6.40%
美拍	0.10	−2.10%

（引自易观千帆《2021 年 10 月短视频 APP 用户洞察》）

2017 年 5 月，字节跳动推出抖音国际版品牌——TikTok，投入上亿美元进入海外市场。"TikTok"是指时钟滴答的声音。TikTok 在美国市场的 App 下载量和安装量曾跃居第一位，并在日本、泰国、印度尼西亚、德国、法国和俄罗斯等国家多次登上当地 App Store 或 Google Play 总榜榜首。

（二）抖音与抖音火山版

2020 年 1 月，火山小视频和抖音宣布品牌整合升级，火山小视频更名为抖音火山版。而抖音火山版与抖音的主要区别如表 6-10 所示。

表 6-10　抖音与抖音火山版对比

维度	抖音	抖音火山版
社交属性	视频分享	视频分享+交友
内容	以流行歌曲、舞蹈视频、游戏视频为主	以幽默视频为主,许多视频与生活小技巧有关
受众	流行歌曲、游戏视频等主要内容更受年轻人喜爱	受众群体一般为 30 岁左右的人
商业属性	视频本身没有盈利性质,但抖音有快速吸粉的优势,用户可通过抖音直播吸引粉丝获得主播礼物	发布视频可以获得火力值,通过原创视频获得的火力值可以通过交换套现
城市定位	一二线城市	定位于下沉市场,即三四线城市

(三) 短视频的特殊价值

1. 短视频平台成为突发性事件的首发平台

由于短视频的拍摄、制作及发布过程简便快捷,门槛较低,人们可以随时随地在平台上发布自己的所见所闻。对于主流媒体而言,报道的发布需要遵循一定的制作和发布流程,与短视频相比,在时效性方面不占据优势。置身于突发性事件现场的人会通过视频形式记录现场状况,第一时间发布至短视频平台供他人了解。近年来,许多突发事件现场的信息首发都源自短视频平台,例如东航 MU5735 航班事故、四川泸定地震等事件的一手信息和相关讨论都首先在短视频平台产生。可以说短视频平台在帮助公众更迅速地了解突发性事件方面起到了重要的作用。

但是,短视频对于突发性事件的报道存在局限性和负面影响。首先,短视频呈现的内容是碎片化的,不利于公众对完整事件的了解。其次,拍摄视频的人往往不具备专业的摄影技能,拍摄的视频质量较低。此外,短视频平台也是谣言的滋生地,在主流媒体还未发布官方报道前,很多用户会依据自己的主观猜测发表言论,有的用户甚至会恶意散布谣言造成社会恐慌。因此,主流媒体在舆论引导、梳理事件发展、深度分析事件原因等方面,仍发挥着重要作用。

2. 短视频提升流行音乐的传播力和影响力

值得强调的是,流行歌曲在抖音短视频中的地位举足轻重。抖音开发之初就定位为音乐短视频软件,音乐始终是抖音的特色。近年来,抖音"神曲"不断走红,抖音作为短视频头部平台,带火了许多"神曲",如《野狼 disco》《学猫叫》等。很多歌曲经过抖音传播后,播放量大幅提升。用户听到"神曲"后,不仅会在抖音进行二次传播,还会去音乐软件搜索完整歌曲,抖音"神曲"的传播力和影响力不断被放大。

随着数据分析等技术手段的发展,音乐已经实现批量化生产制作。只要有一首歌在抖音平台爆火,就能达到流量收割的目的。短视频碎片化的特点更符合当前网络用户的信息消费习惯,将节奏快、旋律洗脑的抖音"神曲"高潮部分,作为短视频的 BGM,更容易引起用户的注意。而此类音乐的传播往往有网红的参与,表演者的流量配合话题的热度,助推抖音"神曲"实现裂变式传播。

然而目前,抖音"神曲"呈现出过度娱乐化的倾向,不仅有碍于正确价值观的引导,还对音乐文化市场和大众审美造成了冲击。运营者应对抖音"神曲"的内容创新及价值观的引导予以重视,通过高质量的抖音"神曲",实现更加长远的引流效果。①

(四) 抖音运营成功的原因

抖音被称为当前短视频行业的领头羊,2021 年上半年,抖音日活跃用户上涨了 2 亿。抖音的成功主要有以下三点原因:

1. 火山版助推下沉战略,与抖音实现互补发展

一二线城市与下沉市场并轨,是抖音实现日活跃用户快速增长最重要的原因之一。火山小视频本身就对标快手,主攻下沉市场,即三四线城市。与抖音打通之后,得到了内容、运营等方面的加持。目前,抖音火山版在东北三省的用户偏好度尤为显著,逐渐渗透进快手的大本营。

2. 引爆口碑的"运营策略"

疫情期间,字节跳动花费 6.3 亿元买下《囧妈》播放权,在今日头条、西瓜视频、抖音等平台,免费为用户提供观看服务。这种"运营策略"能够在全国范围内引爆用户口碑,让其他竞争对手黯然失色。抖音的这一服务远远超出了用户的期望,增加了用户的愉悦感以及对平台的信任感,同时也吸引新用户不断涌入。

3. 积极搭建电商直播舞台

直播是抖音的重要抓手,尤其在新冠疫情期间,电商直播需求激增,抖音的直播和电商业务快速构建起来。疫情期间,抖音多次发起"市(县)长进直播间""战疫助农""援鄂复苏计划"等活动。此外,抖音还不断引入明星进行直播带货。抖音利用流量的规模效应,迅速建立起用户对抖音直播带货的认知,为自家电商业务的迅速崛起打下基础,并于 2020 年 6 月正式成立电商业务部,旨在提升电商业务竞争力。

(五) 下沉市场对于短视频发展的重要性

所谓下沉市场,是指三线以下城市、县镇与农村地区的市场。过去,对下沉市场,企业大多是持有刻板成见的,认为下沉市场似乎消费能力偏弱、购买力较低。但对短视频行业来说,下沉市场却有很大的发展空间。

数据显示,截至 2022 年 6 月,我国网民规模为 10.51 亿,其中农村网民规模已达 2.93 亿,占网民整体的 27.9%,城镇网民规模为 7.58 亿,占网民整体的 72.1%,其中很大一部分来自三四线城市。我国城镇地区互联网普及率为 82.9%,农村地区互联网普及率已达 58.8%,如图 6-19 所示。

随着互联网普及率的稳步提升,以及互联网基建环境的改善,无论身处一二线城市,还是三四线城市,无论身处城镇还是农村,都能够通过电子设备享受无差别的网络服务,这为短视频开拓下沉市场,奠定了完备的硬件基础。同时,短视频是一种可供用户消遣闲暇时光的内容消费方式,三四线城市以及农村的生活节奏较慢,业余娱乐活动也不够丰富,使得短视频在下沉市场拥有巨大潜力。

---

① 王代栋. 从消费主义和传播游戏视角审视抖音"神曲"的走红[J]. 西部广播电视,2021,42(9):101-103.

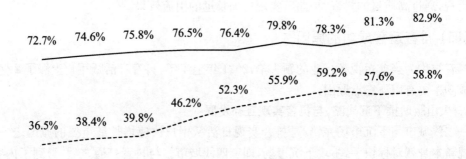

图 6-19　城乡地区互联网普及率

（来源：CNNIC《第 50 次中国互联网络发展状况统计报告》）

快手最初就定位于下沉市场，合理利用了下沉市场中短视频发展的空间。快手在下沉市场占据庞大用户，引起了其他短视频平台的重视。比如，抖音就与火山小视频进行品牌整合升级，将火山小视频更名为抖音火山版，主攻下沉市场，与快手在下沉市场展开激烈的竞争。互联网的赋能以及消费水平的提升，使下沉市场焕发出巨大潜力，有待于短视频平台的进一步开拓。①

第四节　案例四：社区类 App

新媒体时代，用户的兴趣爱好不断垂直细分，原本碎片化的个体，逐渐被各类新媒体平台聚集起来，形成具有某种同质性的群体，这类群体就叫做社群。这里所说的同质性，指用户拥有共同的兴趣、价值观以及需求等。针对这种趋势，越来越多的 App 开始精耕社群运营，此类 App 被称为社区类 App，主要有知识类社区、兴趣类社区以及生活方式类社区等。本节主要介绍 B 站和豆瓣。

一、B 站

（一）B 站发展状况

bilibili（哔哩哔哩）又被称为"B 站"，是一个以视频为主要内容形式的潮流文化娱乐社

---

① 覃芹，刘大明. 试论网络短视频下沉市场策略：路径、原由及反思[J]. 湖南社会科学，2021(2)：122-128.

区,也是许多自媒体人成长的重要平台。这些自媒体人在 B 站中被称为 UP 主。"弹幕"最初是 B 站的一大特色,使 B 站成为许多网络热词的诞生地。同时,"弹幕"可以超越时空的限制,为不同时间、不同地点观看视频的用户,搭建起奇妙的"共存"关系,打造一种虚拟的社群观影氛围。此外,B 站中许多 UP 主也会借助热门"弹幕"抢占粉丝,不断放大 IP 的宣传效果。①

如表 6-11 所示,2021 年第三季度,B 站的用户日均使用时长高达 88 分钟,创历史新高。日均视频播放量为 23 亿,同比增长 77%,月均互动数首次突破百亿,高达 102 亿次,同比增长 86%。由以上数据可以看出,B 站有较高的用户活跃度,并且黏性较强,越来越多的用户喜欢通过 B 站,以视听语言的形式进行内容创作及互动。②

表 6-11 B 站 2021 年 Q3 数据

月均互动数	用户日均使用时长	日均视频播放量
102 亿次	88 分钟	23 亿次
同比增长 86%	/	同比增长 77%

(引自哔哩哔哩《2021 年哔哩哔哩第三季度财报》)

(二) B 站流量特点及走势

1. B 站的流量特点

(1) 分发逻辑折中。B 站采用的流量分配逻辑较为折中,既不唯算法论,又不是纯社交推荐。其分发机制既依靠兴趣推送,又依托粉丝关系,对新人 UP 主更为友好。

(2) 用户黏性较强。UP 主通过持续创造优质内容,保持和用户的互动,与粉丝之间具有较为紧密的社交关系,同时依托 B 站流量分配的特点,该平台具有强圈层性。

(3) 用户群年轻化。B 站普通用户及 UP 主以 Z 世代用户为主,覆盖了中国互联网用户群中最年轻的群体。如图 6-20 所示,B 站 UP 主中,有 87% 的 UP 主不超过 30 岁。

(4) 内容趋于主流。B 站最初的内容以动画、COS、鬼畜等二次元文化为主。现在 B 站越来越具有包容性,UP 主会分享美食、旅行等多元化内容。B 站中有许多学习类视频,越来越多的用户将 B 站作为学习工具。B 站内容逐步迈向大众化、主流化。

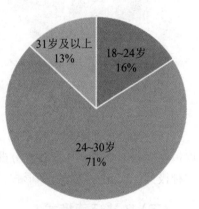

图 6-20 B 站 UP 主年龄分布
(引自哔哩哔哩《2021 B 站创作者生态报告》)

(5) 私域流量庞大。受益于 B 站用户圈层化、黏性高的特点,许多 UP 主拥有私域流量,并且会采用 QQ 群、微信群等作为流量池,通过高频度的互动交流,不断提升粉丝黏性。

2. 平台流量走势

(1) B 站留存 UP 主将收获更多流量。数据显示,B 站月均活跃 UP 主数量,逐渐由上升转为下降趋势。但在此背景下,日均视频播放量仍然稳步增长。如此,坚持活跃于 B 站、

---

① 叶龙. 从零开始学新媒体运营推广[M]. 北京:清华大学出版社,2017.
② 哔哩哔哩. B 站 2021 年第三季度财报[R/OL]. https://mp.weixin.qq.com/s/48-S664yY9kG3_5gt_JPYQ.

坚持创作的 UP 主或将收获更多的流量,B 站流量呈现出"剩者为王"的趋势。

（2）B 站中的 UP 主多为"萌新"。如图 6-21 所示,B 站中大部分 UP 主的创作时长较短,不超过两年,拥有超过三年创作经历的 UP 主仅占 17%,近六成 UP 主为创作时长不到一年的"萌新"。

（3）重视直播,不断拓展直播场景。近几年,B 站的主播数量持续高速攀升。数据显示,2018 年底至今,月均开播主播已经增长了 3 倍。B 站通过优化 UP 主直播工具、买断英雄联盟 2020—2022 年的 S 赛独家直播权等方式,不断加码直播。

如图 6-22 所示,B 站中进行常态化直播的 UP 主仅占 12%,还有超过半数 UP 主从未直播过,可见 B 站直播还有很大的发展空间。

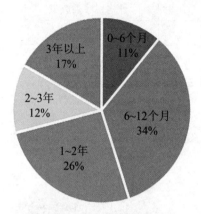

图 6-21　B 站 UP 主创作时长
（引自蓝鲸浑水《2020 哔哩哔哩流量
生态白皮书》）

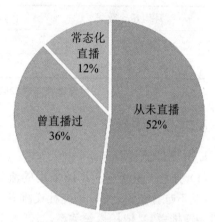

图 6-22　B 站 UP 主直播经验
（引自蓝鲸浑水《2020 哔哩哔哩流量
生态白皮书》）

（4）虚拟主播崛起。技术的加持使虚拟主播在 B 站中逐渐崛起,并且很受用户欢迎。虚拟主播能以虚拟 UP 主的身份投稿,互动数据更高,变现生命周期更长。而且,虚拟主播这种极具二次元特色的直播形式,与 B 站氛围十分契合,有良好的发展前景。①

（三）B 站运营模式

在 B 站中,UP 主以兴趣为激发点,通过创作兴趣内容吸引用户,激发与用户之间的共鸣,与用户建立情感和价值上的认同。通过与用户之间的互动交流,推进了用户对于 UP 主的长期信赖感。品牌通过介入 UP 主的内容生产中,联合 UP 主共创优质内容,将用户对 UP 主的深度共鸣,转化为对品牌的信任,从而实现商业变现,如图 6-23 所示。

随着新媒体的不断发展,用户对千篇一律的模板化内容营销逐渐疲倦,有价值的内容、个性化的创意、共通的情感和价值共鸣,才能真正吸引用户,实现变现。B 站中多元化的兴趣内容以及每个 UP 主别出心裁的表现手法,构建了日益丰富的内容营销共创生态。品牌可借助 UP 主的脑洞,丰富产品的推广形式,使产品概念不断丰富和拓展,主要可以通过以下三个方式实现吸粉和引流。

---

① 蓝鲸浑水. 2020 哔哩哔哩流量生态白皮书[R/OL]. http://www.199it.com/archives/1250438.html.

（1）多表现形式。B 站中有许多细分圈层，品牌可以联合 UP 主，通过对细分圈层的目标用户进行分析，延伸出独特的表现手法。目前 B 站出现了很多内容表现形式，如测评、仿妆、脱口秀等。而某 UP 主在为某品牌进行营销时，打破了美妆品牌传统的测评、试色等方式，耗时 60 天，使用 68 个易拉罐，仿制了整套苗族头饰，这与某品牌的苗族印象系列彩妆形成了巧妙的呼应，诠释了品牌的公益特色，并展现出苗族文化的魅力。该 UP 主的这一视频播放量已经达到 232 万，她通过"手工"的表现形式，达到了营销目的。

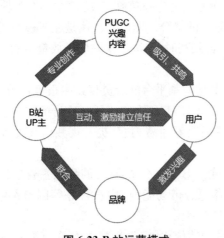

图 6-23 B 站运营模式
（引自新榜研究院《2020 年 B 站 UP 主价值研究报告》）

（2）多兴趣领域。如今，用户的兴趣爱好逐渐呈现出多元化、跨圈层的趋势。数据显示，B 站用户人均每月会观看超过 20 个分区的兴趣内容，品牌可通过多个兴趣面与用户进行更全面的触达、更深入的沟通，吸引更多圈层的粉丝，实现商业变现。

（3）多创作主体。B 站中，除了 UP 主以外，用户和品牌方也可以参与到内容的生产和制作当中。通过多方内容共创，我们不仅能够丰富视频内容，还能够渗透进多个圈层，增强内容的传播力和影响力。主要可以通过三种合作方式进行内容共创，如表 6-12 所示。①

表 6-12 B 站创作主体合作方式及优势

合作方式	优　　势
UP 主＋用户	UP 主创作视频传达产品定位、使用场景、产品特点等信息，用户及时发布弹幕评论进行补充，使用后的感受更有说服力
UP 主＋UP 主	多位 UP 主联合投稿，不仅丰富了内容创作维度和表现手法，还可覆盖不同 UP 主、不同圈层的粉丝，内容渗透性更强
UP 主＋品牌	UP 主与品牌进行内容共创，用户观看视频后可一键关注品牌账号，沉淀私域流量，实现流量变现

B 站虽然已经进入大众视野，成为主要的在线视频平台之一，用户数量庞大，但在盈利方面，B 站近几年处于持续亏损的状态。虽然 B 站也开拓了游戏、直播、大会员等业务，但盈

---

① 新榜研究院. 2020 年 B 站 UP 主价值研究报告[R/OL]. http://www.199it.com/archives/1198704.html.

利效果甚微,主要有以下几点原因:

(1) 自媒体视频较多,付费模式开展困难。与其他在线视频平台不同,B站中聚集了很多UP主,很大一部分内容是由自媒体创作的。但当今网民并未形成自媒体付费习惯,甚至对于自媒体的收费行为感到厌烦。人们了解电影、电视剧、综艺的制作成本较高,愿意为长视频付费,但对B站中的中视频制作过程并不了解,某种程度上认为UP主与自己都是平台的用户,因此不愿意为自媒体制作的视频付费。

(2) 广告投入少。不在视频内容中投放硬广是B站的经营理念,B站的收入中,广告占比较少,是所有营收中相对较低的部分。而广告往往是在线视频平台非常重要的收入来源,在其他视频平台依靠投放广告盈利时,B站广告的低投放量虽然会提升用户体验,但也为盈利带来了挑战。

(3) 大会员性价比低。其他视频平台的会员权益中很重要的一点就是免广告特权,而B站的大部分视频本身就没有广告,用户不会出于跳过广告的需求主动充值B站大会员,只有在具有提前观看连载内容、免费观看付费内容、提升视频清晰度等需求时才会充值会员,这大大降低了会员的充值率。

(4) 收入模式不稳定。除了B站大会员,B站的盈利主要依靠游戏业务,盈利模式较为单一。游戏业务的竞争较为激烈,市场竞争、用户喜好等因素都会对游戏营收带来显著影响,以游戏为主的盈利模式并不稳固。

因此,B站应该在大会员的性价比、广告投放方案策划等方面进行调整,还应采取手段帮助用户了解自媒体视频制作过程,逐渐养成付费习惯,同时,进一步丰富营收来源,才有可能扭转亏损的趋势,实现持续发展。[①]

二、豆瓣

(一) 豆瓣概况

豆瓣创办于2005年3月,最初是一个以书评、影评为主的社交网站。它创建之初就有了Web2.0时代的特征:众人参与作品评论,共同分享作品资源。它凭借别具一格的传播模式、优良的口碑,将中国SNS(社交网络服务)模式做到极致。

现在,豆瓣是一个以兴趣爱好聚集用户群体、拥有大量优质评论的社交媒体平台,用户通过App、网页、小程序等多种入口,都能进入豆瓣。在豆瓣,用户可以自由分享自己喜欢的图书、电影、音乐等,并且能以评论的形式表达自己的看法,还能够给作品打分。豆瓣由于存在许多关于文艺作品、影片的优质评论,一直深受文艺青年的喜爱,它成了注重精神享受群体的安乐窝,具有极强的用户黏度。

(二) 豆瓣的特点

1. 内容生产由创新型用户主导

豆瓣中的内容一般由对书籍、影视等作品感兴趣的用户提供,这类用户往往有很强的内

---

① 储钰骐. 轻资产模式下对哔哩哔哩盈利模式的探讨[J]. 北华航天工业学院学报,2021,31(3):30-32.

容输出能力。创新型用户生产的优质内容,更加能够引起其他用户的广泛关注,为广大注重精神享受的用户提供了一个海量的、个性化的数据库。

2. 社交与内容并行发展

基于对同类书籍、影视等作品的兴趣,豆瓣用户在生产内容的同时,通过"回应""转发""赞""收藏"等操作,可以与其他用户进行互动。豆瓣独特的操作模式使用户的人际传播更加方便,从而形成强大的人际网络,满足不同用户的社交需求。

3. 承担知识拓展功能

豆瓣用户具有强烈的信息需求和求知欲,通过影评、书评等形式的交流,用户在豆瓣中能够找到志同道合的伙伴,也能搭建起新的知识链条。越来越多的用户将豆瓣作为一种学习工具,它肩负起了用户知识拓展的职责。[①]

(三)豆瓣的营销方式

1. 豆瓣读书导流的分成

豆瓣凭借豆瓣读书吸引了最初的用户。用户可以在豆瓣读书中分享书目、撰写评论。相应书籍的界面中会给出当当网、亚马逊等平台的购书链接,还具有比价功能供用户参考。通过导流,豆瓣可以从购书平台获得分成。但随着大众图书消费习惯的改变,豆瓣在读书导流上获得的盈利逐渐减少。

2. 品牌广告

2011年起,豆瓣开始发布页面广告。豆瓣在选择广告商时较为严谨,只接受知名品牌的广告。除了广告品牌的知名度,豆瓣还对广告品质有极高的要求。豆瓣中基本不会出现动态图、Flash等影响用户体验的广告。

3. 商业化项目

豆瓣会持续推出一些基于自身产品特色的商业化项目。比如豆瓣用户可作为作者,对作品进行定价销售,豆瓣可在销售作品所获的盈利中分成。在豆瓣电影中,用户如果成功售出电影票,也会给豆瓣一定的服务费。

(四)豆瓣的运营困境

1. 商业基因缺失

豆瓣并不像其他互联网公司一样急功近利,如上文所说,豆瓣的广告很注重知名度和质量,不会影响用户体验。此外,豆瓣的功能迭代,主要以用户需求为向导,其中,高质量的UGC具有难以复制的价值。但豆瓣在商业层面发展十分缓慢,由于前期商业基因的缺失,豆瓣的产品逻辑与商业化之间存在难以调和的矛盾,流量变现十分困难。

2. 优质UGC和大众审美之间出现矛盾

豆瓣拥有大量优质的UGC,尤其是最初豆瓣用户数量不多的时候,优质内容的比例很高。但随着豆瓣发展,用户数量越来越多,普通用户的内容生产稀释了优质内容的比例,随之而来的商品、招聘等营销广告也侵害着豆瓣的用户体验。

---

① 沈芮妃. 新媒体环境下SNS社交网络的品牌化运营:以豆瓣网为例[J]. 新媒体研究,2016,2(16):85-86.

3. 豆瓣整体架构碎片化

"去中心化"的豆瓣被细分为多种领域,虽然豆瓣的用户数量庞大,但细分到各个兴趣领域,其用户基数较小且彼此分离,难以拓展泛需求的商业化形态。同时,豆瓣推出的产品呈现碎片化特征,其产品需要按兴趣领域划分,而相应社交会根据地域,划分为小组、同城活动等。分割用户、分割产品、轻运营,让豆瓣的整体架构碎片化,难以传播商业化内容。

(五)豆瓣走出运营困境的措施

1. 充分利用优质内容

目前,互联网产品环境日益污浊,豆瓣中优质内容的优势更加明显,越来越多的用户被优质内容所吸引。豆瓣应继续积累并充分利用优质 UGC,秉持"内容为王"的原则,依靠优质内容走出运营困境。

2. 合理利用兴趣圈优势

"豆瓣小组"功能的上线,为豆瓣带来了巨大流量。在感兴趣的小组中,用户可以畅所欲言,进而在喧嚣的互联网环境中,获取珍贵的归属感。运营者可以开展豆瓣小组圈际内外的线下活动,通过面对面交流,增强小组成员间的信任,建立更加紧密的人际关系,进一步提高豆瓣用户的互动性。线下活动的形式,不仅提供商业化机会,还进一步巩固小组的用户黏性。

3. 发挥口碑营销的强大力量

豆瓣是一个非常成功的 SNS 网站,在口碑营销方面极具优势,具有广阔的发展空间。豆瓣的打分、评论等功能,为注册用户和非注册用户在挑选影片、书籍等作品时,提供了许多富有参考价值的信息。对于出版社和电影厂商而言,能否利用好豆瓣口碑营销的优势将影响到产品的营销效果。豆瓣可顺势而为,通过口碑影响,从多方面挖掘运营潜力。①

第五节　案例五:直播平台

一、直播

(一)直播发展现状

直播并不是新媒体时代特有的产物,传统媒体时代,新闻直播、体育直播等直播形式也十分受大众欢迎。移动互联网的发展和便携式智能设备的普及进一步促进了直播行业发展,直播逐渐成为人们获取信息不可或缺的方式。当前的直播类型非常丰富,根据直播内容,可以划分为电商直播、游戏直播、吃播以及唱歌直播等。②

---

① 王鹏. 完成"用户积累"之后的"变现之困":豆瓣网运营探析[J]. 新闻世界,2015(1):96-97.
② 李俊,魏炜,马晓艳. 新媒体运营[M]. 北京:人民邮电出版社,2020.

近年来,电商、演唱会等直播形式逐渐兴起,为直播行业注入了极大的发展活力。各大平台积极推进直播业务,越来越多的行业加入了直播行列,吸引了更多用户。如图 6-24 所示,截至 2022 年 6 月,我国网络直播用户规模达 7.16 亿,占网民整体的 68.1%。

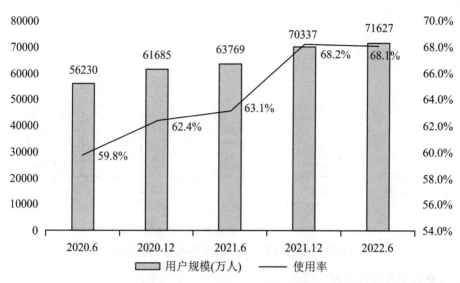

图 6-24　网络直播用户规模及使用率
(引自 CNNIC《第 50 次中国互联网络发展状况统计报告》)

(二) 电商直播

1. 电商直播发展现状

电商直播是指 KOL 推荐卖货,用户在直播间中进行购物的直播形式。直播电商是指以直播为主要营销渠道的电商形式,是数字化背景下直播与电商双向融合的产物。2016 年 3 月,蘑菇街正式上线直播入口,我国直播电商由此起航,2019 年至今正处于爆发期,疫情的发生也促使"宅经济"加速带动新型消费方式的发展。直播电商以直播为手段,重构"人、货、场"三个要素。与传统电商相比,直播电商拥有强互动性、高转化率等优势。

电商直播弥补了传统电商平台中图文信息的缺陷,解决了商品信息显示不足的问题。同时,电商直播通过与用户之间即时的互动沟通,能有效缩短消费链路,使用户购物更加方便快捷。在新冠疫情的影响下,参与到电商直播行列的主体范围和数量越来越庞大,大众对于直播电商的接受程度也明显提高。如图 6-25 所示,直播电商的交易规模还在不断扩大。[①] 我国电商直播的用户规模也在不断增长。相关统计数据显示,截至 2022 年 6 月,我国电商直播用户规模已达 4.69 亿,较 2021 年 12 月增长 533 万,占网民整体的 44.6%。[②]

这里我们需要厘清"直播"与"电商"的关系。一方面,传统电商平台主动拥抱直播这一具有强互动性的工具,以"电商+直播"的形式,推动图文货架式电商向直播电商转型;另一方面,娱乐社交平台力图以电商赋能直播的流量变现,以"直播+电商"的形式,拓展直播的

---

① 易观分析. 2021 上半年直播电商行业洞察[R/OL]. https://www.analysys.cn/article/detail/20020149.
② 中国互联网络信息中心. 第 50 次中国互联网络发展状况统计报告[R/OL]. http://www.cnnic.net.cn/NMediaFile/2022/0916/MAIN1663313008837KWI782STQL.pdf.

营销功能。无论是"电商+直播",还是"直播+电商",归根结底仍是以电商为核心,利用直播的形式,为商家探索拉新转化、实现流量变现开拓新路径。

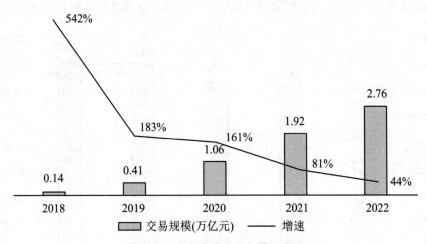

图 6-25 直播电商交易规模及增速
(引自易观分析《2021 上半年直播电商行业洞察》)

2. 直播电商和传统电商

直播电商与传统电商一样,离不开"人、货、场"三要素的结合,不同的是,直播电商对人与场进行了创新,融入主播、MCN 机构等参与者,不断丰富营销场景,推动三要素更为紧密的结合。与传统电商相比,直播电商对"人、货、场"的优化,驱动用户购物体验升级。直播间的购物场景有决策时间短、货品上架速度快、哄抢氛围浓等特点,以低价促销为主要策略,引起消费欲望,激发更多无计划性消费。直播电商与传统电商的主要区别,如表 6-13 所示。

表 6-13 直播电商与传统电商的区别

	直播电商	传统电商
内容呈现	主播试用与用户互动	商品详情及图文信息
属性特征	娱乐+营销	营销
商业逻辑	货找人	人找货为主、货找人为辅
商业价格	价格优势明显 全网最低价、秒杀吸引用户	价格优势较不明显 大型促销日时稍明显些
决定时间	短	长
互动性	强	弱
转化率	较高	较低
带货人	KOL	销售人员

3. 电商直播的优势

(1) 及时展示重要信息。数据显示,人类注意力持续时间已由本世纪初的 12 秒降低至 2015 年的 8 秒。对消费者而言,他们期待能够在短时间内,迅速捕捉到全面的商品信息,而电商直播往往会将最重要的商品信息及时展示出来,符合用户的消费心理。

(2)信息展示立体直观。直播的形式使商品信息的展示更加立体化、直观化,与消费者需求更为契合。一方面,主播对商品全方位的展示,可以有效规避商品详情页的"文字陷阱"与"照骗"风险;另一方面,通过主播对商品的介绍以及对消费者问题的实时互动回答,商品信息实现"语言化",更容易被消费者捕捉和接受。

(3)提高潜在营收增量。通过直播实时互动,商家实现了消费者的高效触达,缩短了消费者的决策时间,有效刺激了消费需求的产生。直播中的优惠价格极具吸引力,"限量""直播间首发"等促销标签以及主播的"种草"能力,使消费者更容易产生购买行为。这些直播策略能够大大提高用户黏性,获得大量潜在的营收增量。

(4)明星效应催生流量变现。网红经济下,电商直播将KOL作为推销人,有利于沉淀粉丝和吸引用户。网红凭借良好的粉丝关系、优质的口播营销水平或者出色的人格魅力,刺激消费者产生购买行为。许多明星也纷纷进入直播间带货,从而加速自身流量变现。

(5)政策扶持助力脱贫。电商直播优势引起了政府部门的关注。特别是在疫情期间,网红线上带货与消费转化的优势凸显,各地政府积极搭建网红与当地企业间的桥梁,助力地方产业的发展。各地政府相继出台扶持直播电商发展的规划与纲要,引入高潜力带货达人,给予优秀主播现金奖励、落户指标或购房补贴。政府对KOL的人才激励,推动市场培育更多优秀的直播人才,为直播电商的发展注入"强心剂"。

(三)游戏直播

1. 游戏直播相关概念

游戏直播:展现主播进行或解说电子游戏、电竞比赛的实时视频内容服务。

游戏直播平台:直播内容以游戏直播为主的网络直播平台。

主播:游戏直播平台中进行直播的播主。

弹幕:直接在直播画面中显示的用户实时评论。

2. 游戏直播发展状况

如表6-14所示,随着虎牙、斗鱼的敲钟上市,游戏直播行业集中度不断加强,并基本确立"两超多强"的整体竞争格局,"两超"指虎牙和斗鱼这两个头部游戏直播平台,"多强"则指企鹅电竞、B站、快手等其他可以进行游戏直播的平台。电竞赛事频繁,游戏用户黏性高,游戏直播具备极强的时效性和观赏性,是游戏直播成为传统秀场以外的第二个独立战场的核心原因。

表6-14 中国游戏直播发展历程及大事记

时间	阶段	特点
2013年之前	萌芽期	电竞游戏催生游戏直播需求; 视频网站与语音平台开始打造直播子系统
2013—2014年	增长期	各平台旗下直播子系统独立运营; 国家"光进铜退"政策提升网速,催生大量主播; 海外Twitch被并购刺激国内资本涌入直播平台

续表

时间	阶段	特 点
2015—2018年	爆发期	直播大战爆发,移动电竞风靡推动游戏直播市场;腾讯入股斗鱼、虎牙,加大对游戏直播平台投资;虎牙敲钟上市,成功登陆纽交所
2019年至今	成熟期	虎牙、斗鱼协议终止,政策监督游戏直播发展;快手、字节跳动等企业持续加大游戏直播投入;英雄联盟手游、原神等热门直播内容陆续出现

随着国内疫情的逐渐好转,疫情中带来的用户增量有所回流,整体用户增速趋缓。数据显示,截至2022年6月,我国游戏直播的用户规模为3.05亿,较2021年12月增长290万,占网民整体的29.0%。[①] 2021年第一季度,虎牙营收同比仅增长8.0%,斗鱼同比下降了5.5%,营收增速明显下降。如图6-26所示,斗鱼的月活跃用户数增速放缓,虎牙的月活跃用户数甚至出现了回落。

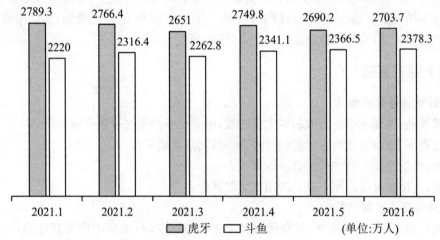

图6-26 虎牙、斗鱼月活跃用户情况
(单位:万人;引自艾瑞咨询《2021年中国游戏直播行业研究报告》)

2019年以来,没有新的独立游戏直播平台成立,说明游戏直播行业已逐渐趋于饱和。但游戏直播作为重要的内容直播赛道,仍具有强大的吸引力。一方面,B站、快手、西瓜视频等平台陆续加入游戏直播的行列,并持续加大投入;另一方面,酷狗直播、Now直播等众多娱乐直播平台,均延伸出游戏直播内容,构建多元化直播内容生态,游戏直播下半场的竞争仍然十分激烈。[②]

---

① 中国互联网络信息中心. 第50次中国互联网络发展状况统计报告[R/OL]. http://www.cnnic.net.cn/NMediaFile/2022/0916/MAIN1663313008837KWI782STQL.pdf.
② 艾瑞咨询. 2021年中国游戏直播行业研究报告[R/OL]. https://report.iresearch.cn/report_pdf.aspx?id=3829.

(四) 慢直播

近年来,慢直播的直播形式逐渐兴起,这一直播形式的特点在于,没有主播,没有后期干预,时间较长,完整真实地展示事件发展状况。我国最早的慢直播可以追溯至2013年,当时Ipanda熊猫频道完整直播了熊猫的生活起居。从2020年"央视频"对火神山、雷神山医院建造过程进行慢直播后,慢直播这一直播形式越来越常见,被应用于气象变化、旅游、学习等各个领域。比如,随着台风"梅花"不断靠近,许多媒体通过慢直播方式带领用户实时了解台风状况,如图6-27所示,澎湃新闻通过将近24小时的慢直播呈现"梅花"的登陆过程。

图6-27　澎湃新闻慢直播台风"梅花"

慢直播形式的兴起,主要有以下几点原因:

1. 5G技术发展为慢直播提供技术支持

由于慢直播时间较长,对于设备和技术的要求较高。5G技术具有高带宽、高速率、低时延等特点,不仅能同时为用户提供不同视角的画面供用户选择,而且直播画面的清晰度和流畅性也得到了大幅提升。在技术加持下,慢直播能够带给用户更好的实时体验。技术支撑是慢直播发展的前提。

2. 符合当下人们对于慢节奏的期待

随着社会压力不断增加,人们的工作、生活节奏越来越快,而紧张、焦虑等情绪需要得到释放,慢直播形式能够帮助人们缓解压力,舒缓情绪。闲暇之余观看旅行、烹饪等形式的慢直播,可以让用户拥有身临其境的感受,足不出户即可享受美景美食带来的治愈感。

3. 满足用户的陪伴、监督等需求

目前,很多直播平台出现了自习室等形式的慢直播,此类直播给予用户陪伴感,即使孤身一人也能感受到很多人与自己一同奋斗。对于一些工程、活动的进展,也可以使用慢直播的形式,供用户进行监督,提升用户的信任度。[①]

[①] 王菁菁. 凝视、监督、陪伴:慢直播的兴起与发展探究[J]. 新媒体研究,2021,7(12):79-81.

(五) 其他直播

除了以上提到的几种直播形式外,在新冠疫情、乡村振兴等背景下,一些其他的直播形式也取得了良好的直播效果。

1. 健身直播

相比于其他的泛娱乐直播,健身直播能够为用户带来实际意义上的帮助,即减脂塑形,维护身体健康。在新冠疫情期间,许多人被封闭在家中,没有办法进行户外运动,健身直播是人们保持健康的重要手段。许多健身博主开直播与粉丝一起运动,既为观众带来了陪伴感和互动感,又能培养粉丝对健身文化的兴趣。

2. 助农直播

党的十九大报告提出了乡村振兴战略,助农直播在其中发挥了重要作用。过去,农村的许多优质产品存在销路窄、产品积压浪费严重的情况。助农直播有助于这些问题的解决,可以向用户展示乡村的良好环境、农产品的生产地、生产过程等,打通产品的销路。近年来,许多乡村干部、政府官员也会出镜助农直播,进一步提升可信度,激发用户的购买欲。

3. 线上演出直播

由于疫情的影响,许多地方无法开展大型的演唱会、音乐会等,为了满足用户的文化需求,音乐播放器、短视频平台等开始挖掘线上演出的价值,使用户足不出户即可欣赏实时现场演出。例如,央视总台与视频号共同推出《这 Young 的夏天》2022 年夏日歌会,随着疫情常态化,此类演出会进一步发展。

二、淘宝直播

(一) 淘宝直播简介

淘宝直播是当前用户数量最多的电商直播平台之一,它通过直播间全方位展示的方式,提供产品的销售和服务,以提高产品销售额以及品牌知名度为目标。淘宝和天猫 App 中都内嵌了淘宝直播,用户可以通过 App 首页、店铺直播等入口,进入淘宝直播。淘宝直播的内容全方位涵盖了服装、美妆、亲子、花鸟等类目。淘宝作为中国最大的电商平台之一,拥有庞大的用户数量,因此淘宝直播本身就拥有良好的用户基础。由于用户具有千人千面的特点,淘宝直播会通过算法分析用户特征,向用户推荐个性化内容。[1]

(二) 淘宝直播运营特点

1. 栏目细分,精细化运营

淘宝直播的栏目囊括用户需求的各个方面,目前共有 19 个频道,不仅有"时髦穿搭""吃货力荐"等需求量高的类别,还有"家乡好货"此类助农频道,如图 6-28 所示。随着大数据技术的发展,淘宝直播推动运营向精细化、个性化方向迈进,在制造商、代理商、商家和消费者

---

[1] 李俊,魏炜,马晓艳. 新媒体运营[M]. 北京:人民邮电出版社,2020.

之间,建立起淘宝直播的产业链。

图 6-28 淘宝直播的频道分类

2. 直播场景丰富,线上线下共同发力

直播场景是决定直播带货效果的重要因素。近几年,淘宝直播在场景营销方面不断探索,产地直播就是很重要的方向之一。2020 年 7 月,淘宝直播生态基地落地广州。2021 年 9 月,淘宝直播在沪首个全品类直播生态基地落地青浦。消费者可通过观看直播,了解货品产地的工厂样貌、货品的制作过程等隐蔽信息,减少了对货品的潜在担忧,这种具有新鲜感、场景感、体验感的带货方式更能吸引用户。

3. 重视明星效应,扶持红人主播

在电商直播中,红人主播一方面会给出商品的具体测评情况,让消费者全方位了解产品,另一方面又通过消费者的关注和平台的引流,不断提升自身影响力。红人主播具有明星效应,能够为平台引入、变现流量,因此,淘宝大力扶持红人主播进行直播带货。[①]

(三)淘宝直播的运营方向

淘宝直播基于对行业的深层洞察和对货品的精准把控,推出了许多发展计划,并不断升级运营方案。淘宝直播大力扶持主播和商家,强化供给端的货品建设,并升级平台合作机制,让主播和商家货品实现更好的匹配,助力直播带货业务进一步高速发展。如图 6-29 所示,通过"淘宝直播计划",我们可知淘宝直播的运营特点和方向。

---

① 韩纬. 电商直播营销的传播现状及发展策略研究[D]. 兰州:兰州财经大学,2021.

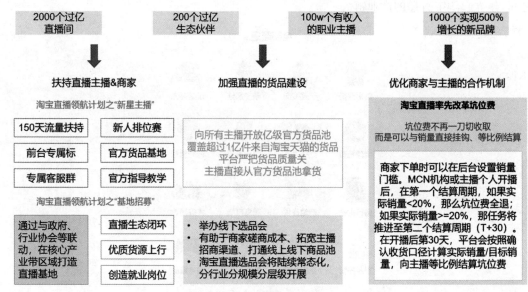

图 6-29　淘宝直播 2021 年计划
(引自易观分析《2021 上半年直播电商行业洞察》)

1. 扶持直播主播和商家

淘宝直播推出领航计划,一方面,通过 150 天流量扶持、新人排位赛、官方指导教学等措施,扶持"新星主播";另一方面,淘宝直播通过与政府、行业协会等联动,将直播基地建设于核心产业带,着力构建直播生态闭环,创造了更多的就业岗位。

2. 加强直播的商品建设

淘宝直播最重要的任务就是将优良的货品以直播形式推销给消费者,货品建设是其中很重要的一环。因此,淘宝直播向所有主播开放亿级官方货品池,并且严格把关货品质量,主播可以直接从官方货品池选品。此外,淘宝直播还会举办线下选品会,比如 5 月就举办了 618 选品大会。这有助于商家磋商成本,拓宽主播招商渠道,打通线上线下商品池。

3. 优化商家与主播的合作机制

淘宝直播率先改革坑位费收取机制,不再一刀切地收取,而是与销量直接挂钩,等比例结算。这是对 MCN 和主播的一种激励,在减少坑位费成本的驱动下,他们会不断优化在直播间中的表现,从而提升销量,降低成本。①

三、虎牙直播

(一) 虎牙直播简介

虎牙直播是一个互动式直播平台,主要围绕游戏产业链,深入拓展平台的内容生态,内容主要包含网游竞技、单机热游、娱乐天地、手游休闲 4 个模块,并已逐步拓展至娱乐、综艺、

---

① 易观分析. 2021 上半年直播电商行业洞察[R/OL]. https://www.analysys.cn/article/detail/20020149.

户外、体育、公益等多个领域,如图 6-30 所示。通过构建完善的版权赛事体系、拓展多元化的自制内容等方式,虎牙正在不断提高平台直播内容的核心竞争力。

图 6-30　虎牙直播全部分类

近年来,虎牙持续深耕电竞内容,其战略布局,如图 6-31 所示。虎牙平台的游戏内容多元化,赛事直播、日常直播共同发展。虎牙汇聚了许多战队,如 RNG、IG 等,也有众多知名签约主播。虎牙积极拓展电竞赛事直播,成为中国唯一一个拥有英雄联盟四大赛区直播权的直播平台。

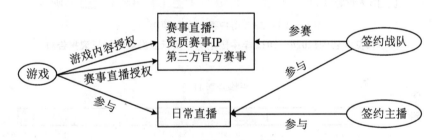

图 6-31　虎牙直播战略布局

(引自艾媒咨询《2020—2021 年中国电竞直播行业发展专题研究报告》)

(二) 虎牙用户特征

1. 用户年轻化

如图 6-32 所示,电竞直播平台普遍呈现出用户年轻化的态势,其中虎牙直播中,95 后用户占比最高,达到 63.7%。年轻用户对新鲜事物持有较高的兴趣,在平台丰富直播内容后,年轻化有利于用户对新内容的接受。

2. 用户黏性强

如图 6-33 和图 6-34 所示,与其他头部电竞直播平台相比,虽然虎牙直播的用户平均观看时长没有斗鱼长,但从虎牙直播用户的平均观看频次较高可以看出,虎牙直播平台的用户黏性更高。

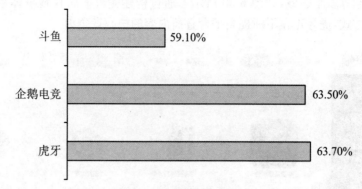

图 6-32 中国主流电竞直播平台 95 后用户占比
(引自艾媒咨询《2020—2021 年中国电竞直播行业发展专题研究报告》)

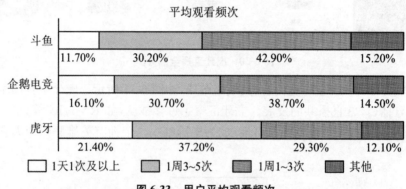

图 6-33 用户平均观看频次
(引自艾媒咨询《2020—2021 年中国电竞直播行业发展专题研究报告》)

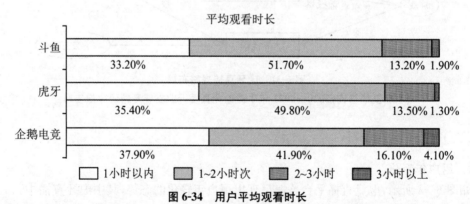

图 6-34 用户平均观看时长
(引自艾媒咨询《2020—2021 年中国电竞直播行业发展专题研究报告》)

除了观看频次和观看时长可以体现出虎牙用户黏性强以外,虎牙用户还倾向于付费打赏,具有高收入、高消费等特征,也会分享直播间,向他人推荐虎牙,如表 6-15 所示。

表 6-15　虎牙用户特征

关键词	占比	特点
年轻化	76.9%	用户年龄在 30 岁以下
高收入	70.9%	用户月收入超 6000 元
高消费	58.3%	用户月消费超 3000 元
黏性强	73.6%	用户每天看游戏直播
	59.2%	用户每次观看超过 1 小时
爱打赏	52.6%	付费用户月打赏超 500 元
爱传播	62.9%	用户会分享游戏直播间
推荐度高	88.4%	用户会向他人推荐虎牙
认可度高	83.1%	用户认可赛事赞助广告

(引自艾瑞咨询《2021 年中国游戏直播行业研究报告》)

3. 用户在生活和网络中均有高活跃度

如表 6-16 所示,虎牙用户是互联网中的活跃人群,在互联网中,虎牙用户除了看直播,还会看短视频、玩网游、追剧等。除了看游戏直播,虎牙用户对电商直播、综艺直播、娱乐直播等其他直播内容的渗透率也很高。此外,在现实生活中,虎牙用户也爱观光旅游、运动健身、购物等。可以说,虎牙用户不仅是互联网中的活跃群体,也是生活中的达人。

表 6-16　虎牙用户互联网活跃度

虎牙用户在网络上还热爱		虎牙用户还看这些直播	
互联网娱乐方式	渗透率	在线直播内容	渗透率
看短视频	89.8%	电商直播	80.4%
玩网络游戏	89.4%	综艺直播	80.0%
看电影/电视剧	84.8%	娱乐直播	78.6%
刷微信/微博	84.4%	美食直播	71.0%
看综艺节目	83.9%	户外直播	65.6%
看体育赛事	76.9%	科技直播	62.8%
看网络小说	76.5%	二次元直播	60.6%

(引自艾瑞咨询《2021 年中国游戏直播行业研究报告》)

(三) 虎牙直播的技术模式

作为国内的头部游戏直播平台,虎牙除了深耕游戏直播内容、培养优秀主播之外,在直播技术上也坚持创新,以技术驱动平台发展,提升用户的直播体验。虎牙通过对科研的积极投入,产出了多项中国专利,在内容分发、AI 技术等方面,不断进行技术创新,巩固了虎牙在游戏直播领域的领先地位。如图 6-35 所示,虎牙打造了"5G+Cloud+X"的技术研发模式,构建起基于 5G 的技术生态环境。①

图 6-35　虎牙"5G＋Cloud＋X"模式
（引自艾媒咨询《2020—2021 年中国电竞直播行业发展专题研究报告》）

（四）虎牙商业运营模式

虎牙在深耕直播业务的同时，也依托技术持续深入发展云游戏、陪玩等业务，打造了多元化的运营生态，为游戏直播进一步赋能，如表 6-17 所示。②

表 6-17　虎牙运营模式

业务	特点
游戏代理发行	虎牙积极布局游戏发行阵地，反向赋能游戏版权方，首次独家代理发行了由柳叶刀科技开发的游戏《边境》
SaaS 解决方案	虎牙联合亚马逊云科技推出"天眼内容安全 SaaS 解决方案"，可以降低运营风险和内容审核成本，提升内容品质
陪玩	虎牙推出陪玩软件，与电竞直播内容相适应，既可帮助用户进行游戏社交，又为一些用户提供一定收入
云游戏	虎牙推出深度定制的云游戏平台 YOWA，让用户可以流畅地跨端运行高配游戏，还能实现用户和主播的实时互动
虚拟主播	虎牙上线 AI 智能助手，帮助主播便捷地生成虚拟主播形象，有效降低直播表达成本，让更多的人有机会加入直播

（引自艾瑞咨询《2021 年中国游戏直播行业研究报告》）

（五）直播乱象

1. 直播低俗内容，盲目迎合受众

虽然主播可直播内容多种多样，但由于直播行业准入门槛低、竞争激烈等原因，部分主播为了达到吸粉目的，开始在直播中展现低俗内容。由于用户与生俱来的猎奇心理，此类内容确实会提升关注度，对主播产生激励，使低俗直播进一步增多。比如，抖音小杨哥就凭借

---

① 艾媒咨询. 2020－2021 年中国电竞直播行业发展专题研究报告[R/OL]. https：//www. iimedia. cn/c400/77484. html.

② 艾瑞咨询. 2021 年中国游戏直播行业研究报告[R/OL]. https://report. iresearch. cn/report_pdf. aspx? id＝3829.

此类内容吸引粉丝,这是不可取的。

2. 以低价为噱头,产品质量严重下降

由于利益的驱动,一些主播在直播带货时夸大其词,与实际产品质量严重不符。有的主播甚至在直播中售卖假货,如辛巴卖假燕窝、廖某卖假奢侈品等。一些直播间在积累了一定的粉丝基础后,产品质量大打折扣,比如李佳琦双十一直播时,售卖的面膜"缺斤少两"。

3. 直播缺乏默契,演习痕迹重

为了吸引更多粉丝,带货主播与明星合作直播的形式越来越常见。但主播与明星之间缺乏默契,往往仅经过简单演习后,就开始直播。这就造成直播时演习痕迹很重,容易出现直播间带货事故,比如辛巴与张雨绮的带货价格之争。

4. 价格不透明,损害消费者权益

现在有很多直播以"源头直播""厂家直销"为噱头,让消费者感到商品物美价廉。然而,很多商品的价格并不透明,商家仍会从自己的利益出发进行商品定价。有时,由于直播助理的一点点失误,比如打错价格,都会改变商品的售价。

第六节 案例六:商品点评平台

随着线上线下消费市场的并行发展,日益丰富的商品及服务置于消费者面前。琳琅满目的电商平台、形态各异的娱乐场所、丰富多样的店铺……这些都使得消费者面临过多选择。为帮助消费者迅速挑选符合自身需求的商品,商品推广性质的点评平台逐渐兴起,典型代表有小红书、大众点评等。小红书主要以"测评""攻略"等形式,为大家种草商品,大众点评则通过打分、点评、排名等形式,帮助消费者了解商品的品质。

一、小红书

(一) 小红书的发展状况

小红书是一个社交电商平台,创办于 2013 年,起初社区内容主要为旅游购物类的指导攻略,后来逐渐成为涉及美妆个护、美食、汽车等各类内容的综合型攻略分享社区。由于刚好顺应中国跨境旅游市场高速上涨的阶段,小红书的发展十分迅速,2014 年开始与电商合作,搭建起集社区分享与消费购物于一体的闭环消费链路。

在小红书中,用户可将产品体验、旅游心得等信息,通过图文、视频等多种方式分享,平台会根据用户兴趣,对内容进行精准高效的推送。小红书高互动、高真实的社区体验,为品牌建立了良好的种草场景,成熟的社区运营是小红书的核心竞争力。目前小红书已成为我国规模最大的商品点评平台,2019 年小红书入选福布斯中国最具创新力的企业。

小红书如今发展势头正猛,平台活跃度很高。如图 6-36 和图 6-37 所示,小红书平台的商业笔记、种草笔记的发布量增长迅速。2021 年 6 月,小红书商业笔记的发布量为 2.8 万篇,对比 1 月净增 1.7 万篇,涨幅高达 149%,种草笔记也明显增多,涨幅高达 74%,商业笔记和种草笔记的发布,大多涉及小红书用户与品牌的合作,小红书内容的商业化趋势明显。

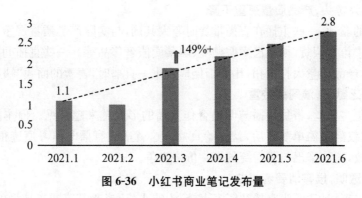

图 6-36　小红书商业笔记发布量

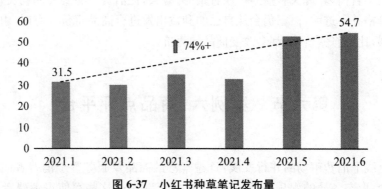

图 6-37　小红书种草笔记发布量

(图 6-36、图 6-37,单位:万篇,引自新榜《2021 上半年小红书营销洞察报告》)

如表 6-18 所示,在小红书商品点评平台中,商业笔记的投放主要集中在美妆、美容个护、母婴育儿等类别,美妆类商业笔记数量是最多的。由平均互动量可以看出商业笔记的投放质量,萌宠、美食和运动健身类商业笔记的平均互动量最高,投放质量最佳。

表 6-18　2021 上半年小红书各类别商业笔记数据

商业笔记数量 TOP3	占比	平均互动量 TOP3	数量
美妆	42.1%	萌宠	1698
美容个护	18.3%	美食	1550
母婴育儿	13.7%	运动健身	1478

(引自新榜《2021 上半年小红书营销洞察报告》)

2021 年上半年,在小红书互动量超过一万的笔记中,有 10% 的笔记是由粉丝不超过 5000 人的"小号"产生的。其中,"影视综"类内容由于具有明星效应,占比最大,接近三分之一。此外,涉及衣食住行的内容爆文率也较高,比如兴趣爱好、美食、家居家装、穿搭打扮等,如图 6-38 所示。[1]

---

[1] 新榜. 2021 上半年小红书营销洞察报告[R/OL]. https://www.cbndata.com/report/2697/detail? isReading=report&page=1.

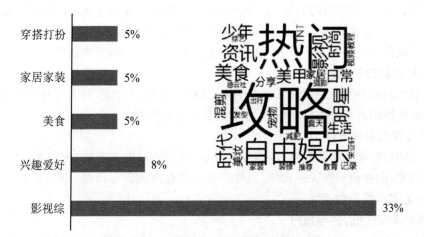

图 6-38　小红书小号爆文类型分布及标签词云
（引自新榜《2021 上半年小红书营销洞察报告》）

（二）小红书的运营特点

1. 创新 UGC 内容分享方式

小红书的发展主要基于 UGC，用户可发布原创文字、图片和视频等内容，分享对于产品、服务等的亲身体验。小红书的内容一般是用户的实际经历和真实感受，这使种草帖中的内容让人感到真实可靠，进而激发用户的消费行为。

2. 用户传播代替商家推销

在小红书中，商家一般不会直接宣传，而是倾向于让商品推广以"消费笔记"的形式呈现，使用户感到真实可靠。小红书中存在大量针对某产品的笔记和评论，基于互联网的便捷性、匿名性等特点，用户会更积极地参与关于商品的讨论，也更容易找到自己心仪的产品。其中一些产品也可直接通过小红书下单，购买使用后，用户又可以在小红书留下自己的使用体验，从而形成体验闭环。

3. 充分利用明星效应

吸引年轻消费群体对于小红书而言十分重要，明星效应能够带来巨大流量。目前，越来越多明星陆续入驻小红书，纷纷化身为美妆达人、穿搭达人进行发帖、种草，小红书由此实现引流，不断拓宽粉丝经济。

4. 美图美文，文案新颖

小红书将用户称作"小红薯"，并将客服称为"薯队长"，这种有趣的称呼拉近了用户与平台间的关系。用户发布帖子时，往往会配上精美的文字和图片，来佐证自己的观点。此外，小红书帖子的标题往往会展示产品最突出的特点及优势，直击用户的心理需求，使用户即刻产生强烈的消费欲望。

（三）小红书运营中存在的问题

1. 虚假宣传多，存在监管盲点

出于盈利的需求，小红书开启了品牌入驻通道。但是，小红书对于品牌的监督管理存在盲点,品牌销售假货等情况时有发生。此外,用户发布的内容会受到商业因素的影响,这使得小红书中虚假、敏感的信息越来越多,尤其对瘦身和美容类产品的虚假宣传十分常见,经常醒目地出现在小红书的宣传页上。此类信息容易误导消费者,影响消费体验。

2. 未对内容分类,信息混杂

小红书的内容分发机制以算法推荐为主,虽然也有搜索功能,却没有对内容进行分类,用户无法清晰地浏览某一类别的信息,平台信息内容较为混乱。

3. 平台定位有局限性

小红书的目标受众主要是女性,信息内容也多以美妆、美容个护、瘦身等女性比较感兴趣的话题为主,但在商品点评平台中,男性群体也存在巨大潜在市场,小红书应进一步寻求定位突破,拓宽男性消费市场。①

4. 图片真实性低,误导用户

小红书作为一个种草平台,图片是用户进行种草的主要工具。很多用户为了达到种草引流目的,会通过 Photoshop、美图秀秀等修图工具对图片进行过度处理,使处理后的图片呈现的内容与事实严重不符。此类图片发布于小红书平台,会对用户造成误导,使用户做出错误的购买、旅行等决定。

二、大众点评

(一)大众点评简介

大众点评于 2003 年 4 月成立,是中国领先的本地攻略及消费平台,也是中国最早建立的独立第三方消费点评网站。该平台不仅为用户提供商家信息、消费评价及优惠等信息服务,还提供餐厅预订、团购、外卖以及电子会员卡等 O2O 交易服务。

(二)大众点评运营特色

1. 满足用户个性化需求

大众点评涵盖了生活消费方面的信息资源,并将信息内容精确地划分为"美食""景点/周边游""酒店/民宿"等模块。各模块中的信息也有进一步细分。比如美食模块,大众点评针对不同的种类和菜系,将美食分为"本帮浙江菜""日本菜""小吃快餐"等,如图 6-39 所示。大众点评通过模块分类、算法推荐等方式,为用户提供极具个性化的信息服务,根据用户的兴趣有针对性地推送信息,满足了用户的个性化信息需求,也实现了商家的精准营销。

图 6-39 大众点评"美食"模块分类

---

① 张思楷. 小红书营销战略分析[J]. 现代营销(下旬刊),2020(10):48-49.

2. 用户共创信息

用户在完成消费后,可以按照自己的意愿,通过大众点评发布对商品、服务等的评价。比起传统的商业广告等宣传手段,口碑效应对消费者来说更加有效。大众点评中基本没有商家的图文广告,只提供商家的地址、电话、优惠等用户真正需要的信息,其评分、排名、详细信息都取决于用户的评价。现在,移动端的大众点评令用户可以随时随地获取、发布信息,口碑效应传播更快、范围更广。

(三) 大众点评的运营问题

1. 信息过于碎片化

由于消费者评论的随意性以及内容本身的发散性,大众点评中信息碎片化程度较高。不同消费者对同种商品或服务的感受不尽相同,使得用户在检索信息时,难以对某一商品或服务做到总体把握和细致了解。

2. 信息来源不一定真实可靠

不同于传统自吹自擂的营销模式,大众点评采取"软性营销"让用户创造信息,平台只对信息进行分类和分发,并不干涉内容本身。但现在,越来越多的商家会雇佣"伪消费者"进行控评,故意给商家好评及高分,使得大众点评中的商家排名可信度逐渐降低,对消费者而言,参考价值大打折扣。

许多用户在吃喝玩乐前会参考大众点评做攻略,大众点评利用用户的"算法依赖"倾向,与某些商家开展合作,将这些商家推荐给用户,对用户造成了一定的误导,损害了用户的权益。

3. 易引起法律纠纷

大众点评平台对用户的评论内容把关不足。虽然不对消费者的评论内容强加干涉,可以保证点评内容的真实性,但由于缺乏约束,用户的评论内容可能会涉及侵权等不良行为,容易引起法律纠纷。[1]

> **本章思考题**

1. 除了本章提及的几个"小程序+"的模式外,你认为小程序还可以与哪些平台或功能进行联动?
2. 请分析当前小程序的优势和劣势。
3. 超话具有饭圈营销价值,你认为在超话中,可以通过哪些方式或手段进行有效的饭圈营销?
4. 请分析微博连麦受欢迎的原因。
5. 短视频影响了哪些领域的发展,请举例说明。
6. 下沉市场对于短视频的发展十分重要,它对其他类型的新媒体平台而言有何意义?请挑选一个新媒体类型进行分析,并给出打通下沉市场的具体建议。
7. B站中,虚拟博主逐渐兴起,你认为虚拟博主有哪些运营优势?

---

[1] 潘珂怡. Web 2.0环境下第三方点评网站的创新服务探析:以大众点评网为例[J]. 中国市场,2016(24):258-259,279.

8. 虽然B站是较受欢迎的潮流文化娱乐社区，但自媒体收费之路艰难，请分析原因。

9. 在游戏直播、电商直播以及唱歌直播等各种直播类型中，都存在直播乱象，你认为哪些手段可以有效治理直播乱象？

10. 请分析慢直播火爆网络的原因。

11. 在各大新媒体平台都追求平台信息模块化的背景下，小红书却一直未对平台中的信息进行分类，你认为这种做法正确吗？平台又是出于哪种考虑未进行该功能的完善？

本章参考文献

[1] 阿拉丁研究院. 2021年小程序互联网发展白皮书[R/OL]. https://eguayn27bz.feishu.cn/file/boxcnAO7cL9QHOeI78AwHuV8M0e.

[2] QuestMobile. QuestMobile2021微信小程序秋季报告[R/OL]. http://www.100ec.cn/detail-6602457.html.

[3] 陈政峰. 新媒体运营实战指南[M]. 北京：人民邮电出版社，2019.

[4] 薛梦雅，石雨萱，韩雨坤. 小程序冲击下的手机APP功能整合方向探析[J]. 传媒论坛，2018，1(20)：21，23.

[5] 百准. 2022微信视频号生态发展研究报告[R/OL]. https://blog.csdn.net/m0_37586850/article/details/123606314.

[6] 李伟，王奕程. "庆祝中国共产党成立100周年大会"直播 重大活动微信视频号直播的传播特征和运营方式[J]. 中国记者，2021(8)：38-40.

[7] 新浪微博数据中心. 微博2020用户发展报告[R/OL]. https://data.weibo.com/report/reportDetail?id=456.

[8] 微博. 东京奥运会微博观赛报告[R/OL]. https://weibo.com/1642634100/Kt02L7oBW.

[9] 微博直播. 微博直播连麦3月盘点月报[R/OL]. https://weibo.com/ttarticle/p/show?id=2309404623663747170576.

[10] 黄舒铃. 基于"使用与满足"理论的超话社区运营[J]. 视听界，2021(1)：64-67.

[11] 陈青. 新浪微博超级话题社交平台的粉丝营销价值与策略探析[J]. 新闻知识，2018(10)：63-67.

[12] 微博. 2021年微博第三季度财报[R/OL]. https://weibo.com/1644114654/L11IC1vN6.

[13] 董晓晴，王艳丽，刘彦君，等. 明星微博超话社区运营关键要素对科学传播微博超话社区的启示[J]. 科技传播，2021，13(2)：133-136.

[14] CSM. 2021年短视频用户价值研究报告[R/OL]. https://mp.weixin.qq.com/s/JcRKhxS2c2MpueGQElIqZg.

[15] 王代栋. 从消费主义和传播游戏视角审视抖音"神曲"的走红[J]. 西部广播电视，2021，42(9)：101-103.

[16] 覃芹，刘大明. 试论网络短视频下沉市场策略：路径、原由及反思[J]. 湖南社会科学，2021(2)：122-128.

[17] 叶龙. 从零开始学新媒体运营推广[M]. 北京：清华大学出版社，2017.

[18] 哔哩哔哩. B站2021年第三季度财报[R/OL]. https://mp.weixin.qq.com/s/48-S664yY9kG3_5gt_JPYQ.

[19] 蓝鲸浑水. 2020哔哩哔哩流量生态白皮书[R/OL]. http://www.199it.com/archives/1250438.html.

[20] 新榜研究院. 2020年B站UP主价值研究报告[R/OL]. http://www.199it.com/archives/1198704.html.

[21] 储钰骐. 轻资产模式下对哔哩哔哩盈利模式的探讨[J]. 北华航天工业学院学报，2021，31(3)：

30-32.

[22] 沈芮妃. 新媒体环境下 SNS 社交网络的品牌化运营:以豆瓣网为例[J]. 新媒体研究,2016,2(16):85-86.

[23] 王鹏. 完成"用户积累"之后的"变现之困":豆瓣网运营探析[J]. 新闻世界,2015(1):96-97.

[24] 李俊,魏炜,马晓艳. 新媒体运营[M]. 北京:人民邮电出版社,2020.

[25] 易观分析. 2021 上半年直播电商行业洞察[R/OL]. https://www.analysys.cn/article/detail/20020149.

[26] 中国互联网络信息中心. 第 50 次中国互联网络发展状况统计报告[R/OL]. http://www.cnnic.net.cn/NMediaFile/2022/0916/MAIN1663313008837KWI782STQL.pdf.

[27] 艾瑞咨询. 2021 年中国游戏直播行业研究报告[R/OL]. https://report.iresearch.cn/report_pdf.aspx?id=3829.

[28] 王菁菁. 凝视、监督、陪伴:慢直播的兴起与发展探究[J]. 新媒体研究,2021,7(12):79-81.

[29] 韩纬. 电商直播营销的传播现状及发展策略研究[D]. 兰州:兰州财经大学,2021.

[30] 艾媒咨询. 2020—2021 年中国电竞直播行业发展专题研究报告[R/OL]. https://www.iimedia.cn/c400/77484.html.

[31] 新榜. 2021 上半年小红书营销洞察报告[R/OL]. https://www.cbndata.com/report/2697/detail?isReading=report&page=1.

[32] 张思楷. 小红书营销战略分析[J]. 现代营销(下旬刊),2020(10):48-49.

[33] 潘珂怡. Web 2.0 环境下第三方点评网站的创新服务探析:以大众点评网为例[J]. 中国市场,2016(24):258-259,279.

[34] 克劳锐指数研究院. 2021 微信视频号生态洞察报告[R/OL]. https://www.cbndata.com/report/2792/detail?isReading=report&page=1.

[35] 阿拉丁研究院. 2021 年上半年小程序互联网发展白皮书[R/OL]. https://aldzs.com/viewpointarticle?id=15524.

第七章　新媒体运营未来展望

> 新冠疫情的发生改变了人们生活的方方面面,包括新媒体运营。新冠疫情扩大了人们见面的距离,并且在一段时间内使人们保持足不出户的生活状态,这便使得平行化世界、家中办万事的功能也出现在新媒体运营理念之中。
>
> 短视频平台短暂爆发后陷入沉寂,在线视频企业面临大规模裁员,远程办公迅猛发展,在线教育问题频发面临整改,生鲜电商迎难而上焕发生机……疫情期间,不同的新媒体有着不同的遭遇,传统的运营方式已较难适应当下瞬息万变的环境。认知各类新媒体面临的机遇和难题,判断大环境的发展趋势,才能够帮助它们更好地顺应时代的发展潮流,鼎立潮头而不倒。
>
> 同时,人们日常的生活、工作、学习也受到疫情影响和冲击。而新媒体凭借自身的数字化、信息化特征,可以帮助人们化解疫情冲击下所遭遇的部分生活困境。通过知晓和掌握新媒体运营在疫情时代的现状,也可以更好地助力复工复产,探索疫情常态化下人们生活、工作、学习的新模式,帮助整个社会正常平稳运转。
>
> 本章将围绕处于"后疫情时代"的新媒体运营所呈现出的新趋势、新形态展开讨论,为读者呈现当前语境下较为全面且新鲜的新媒体运营新形势,和读者一起探寻各类新媒体发展的新模式。

疫情期间,居家时间拉长,这赋予了新媒体新的生机,因而 2020 年上半年,多数新媒体平台出现了爆发式发展。但自疫情防控常态化后,部分新媒体延续了之前的辉煌,但一些媒体却遭遇了滑铁卢,继而风光不再。本小节内容将对疫情期间新媒体运营的特征进行总结,并围绕典型案例展开分析。

第一节　疫情期间的新媒体运营

一、社交媒体的疫情信息使公众陷入沉浸传播

"沉浸"主要指参与者在进行某活动时注意力高度集中,并且过滤掉所有不相关的知觉的状态。传播学者李沁在《沉浸传播》中提出"沉浸传播"这一概念,认为沉浸传播"是以人为中心、以连接了所有媒介形态的人类大环境为媒介而实现的无时不在、无处不在、无所不

能的传播。它所实现的理想传播效果是让人看不到、摸不到、觉不到的超越时空的泛在体验"。当前,全球开始进入高速连接的泛在时代,人类社会本身已经成为资讯传播的中心,尤其是疫情期间的居家隔离措施,更使得"沉浸传播"开始渗透至社会的整个肌体之中。

根据艾媒咨询智能移动终端用户行为监测系统给出的数据,2019年1月至2020年2月,社交、长视频、资讯成为人们使用时间排名前三的应用类型,且社交和长视频应用的市场涨幅在最后三个月达到了6%和10%。疫情期间,有关疫情信息被发布在社交、资讯、长短视频、直播等各类新媒体平台上,浏览疫情信息融入了公众日常生活,成为公众必点的"早餐",而其中的新媒体为公众营造了沉浸式的传播氛围。

二、远程办公需求飞速增长

根据CNNIC第49次中国互联网络发展状况统计报告,截至2021年12月,我国在线办公用户规模达4.69亿,较2020年12月增长12324万人,占整个网民数量的45.4%,如图7-1所示。① 根据CNNIC第46次中国互联网络发展状况统计报告,疫情爆发后,仅2020年2月4日当日,天翼云会议新增用户6万户,会议时长9万小时;2020年6月至7月,远程会议日均使用时长达110分钟,用户使用状态日趋常态化。2020年春节期间,我国有超过1800万家企业采用了线上远程办公模式,全年智能移动办公市场规模预计375亿元,增长率为30.2%。②

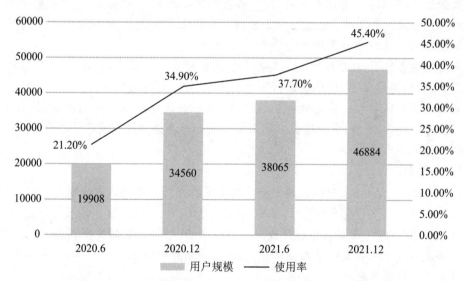

图7-1 2020年6月至2021年12月在线办公用户规模及使用率
(单位:万人;图源:第49次互联网络发展状况统计报告)

2020年新冠病毒感染疫情发生后,全国各地企业组织工作受到阻碍。为了有效控制疫

---

① 中国互联网络信息中心.第49次中国互联网络发展状况统计报告[R/OL].(2022-02-25)[2022-03-25]. http://www.cnnic.net.cn/hlwfzyj/hlwxzbg/hlwtjbg/202202/P020220311493378715650.pdf.
② 中国互联网络信息中心.第46次中国互联网络发展状况统计报告[R/OL].(2020-09-29)[2022-03-25]. http://www.cnnic.cn/hlwfzyj/hlwxzbg/hlwtjbg/202009/P020210205509651950014.pdf.

情,避免人员流动、交叉感染,很多企业安排员工在家远程办公,以保证企业的正常运转。公众对远程办公的关注也因此迎来了高潮。

案例　在线办公——腾讯会议、飞书

新冠疫情期间,为降低感染风险,大部分企业响应国家号召,转换了办公方式,"线上办公""线上教学"等话题一时间成为了大众关注的焦点,相关 App 的下载量持续暴涨,线上办公行业迎来"蓝海",未来市场潜力无限。接下来将以腾讯会议软件和飞书为例,介绍线上办公的代表性软件。

案例一　腾 讯 会 议

1. 简介

腾讯会议是腾讯于 2019 年 12 月 25 日发布的一款基于腾讯 21 年音视频通信经验积累的高清流畅、便捷易用、安全可靠的云视频会议产品。凭借卓越的音视频性能、会议协作能力与会议安全保障,腾讯会议可以满足企业与个人在不同场景下的会议需求。参会人可以通过手机、电脑、小程序、企业微信等入口直接加入会议。同时,多终端设备可同步会议记录,会议中也可以在主持人的允许下进行会议录制,并将视频自动加密储存到专用云空间,为回顾会议记录提供了便利。此外,该远程会议软件还拥有云会议、腾讯会议 Rooms、会议室连接器、API/SDK 四大产品线,可以满足不同场景下高效会议需求。

数据显示,腾讯会议推出两个月内,日活跃账户数就超过 1000 万,成为当前中国使用最多的视频会议应用。为了满足用户日益增长的线上办公需求,腾讯会议也不断对重点功能和服务升级,100 天内更新迭代了 20 个版本。[①]

在疫情的影响下,远程视频会议类办公应用的增长十分明显,如图 7-2 所示,根据极光数据调查,2020 年 3 月,腾讯会议以 5.09% 的渗透率,超越微软的三大办公软件成为用户覆盖第二多的移动办公应用软件。2021 年,腾讯会议也在持续收割流量,目前 MAU(月活用户)超过 3000 万,同比增长 175.7%,远超小鱼易连和好视通等已在云会议垂直领域深耕多年的平台。

2. 特点

(1) 灵活入会,开会更便捷。腾讯会议的主要特点就是便捷的入会模式,可以让用户灵活入会。因为它支持全平台运行,手机、电脑、平板、Web 都能够一键入会,也支持不下载客户端及任何插件,而通过小程序或电话拨号入会。同时,周期类会议也可加入"我的会议",每次开会不用再重新输入会议号。因此,腾讯会议也就打破时间、空间限制,帮助用户随时随地便捷开会。

(2) 高效协作,交流更便捷。腾讯会议还支持文档/表格/幻灯片在线协作,通过屏幕共享可以更便捷地进行演示汇报,让异地分享交流仿佛身临其境。而观看方会在屏幕上自带水印,保证企业的数据安全。[②]

[①] 腾讯控股. 2019 年报[R/OL]. (2020-04-02)[2022-03-25]. https://www1.hkexnews.hk/listedco/listconews/sehk/2020/0402/2020040201884_c.pdf.

[②] 腾讯会议,知乎. 腾讯会议有哪些功能特性? 腾讯会议的六大产品特性[EB/OL]. (2021-11-22)[2022-03-25]. https://zhuanlan.zhihu.com/p/434835637.

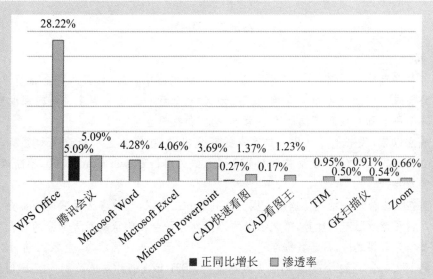

图 7-2　2020 年 3 月办公软件 App 渗透率排行榜及同比变化（仅显示正同比增长）（来源：极光数据）

3. 优势

由于疫情影响，线上远程办公的需求量大大增加，这是大环境带给这类细分领域的客观优势。而相较于其他同类软件，腾讯会议还具有如下优势：

可靠：受疫情和国家"居家办公"的强烈号召，线上软件的使用频次成几何式增长。在传统的 IOE 时代，如果需求突然放大，平台可能需要花费数周时间进行线下作业。而腾讯云官方透露，从 2020 年 1 月 29 日至 2020 年 2 月 6 日，软件每天新增云主机近 1.5 万台，8 天累计新增云主机超过 10 万台，涉及核心计算资源超过 100 万[①]，而这是一项只有云计算才能实现的无缝投资。腾讯会议使用腾讯自主研发服务器，可以支持会议后台的一系列技术组件正常运行，开发人员甚至不必担心后台资源问题。正因如此，在疫情期间，该软件能够经受住亿万级的需求，也让各个终端的用户能够顺利居家办公，维持企业正常运转。

安全：前文提到，对于用户端来说，腾讯会议开发了入会密码、会议等候室、屏幕水印等功能，保证会议的信息不被泄露。另外，在软件开发中，平台为确保稳定运行，早在产品上线前，就联合一些大型安全技术实验室和安全平台对腾讯会议进行了全面安全检查和强化，并在上线后持续开展安全防护。这一系列专业力量的加入，也在保障着平台的安全运行。

降噪：早在 21 世纪初，腾讯就开始涉足音视频领域，旗下的社交软件和游戏纷纷开通音视频服务，因此腾讯会议在音视频领域的经验已经十分丰富。腾讯凭借以往的经验，充分考虑到远程会议的环境多样性，注意到了多层、多场景实时通信系统的 3A 问题（降噪、回声抑制、增益控制），采用智能降噪来保证与会者无论身处何种场景，都能克服噪音干扰，拥有良好的会议环境。

---

① 腾讯科技. 8 天扩容超 100 万核，腾讯会议正在刷新历史[EB/OL]. (2020-02-06)[2022-03-25]. https://tech.qq.com/a/20200206/009717.htm.

案例二　飞书

1. 简介

飞书是字节跳动于 2016 年自研的新一代一站式协作平台,力求满足全球用户高效协作的办公要求。它通过将即时沟通、日历、云文档、云盘和工作台等多种功能深度整合,让用户在一个平台即可实现不同的办公需求,全方位提升企业效率。

自成立以来,飞书也一直从用户需求的变化出发,在产品上不断改进和更新,先后推出了独立 App"飞书文档"以及首款智能会议系统 Anker Power Conf B500,不断满足用户更高的需求层次。

目前在线办公的一站式协作平台因其便利性和高需求,已被各大互联网头部企业瞄准。而这类互联网企业因流量优势,孵化出来的协同办公平台目前承载着大部分的企业端用户。不过飞书作为后起之秀,月活数据在过去一年仍然处于飞速发展状态,在 2021 年 12 月同比增速达到 159.4%。根据字节跳动官方数据报告,2021 年飞书共发送了 31 亿条即时消息,平均每秒就会产生 110 条新消息,线上会议的数量也比去年增加了 102%。①

2. 优势

一方面,和众多一站式协作平台一样,飞书和一些远程会议软件相比,最大的优势就是其功能种类齐全,覆盖工作场景的方方面面。除了会议功能,飞书还提供线上文字交流、语音通话、工作打卡等各种功能,形成了一个模拟线下办公的工作生态圈,工作任务只在平台上就可以处理,由此也就避免了一些私人领域公共化的问题,帮助用户将工作与生活分割清楚。

另一方面,和众多一站式协作式平台相比,飞书在细节上更加精益求精。在一些重要消息的通知上,平台设置了"加急"功能,长按某条消息即可激活,激活后可以通过应用消息、手机短信或 AI 自动电话提醒等方式来提醒对方阅读。同时,面对通知发布后的刷屏问题,平台添加了单独回复某条消息的功能,保证了其他成员打开办公群,即可清楚地看见通知,而不受刷屏消息的干扰。此外,为了提升办公效率,飞书还提供了一系列实用的"小工具",包括审批、工资单、日周月报、翻译以及协同编辑文档等,使企业全体成员都可以体验线上办公的高效与便捷。

处于疫情期间的线上办公相关企业,虽然其业务量和注册人数迅速增加,但在疫情的考验下,仍然暴露出种种问题,面临着重重挑战,同时还需要肩负起更多的责任。传统在线会议产品更侧重于在企业内部沟通使用,形态上以专用设备和 PC 端居多。而当前的在线会议不再局限于内部,跨企业沟通需求呈爆发式增长态势。

除此之外,会议室本身也涵盖多种复杂的会议场景。如针对中小型会议室,要求聚焦于能完成相互之间沉浸式的互动讨论;针对大型会议室,则希望能实现和远端清晰、无障碍的沟通,此外还有超大型会议室、培训室甚至开放办公空间等拥有不同需求的场景。②

---

① 字节范儿. 31 亿条消息,6552 万份文档……字节跳动人 2021 飞书使用报告[EB/OL]. (2021-12-28)[2022-03-25]. https://mp.weixin.qq.com/s/mn_aeVK7B6xLA3lpp6yD9A.
② InfoQ. 云视频会议"黑科技",开放才是"硬"道理[EB/OL]. https://mp.weixin.qq.com/s/CZFuNojeMdHxSD7xGHdKg.

另外，不同行业的在线会议也存在不同需求。比如，教育行业的双师教学场景下，在线会议要求做到多端接入，实现沉浸式的协作讲学；医疗行业的远程问诊场景下，则需要保证优质的传输质量，实现医生和病人的实时互动。如何满足不同行业场景下的多样化需求是在线会议面临的一大挑战。

三、"停课不停学"下在线教育

根据 CNNIC 调查数据，如图 7-3 所示，2019 年 6 月到 2020 年 6 月，在线教育规模大幅度增长，在线教育软件的使用率也大幅上升，从原先占手机网民的 16.6% 上升到 40.4%，2020 年 3 月甚至达到 46.9%。但短暂的巅峰之后，就迎来了使用规模和使用率的下降，从 2020 年 3 月起到 2021 年 6 月，在线教育的使用率持续下降，已经跌落至 32.1%。[①]

图 7-3　2018 年 6 月至 2021 年 6 月手机在线教育用户规模及使用率
（单位：万人；来源：第 48 次互联网络发展状况统计报告）

师生即使相隔万里，也能够通过网络开展教学活动。网络赋予了教学丰富的交互性和协作性，学生可随时随地、重复地进行主动学习。个性化教学意味着可以自主选择老师及教学风格。大数据和人工智能的应用，推动着教学管理自动化的实现。老师能够实时精准掌握教学状况、学习疑难点和主要问题，并提供相匹配的教学资源，有针对性地指导学生，提高学生的学习效率。这弥补了传统教育存在的教育资源不均衡等缺陷，可以让各种优质、丰富的教育资源不受时空距离和地域的限制，快速、及时地辐射到更多偏远山区、贫困地区的学生，让他们可以通过在线教育的方式，获取更优质的教育，实现教育资源共享，促进教育公平。另外，天眼查数据显示，截至 2021 年 1 月 20 日，我国状态为在业、存续、迁入、迁出的教育相关企业数量已超过 300 万家。其中，在线教育相关企业数量超过 52 万家。疫情期间，教育领域获得的融资也较多，其中，在线教育最受资本青睐。

---

① 中国互联网络信息中心. 第 48 次中国互联网络发展状况统计报告[R/OL]. (2021-09-15)[2022-03-25]. http://www.cnnic.cn/hlwfzyj/hlwxzbg/hlwtjbg/202109/P020210915523670981527.pdf.

2021年,在线教育遭遇了滑铁卢。受市场竞争的刺激和商业利益的诱导,在线教育内部乱象横生。部分机构为了补足师资缺口,降低教师聘用标准,甚至聘用不具备教师资格的员工参与线上辅导,大大降低了在线教育质量。部分机构为了在行业中脱颖而出,吸引消费,不惜发布虚假广告欺骗消费者。更为严重者,直接骗取学生家长的资金卷款跑路,严重侵害了学生及家长的权益。针对上述行业乱象,监管部门出台多项措施,加强对在线教育机构的监管与治理。同时,面对教育行业内卷引发的社会疲态,国家也下令出台了"双减"政策,学科类校外培训机构一律登记为非营利性机构,严禁资本化运作。由此,在线教育也迎来了巅峰后的极速衰落,出现企业大量裁员、倒闭的现象,在线教育的生存与发展举步维艰。

案例 在线教育智慧树

(一) 智慧树

1. 简介

智慧树隶属于上海卓越睿新数码科技股份有限公司,是全球大型的学分课程运营服务平台,主要针对全球高校学生提供服务。根据智慧树官网数据,其服务的会员学校近3000所,已有超2000万大学生通过该平台跨校修读并获得学分①。智慧树在线教育的主打功能是帮助会员高校间实现跨校课程共享和学分互认,从而帮助各高校的学生完成跨校选课修读。

2. 特点及优势

便利学校:平台通过线下牵线、线上教学的方式帮助高校将本校课程推广。而外校学生也可以通过平台进行非本校课程的选择,并与本校教务系统关联以获得学分认证。同时平台也会为各个高校提供线上课程的配套管理服务,为高校的线上课程运营提供了便利。

便利教师:智慧树向教师提供线上线下教学、管理、收入等服务支持,帮助教师进行开设课程的设置,同时帮助他们完成课程相关的教学工作,为老师进行课程的推广、招生、结算。此外,智慧树也开设了老师和学生的社交网络服务,便利老师和学生课程之余的线上沟通交流和指导。

便利学生:学习更多课程,获得更好效果。一方面,学生可以在智慧树平台上进行选课缴费、上课、和老师同学讨论作业并获得相应的成绩学分,学校线下的行政服务也可以在平台上享受;另一方面,智慧树联合各大高校提供线上教学,让学生在修满学分的基础上可获得更多优质的教育资源。同时智慧树也为学生提供了社区社团服务和个人社交网络服务,让学生在家也可以进行校内的学生组织活动,劳逸结合,为学生群体提供更好的线上校园生活服务。

---

① 智慧树. 关于智慧树[EB/OL]. [2022-03-25]. http://www.zhihuishu.com/aboutus.html.

（二）在线教育的未来发展

近年来，在各路资本的支持下，线上教育在疫情期间蓬勃发展，催生了不少独角兽企业。然而，教育培训在做大做强的同时，也加剧了企业竞争，有的企业为了追求教育的本质利益，除了定价高、退费难外，甚至开始虚假宣传并卷钱跑路。

在广告投放上，在线教育受疫情激化而爆发，大量热钱涌入。数据显示，2020年前9个月，猿辅导、作业帮、学而思网校三家机构在广告和销售方面的投放总额约达55亿元，是2019年同期的两倍以上。在线教育已成为继电商、游戏之后主流平台的第三大广告主。面对大量的广告投入，如果监管不当，必然伴随着虚假宣传。2021年初，作业帮、猿辅导、高途教育就因雇佣同一"老师"在不同机构，辅导了不同学科，而引起舆论关注。[①]

2019年开始，在监管加强的风声下，诸多网校开始卷款跑路。2019年，韦博英语跑路，使得很多用贷款分期交学费的学员无法学习，却依旧要按期还贷款。2020年，优胜教育北京总部人去楼空，多地校区关门，许多预付万元学费的家长退费无门。同时，在线教育铺天盖地的广告给家长及学生营造了焦虑氛围，"内卷"也自然而然地向家长和学生渗透。种种事件暴露出在线教育存在的一系列问题，骗取家长、学生钱财的同时，也向社会灌输着不良的竞争风气，在线教育的改革在所难免。

2021年7月24日，中共中央办公厅、国务院办公厅印发了《关于进一步减轻义务教育阶段学生作业负担和校外培训负担的意见》通知，要求各地区各部门结合实际认真贯彻落实。

"双减"政策包含两层要求：一是减轻学生作业负担，二是压减学科类校外培训机构。伴随着《意见》和"双减"政策的落地，教培机构也迎来了转型期。2021年8月19日，北京"双减"细则发布后，新东方、好未来均发布公告，称相关新规将对其学科类培训产生重大不利影响。政策的收紧无疑给借疫情快速发展起来的线上教育一记当头棒喝，停课、破产、倒闭，这些是许多在线教育企业的发展现状。

"双减"政策下，教育行业已经开始转移赛道，向非学科类拓展成为不少机构转型的首要选择。例如，猿辅导开始大力扶持旗下的南瓜科学，力图从素质教育中找到转型的方向。新东方北京学校成立了北京新东方素质教育成长中心，下设艺术创作文化馆、人文发展研究所、语言素养沉浸馆等六大板块，瞄准素质教育、家庭教育市场。

随着近期"双减"政策落地，在线教育企业受到不同程度的冲击，纷纷加速转型，教育领域的多条赛道进一步细分。

其中，智能教育硬件备受资本和各大厂青睐，或接力K12教育成为在线教育行业又一个新的发展。2021年8月25日，网易有道携手华为智选联合推出了首款教育智能硬件——某智能词典笔正式开售。两大科技公司将共同探索IOT生态下的教育场景，完成教育与家庭链接的最后一环。

职业教育也是细分出的另一个新方向。根据艾媒数据中心的调查数据，2021年7月，教育行业共发生了29起融资事件，职业教育融资数量为11起，居细分领域榜首，如图7-4所示。

[①] 环球网. 在线教育机构聘请演员冒充教师打广告？猿辅导、作业帮等频遭消费者质疑与投诉[EB/OL]. https://baijiahao.baidu.com/s?id=1690184330359318775&wfr=spider&for=pc.

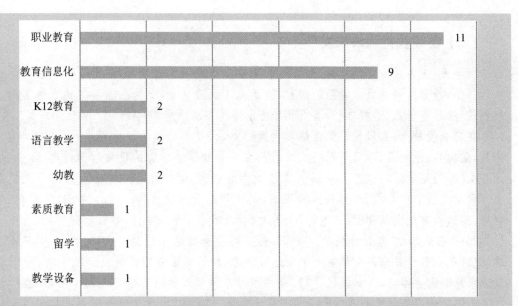

图7-4　2021年7月教育行业细分领域融资分布[单位:起;来源:艾媒数据中心]

此外,职业培训机构的总量也不断增加。艾媒咨询发布的《2021年中国职业培训市场研究报告》显示,2016年至今中国职业培训机构总量呈上升趋势,截至2021年5月底,存续职业培训机构数量达164678家,如图7-5所示。从新增机构数量来看,2017年以后,中国每年新增职业培训机构数量有所下降,但仍保持年注册量达1.5万家以上。①

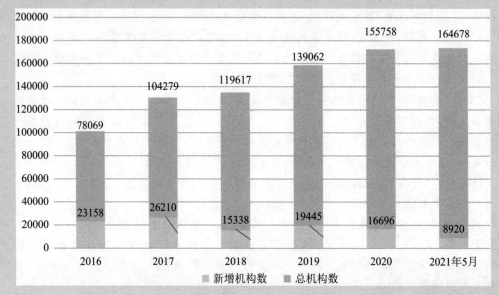

图7-5　2016~2021年5月中国职业培训机构数量(单位:家;来源:企查查,艾媒数据中心)

---

① 艾媒咨询. 解读|一文全看懂"双减"政策的意义、影响,以及落地后哪些赛道迎利好. [EB/OL]. (2021-08-31) [2022-03-25]. https://mp.weixin.qq.com/s/T68YFZhc58cEksyVDfCrsg.

总的来说,在"双减"政策影响下,教培机构的发展必将开始放缓。不过,虽然短期可能会有一些限制,但一方面,大量行业内的不规范行为会受到约束,消费者的权益将有所保障。另一方面,这样一次洗牌对投资者来说也是一次难得的机会,就目前一些头部企业的转型策略来看,素质教育、职业教育日后将会成为新的发展趋势。在国家的严格监管下,教育行业的环境将越来越公平合理,而经营者也将在合法范围内不断探索前进,寻找新的赢利点,由此消费者权益和经营者利益都将得到更好的保障。

四、生鲜电商和外卖爆发式增长

根据艾媒咨询的调查,2020年中国生鲜零售市场规模超5万亿元,其中线上交易占比从2016年的2.8%提升到2020年的14.6%,如图7-6所示。预计到2025年中国生鲜零售市场规模将达到6.8万亿元,随着生活质量改善,人们对于食物的要求逐渐提升,但是社会步伐的加快以及互联网带来的生活便利,降低了人们线下购买生鲜的意愿。疫情期间足不出户,让用户更加依赖线上生鲜的送菜到家,这为线上生鲜发展带来巨大商机。截至2020年6月,线上买菜的用户规模已达到2.57亿,占网民整体的27.4%。2020年中国生鲜电商市场规模达到62.9%的高速增长,达到2638.4亿元。① Fastdata极数《2021年中国生鲜电商行业报告》中指出,2021年1—9月生鲜消费线上交易占比仅为3.4%,与28.9%的电商交易占比相比,还有较高的市场增值空间。

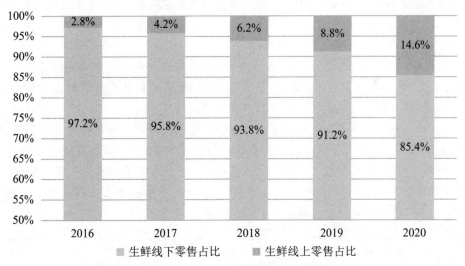

图7-6 2016~2020年中国生鲜零售市场规模结构
(数字来源:艾媒咨询《2021年中国生鲜电商行业研究报告》)

---

① 艾媒咨询.2021年中国后"疫"时代生鲜电商运行大数据及发展前景研究报[EB/OL].(2021-05-13)[2022-03-25]. https://mp.weixin.qq.com/s/WSqkgen0rYThe60ETSM0ng.

案例三：线上生鲜软件——叮咚买菜、美团外卖

案例一　叮咚买菜

1. 简介

叮咚买菜创立于2017年5月，致力于通过产地直采、前置仓配货和最快29分钟配送到家的服务模式，通过技术驱动产业链升级，为用户提供品质确定、时间确定、品类确定的生鲜消费体验。其服务范围覆盖上海、北京、深圳、杭州、苏州等城市，是用户信赖的民生互联网企业。

叮咚买菜主打"前置仓+到家"模式，即在社区周边1公里区域内建立前置仓库，消费者下单后由其自建物流提供即时送货上门服务。

在品类选择上，叮咚买菜主推菜品定位于为一二线城市的上班族提供蔬菜、水果、豆制品、肉类、禽蛋、水产、粮油、休闲食品等一站式购物服务。该定位基于两个方面考量：一是目前生鲜电商主推水果类居多，菜品较少；二是一二线城市的上班族具有收入高、生活节奏快、自由支配时间少等特点，更愿意接受这种节省时间、减少麻烦的一站式购物服务。

在商业模式上，叮咚买菜以城市居民生活高频刚需的菜品为切入口，以社区前置仓为支撑，运用大数据、云计算技术，精准预测并匹配用户需求，确保消费者"下单后29分钟内送达"。同时，叮咚买菜通过将菜品及相关调味品配套的方式，为消费者提供烹饪所需商品的一站式采购服务，培养消费者的消费习惯，增强用户黏性。而在2021年中秋节之际，叮咚买菜更是上线了火锅自有品牌"叮咚大满贯"，这也是其继2021年4月爆火的自由品牌"拳击虾"小龙虾系列上市后，推出的第二个"快手菜"自有品牌。

快手菜即"3R"食品：Ready to cook，Ready to eat，Ready to heat。2020年6月，叮咚买菜独立出了快手菜部门，这一部门也不负所托，推出一系列自有快手菜品牌"拳击虾""叮咚大满贯"等都取得了不错的成绩，自有品牌在该软件的商品交易总额占比日渐提升，从2020年下半年的1.9%提升到了2021年6月的4.9%。

"没有什么事是一顿火锅解决不了的，如果有，那就两顿。"这句玩笑话看似只是调侃，但背后也反映出人们对火锅的喜爱。有需求的地方就有商机，火锅也是近年餐饮行业中最热门的投资赛道之一，早在2019年冬天，某生鲜平台就推出自由品牌火锅，推出不到一个月，日销过万单，其中六成以上来自线上销售，这也就折射出线上火锅的市场空缺。于是在2020年叮咚买菜在平台上推出"火锅来了"频道，2021年更是有"叮咚大满贯"这一自有品牌的加入。背靠着平台自有的供应链生产，"叮咚大满贯"被寄予了为平台优化品类、提高毛利率的重任。

2. 优势

叮咚买菜通过区域深耕和积累的前端大数据，获得了用户的消费画像和消费需求，精准备货的同时，也精准地对社区居民进行商品推荐。能成功利用此方式的突围者寥寥无几，这反映了叮咚买菜内部团队对生鲜消费习惯有着独到了解。此种方式不仅克服缺乏线下门店所带来的商品展示和引流缺陷，还从源头降低所带来的商品损耗，无数线下合作门店也给予生鲜电商平台对商品强把控的可能性。叮咚买菜软件计划从产地种植到产地

收获,均全程数字化监控,未来将为用户带来品质化商品的价值。①

案例二　美团外卖

1. 简介

美团外卖是美团旗下的网上订餐平台,于2013年11月正式上线,属于平台型零售电商,不直接拥有商品,而是依托互联网能力,将线下的商家商品和线上的消费需求形成链接,并提供即时的线下配送服务。美团外卖的业务范围广泛,与线下的各类型商家都有合作,可以提供超市、便利店、小餐馆、连锁餐饮品牌的外卖服务,种类从生鲜到熟食,从日用品到药品都有涉及。受2020年疫情的影响,消费者需求激增,线下店铺数字化转型进程也有所加快,美团外卖等线上零售电商快速发展起来。

2. 优势

(1) 平台模式覆盖用户范围更广。美团外卖属于平台模式的即时零售电商,这种类型的电商一般背靠互联网生态,具有高流量入口,一端连接线下商户供给,一端连接海量用户。一般直营的即时零售电商受到直营属性的限制,涵盖商品种类较少,而平台型则没有这个困扰,依靠平台力量,可以容纳大量商家入驻,包括超市便利店、生鲜水果店、鲜花绿植店、甜品蛋糕店、书店、药店等多种类型的门店,平台内可整合各类商品,满足消费者多品类即时消费需求。这一模式目前受到更多消费者的偏爱,根据Fastdata发布的《2021年中国生鲜电商行业报告》中提供的数据,截至2021年9月,综合本地生活服务平台订单量占线上零售订单总量的44.7%,较2019年同期有大幅上涨。在疫情的推动下,生鲜电商消费入口向综合本地生活服务平台迁移,平台型模式竞争力快速显现。

(2) 无接触配送服务保障疫期安全。2020年1月26日,在抗击新冠病毒感染疫情的特殊时期,美团外卖率先在武汉推出"无接触配送"服务,平台方表示此举是为了保证用户和骑手在收餐环节的安全,最大限度地降低人传人的几率,"无接触配送"是为了抗击新冠病毒感染疫情,在特殊时期推出的应急措施。②美团外卖的用户可以在下单时通过订单页面选择"无接触配送"服务,并且在备注中或与骑手的线上聊天界面告知骑手外卖的放置位置。外卖配送到指定地点后,骑手会通过电话、短信或平台内留言的方式通知消费者。这样的无接触配送方式,一方面可以缓解普通用户和医护人员吃饭难的问题,另一方面保护了骑手和用户的健康安全。目前,由美团外卖开启的"无接触配送"服务已经得到了用户的广泛认可。2021年2月中旬,这项服务就已在全国范围内展开,直到今天,该软件依旧严格遵守防疫要求,为用户提供着"无接触配送"的服务。目前大部分线上外卖服务方也跟进采用了无接触配送,在美团外卖的带领下,共同更好地保障消费者和配送员的安全。

---

① 极光数据. 数据报告｜生鲜电商是一门"好生意"吗？[EB/OL]. (2020-12-08)[2022-03-25]. https://mp.weixin. qq.com/s/XYcijGAB6gdQpZD6qk3A9Q.

② 中国新闻网. 为应对疫情,美团外卖在全国率先推出"无接触配送"本周在全国实现覆盖[EB/OL]. (2020-01-19) [2022-03-25]. https://www.sohu.com/a/369417476_123753.

3. 不足

《人物》杂志上的一篇文章《外卖骑手,困在系统里》,让社会正式关注到外卖系统算法的问题。美团外卖的实时智能配送系统被称作"超脑",正是这样的系统,帮助该软件做到了"送啥都快",但也让骑手的配送时间突然消失。在现实生活中,为了达到按系统约定时间内送餐的目标,很多外卖骑手在马路上争分夺秒,甚至为了抢夺被系统突然"吞掉"的时间超速、逆行、闯红灯,冒着生命危险配送的订单,最后还有可能因为超时获得"差评"。如此严格的时间限制和严厉的惩罚措施,暴露了外卖行业缺乏人文关怀、盲目追求效率和利益等问题。我国加快步伐迈入数字经济时代的决定,带动了一大批人的就业,本是解决民生问题的有利推手,但各平台在就业后的安全与权益问题的解决上却稍显滞后。美团外卖官方平台发布的《美团2021骑手报告》显示,2021年有380多万骑手在美团外卖获得收入,比2017年增加近110万人。而这380万人不应该只是数据,作为平台的劳动者,骑手也应该和消费者一样,拥有并享受自己的合法权益。

外卖行业也呈现出高速发展的态势。2021年第一季度,美团餐饮外卖业务收入205.75亿元,同比增长116.8%;饿了么利用"就地过年"催生的新需求,第一季度日均付费会员数量同比增长达40%。① 而根据CNNIC《第49次互联网发展状况报告》的最新数据,截至2021年12月,我国网上外卖用户规模达5.44亿,较2020年12月增长1.25亿,占网民整体的52.7%,如图7-7所示。

图7-7 2017年12月~2021年12月网上外卖用户规模及使用率
(单位:万人;来源:第49次互联网络发展状况报告)

五、长视频迎短期增长,短视频持续高歌

Global Web Index的数据显示,在2020年7月,用户使用的应用程序类型增幅排行中,

---

① Fastdata极数.2021年中国生鲜电商行业报告[EB/OL].(2021-11)[2022-03-25]. https://mp.weixin.qq.com/s/5tVCOeodxViOI973zRVJGQ.

流媒体的长视频和短视频排行分列第二、三位,用户对长视频的关注上升了 54%,对短视频的关注上升了 51%。一方面,复工推迟之后,多数用户仍处于居家办公的状态,相较于 2019 年有更加充裕的休闲时间;另一方面,由于不能外出,娱乐活动大幅度减少,人们的目光更多投向了观看视频这一娱乐形式。然而,疫情结束后,根据图 7-8 极光 App 数据显示,用户回岗上班,长视频的观看数据回落,截至 2021 年 6 月,长视频的用户使用时长占每日 App 使用时长的 7.3%,比 2020 年同期下降了 1.6%。①

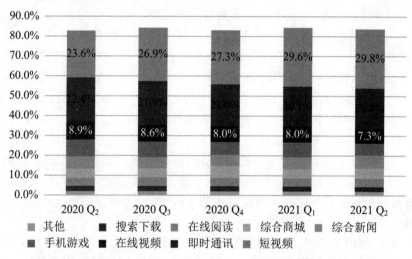

图 7-8 移动网民人均 App 每日使用时长 Top8 类型(图源:极光 iApp)

由此也可以看出,虽然长视频受疫情影响,迎来了短期发展,但在短视频的冲击以及自身内容供给质量的影响下,长视频也面临着运营危机。以头部长视频网站爱奇艺为例,其 2021 年第三季度营收为 76 亿元,净亏损 17 亿,同比扩大了 42%。2021 年年末,爱奇艺也迎来了大规模的裁员,裁员比例在 20%~40%,有的部门甚至全员被裁。② 亏损、裁员,长视频的运营危机也由此暴露。

短视频与长视频的用户观看环境变化一致,整体趋势发展也相对一致。但由于短视频更为贴合人们碎片化的时间管理,其行业也处于更快速的发展阶段,因而无论是疫情期间还是疫情结束后,短视频的观看指数都高于长视频。目前,更符合大众休闲娱乐习惯的短视频,呈现出一种前所未有的爆发态势。

值得注意的是,根据艾瑞咨询数据,2020 年短视频月活用户规模为 8.72 亿,同比增速为 6%,这也是自短视频形态问世以来,增速首次降为个位数,从 2020 年开始有了明显的放缓趋势。同时受到平台强化直播的影响,短视频内容的热度出现了降温的迹象。正是由于短视频直播带货呈现井喷之势,"翻车"事故频发,行业混乱,一系列监管新规也相继发布。

---

① 极光. 数据报告|2021Q2 移动互联网:行业数据研究报告[EB/OL]. (2021-08-02)[2022-03-25]. https://mp.weixin.qq.com/s/1UYQe1emQzhAzcErxYj32A.
② 澎湃新闻客户端. 爱奇艺被曝大规模裁员! 中层遭殃、没过试用期被裁? 这能自救吗? [EB/OL]. (2021-12-02)[2022-03-25]. https://m.thepaper.cn/baijiahao_15655956.

案例　抖音的发展

抖音背靠字节跳动，以算法为运行逻辑，以社交为主推功能，自2016年9月推出以来，就收获了大量用户。2019年，更是搭上了央视春晚的"快车"，通过一系列深度合作，进一步扩大了知名度。其海外版TikTok自2017年上线以来，也收获了一大批海外用户的青睐。2018年8月，TikTok宣布将与国外某原生短视频平台正式合作，这样一来，二者用户数量得到了叠加。从此，TikTok超过一系列经典应用程序，常年位列App Store年度热门免费应用榜单前列，其下载量更是在2020上半年位居全球第一。

但TikTok在海外发展并非一帆风顺，除了区别于国内的隐私、审查以及监管问题，最主要的政治利益问题也阻碍了该平台海外版的发展之路。2019年1月，TikTok被印度全国性日报《印度快报》评为2018年度印度人最喜爱的应用之一，而2020年6月，却被印度电子信息技术部要求禁止下载。在美国市场上，自2019年12开始，特朗普政府就对TikTok进行了一系列的限制。而平台方也没有坐以待毙，先后停用了中国的内容审查员，将美国用户的数据全部储存在美国本地，甚至挖来了前迪士尼高管凯文·梅耶尔担任全球CEO，并公布了自身半年的全球透明报告。但这些努力依旧没有消除美国政府对安全问题的担心。2020年7月，TikTok也迎来了最大危机，特朗普政府以威胁国家安全为由，要求对其进行全面封杀。至此，TikTok的海外发展之路濒临崩溃。

经历了2020年增速放缓、短视频市场同质化应用越来越多等"瓶颈"之后，2021年，一些短视频头部应用开始拓宽版图，以谋求新生。从内容上看，短视频应用也开始在中视频、泛知识、图文等内容领域逐渐加码，实现深度与广度并举。而在直播经济火爆的时代背景下，短视频平台逐渐与电商直播相结合。一些平台接连上线了平台支付、平台商城等功能，完善自身电商基建，更是将"兴趣电商"定为平台定调。① 当下，短视频平台正在直播营销的帮助下，焕发着新的生机。

六、互联网医疗迎来发展生机

随着5G网络的逐渐普及，"5G+"互联网医疗成为产业发展热点。远程医疗可满足普通或轻型疾病足不出户的诊断，既节省患者看病等待时间，也便利了腿脚不方便人群就医，同时更合理地调配医院资源。根据《中国互联网发展报告（2021）》显示，2020年我国互联网医疗健康市场规模快速扩张，达到1961亿元，同比增长47%。同时根据《第49次中国互联网络发展状况统计报告》中的数据，截至2021年12月，我国在线医疗用户规模达2.98亿，较2020年12月增长8308万，占网民整体的28.9%，如图7-9所示。而互联网医院数量方面，截至2021年6月总数已超过1600家，其中仅2021年上半年新增的就有500家。

随着在线买药业务不断扩展，针对处方药物的在线问诊开始不断普及。在线问诊开方节省了病人去医院看病的时间，但是无检测报告、无面试观察极易造成误诊、漏诊，对于病人合理、规范、正确使用药物来说不利，尤其是处方药物。因而未来互联网医疗应加强对该领

---

① 飞瓜数据. 2021年短视频及直播营销年度报告[EB/OL]（2022-01）[2022-03-25]. https://mp.weixin.qq.com/s/kw8GN2btbM6T_0pROEaNKg.

域的管控,相关部门应对互联网问诊开药加强监管,以防药物的滥用、错用。

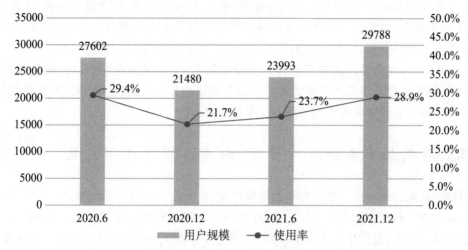

图 7-9 2020 年 6 月～2021 年 12 月在线医疗用户规模及使用率
(单位:万人;来源:第 49 次中国互联网络发展状况统计报告)

第二节 后疫情时代新媒体运营展望

2022 年 11 月 30 日起,全国各地陆续宣布解除疫情防控临时管控,人们的日常生活逐渐回到正轨,足不出户、无法奔现的情况可能不再存在。伴随着正常生活的回归,互联网的发展也会受到影响。但管控的解除不代表疫情的消失,新媒体在疫情期间的发展依然会保留一些影响,这些影响也将会和当下新的生活、工作、学习等模式相结合,推动新媒体产生相应的变化。本节将结合疫情放开后可能出现的特点,对新媒体未来的发展进行展望。

一、远程办公向智慧办公发展,适应混合办公新常态

疫情管控解除后,部分企业已恢复线下办公。但仍有许多企业意识到远程办公的高效,依旧保持线上会议模式。同时,感染新冠的工作者在居家隔离期间,为保证工作进度,仍需线上参与工作。在线上与线下双线并行的当下,混合办公将成为企业办公新常态。而发展智慧办公,不仅有助于企业搭建与客户之间、企业内部员工之间零距离高效沟通协作的桥梁,还可以帮助企业快速适应混合办公新常态①。

以腾讯会议为例,在混合办公背景下,腾讯会议联合国内知名的会议平板品牌 MAX-HUB 发布了《2023 智慧会议技术白皮书》。白皮书表示,智慧会议的核心就是满足企业在会前、会中、会后和会管这四个重要会议环节的需求,让会议组织者轻松开启会议并实现安

---

① 腾讯会议. 助力企业混合办公,MAXHUB 联合腾讯会议发布《2023 智慧会议技术白皮书》! [EB/OL]. (2023-01-05)[2023-01-16]. https://mp.weixin.qq.com/s/flfBilKv3lxoMBA5vR94mA.

全可靠的会议管控,让参会者拥有良好的会议体验,让会议内容可沉淀、易分享,让企业管理员随时对会议室 Rooms 的设备实现集中化管理①。后疫情时代,企业更加重视"工作效果"而非"工作地点"。混合办公新常态使得视频会议等场景成为主流办公场景,大家需要的是更适合当下的工作空间、更高效的工作展示协作方式和更快更稳定的连接性。面对企业新的办公需求,远程办公平台还需要逐步拓宽应用场景,并向灵活化、专业化、规范化方向发展。未来,各大远程会议及办公平台都将从混合场景出发,以提升企业办公效率为目的,从提供传统远程办公服务向着打造智慧办公平台逐步迈进。

三、在线教育资源逐步开放,向着公益性方向发展

"双减"政策的颁布对在线教育平台影响严重,在线教育失去了学科教育这一"主阵地"。为了弥补在线学科教育的空白并解决相应的问题,政府机关单位/政企合作类的在线教育平台逐步发展了起来,包括中国大学生 MOOC、智慧树、学堂在线等。这一类平台内的多数课程免费公开,具有公益性质。2022 年 3 月,国家高等教育智慧教育平台正式上线,由教育部倾力打造,是目前全球规模最大、门类最全、用户最多的高等教育平台,覆盖 13 个学科门类、92 个专业类,面向高校师生和社会学习者开放精品课程。同时,还整合多家在线教育平台,使得课程资源进一步多样化②。这一类平台的出现,填补了市场的空白,也是未来在线教育行业重要的组成部分。

以国家高等教育智慧教育平台为代表的开放资源平台成为主流,并为广大教育者所认识和接受。政策方面,政府也出台了相关政策文件,如《教育信息化"十三五"规划》《教育管理信息化建设与应用指南》《教育部关于推进中小学信息公开工作的意见》等,对教育数据开放工作进行了初步规范与指导。可以预见的是,随着我国教育治理能力的提升,相关部门将会制定更专门的教育数据开放政策,用以全面、细致地指导我国在线教育市场健康可持续的发展。

三、预制菜成生鲜新热点;由买菜延伸出"跑腿"经济

艾媒咨询数据显示,2022 年中国预制菜市场规模达 4196 亿元,同比增长 21.3%,预计未来中国预制菜市场将保持较高的增长速度,2026 年预制菜市场规模将达 10720 亿元。③预制菜有效地降低了餐厅运营成本,且缓解了疫情期间堂食减少的损失,吸引了各大连锁餐饮品牌入行布局。后疫情时代,人们逐渐恢复正常工作,预制菜的存在可以缩短做饭时长并保证做饭质量,为上班族提供便利。这些都将带动预制菜市场的发展,使预制菜成为生鲜电商新的发力点。在庞大的市场需求下,西安饮食、广州酒家、全聚德等老字号巨头餐企也纷

---

① 腾讯会议. 助力企业混合办公,MAXHUB 联合腾讯会议发布《2023 智慧会议技术白皮书》![EB/OL]. (2023-01-05)[2023-01-16]. https://mp.weixin.qq.com/s/flfBilKv3lxoMBA5vR94mA.

② 佑信咨询 Resolve Asia. 2022 年中国在线教育行业发展报告[EB/OL]. (2022-11-14)[2023-01-16]. https://mp.weixin.qq.com/s/0XRk6Gu_3fBxNvwM3dYu_w.

③ 艾媒咨询. 艾媒金榜|2022 年中国预制菜品牌百强榜出炉,行业竞争加速,呈现百花齐放格局[EB/OL]. (2023-01-07)[2023-01-16]. https://mp.weixin.qq.com/s/FzZiagnV8YkMZIc3PySxWQ.

纷加码预制菜。不久前,格力电器、海尔智家、老板电器、美的集团等家电、厨电企业也跨界入局,预制菜赛道竞争愈发激烈。

疫情期间,以外卖为主的即时需求不断增强,也催热了"跑腿"服务的发展。在后疫情时代线上线下融合的趋势下,消费者即时需求的品类逐渐扩展至商超、日用、医药等领域,包括取送物品、代买和帮办事等服务都将逐步发展起来。从餐饮外卖到零售用品,再到跑腿服务,消费者对消费的时效性要求正在不断提升,而跑腿服务则能够满足消费者足不出户、节约时间的需求。

根据艾媒数据中心的调研数据,38.4%的消费者由于忘带物品,使用过跑腿取送;37.3%的消费者使用跑腿帮买东西;此外,帮排队(26.7%)、送文件(19.2%)等需求也逐渐增多,生活工作中的"急、忙、忘"为跑腿服务的典型需求场景,折射出来的是消费者对省时、省力的诉求。艾媒咨询分析师认为,使用跑腿取送物品的习惯基本形成后,消费者对跑腿代办服务有更多个性化、多元化的非标需求,将进一步推动服务类型的横向延展。① 随着消费者即时需求和节约时间需求提升,跑腿服务将迎来发展期,多元化和专业化将是跑腿服务未来升级的重要方向。

四、短视频知识类内容逐渐兴起,长视频回归大屏场景

受疫情的影响,社会竞争压力激增,消费者不断通过自我提升来化解知识焦虑。而短视频内容丰富,可以用更加直观且碎片化的方式聚合多维度的知识信息,因此受到了用户的喜爱。《2022抖音知识数据报告》显示,抖音知识类作品发布数量从2022年1月至10月增长了35.4%,有2.5亿用户在抖音观看知识内容,知识类内容发展向好。② 各大短视频平台也纷纷推出知识付费板块业务,短视频的知识付费内容也在逐渐兴起。艾媒咨询的调研数据显示,2022年中国消费者最喜欢的课程形式中短视频类达56.8%③,用户端对短视频类的知识付费内容喜爱度逐渐提升。

长视频方面,随着移动互联网流量红利的见顶,以及更多年轻用户回归家庭,大屏的巨大前景得到进一步显现。爱奇艺负责人在媒体采访时曾提出:"大屏端长视频观看时长的逐步增长,是全世界长视频消费的共同趋势。"在他看来,这不仅是由于大屏观看更加沉浸、更适合长视频消费体验,也由于我国中高龄网民在大屏的时间分配更高,推动了长视频消费场景在大屏的占比提升。④ 根据奥维互娱2022年2月大屏端整体数据显示,点播媒体排行榜中,OTT端(智能电视+盒子)银河奇异果日活达4397万人次,华数鲜时光、芒果TV、云视

---

① 艾媒咨询. 艾媒咨询|2022年中国跑腿经济市场洞察报告[EB/OL].(2022-09-02)[2023-01-16]. https://mp.weixin.qq.com/s/MMnLoC9Wxy68gEU7Xpah-Q.

② 抖音. 2022抖音知识年度报告[EB/OL].(2022-12-28)[2023-01-16]. https://mp.weixin.qq.com/s/KZyuKAa9mHgc-RlMVjMKFQ.

③ 艾媒咨询. 艾媒咨询|2022—2023年中国知识付费行业研究及消费者行为分析报告[EB/OL].(2022-07-05)[2023-01-16]. https://mp.weixin.qq.com/s/rOA7rhf8k7KsKpLtnWMP_Q.

④ 流媒体网. 观察|大屏汹涌,长视频拿什么抢跑?[EB/OL].(2022-06-24)[2023-01-16]. https://mp.weixin.qq.com/s/kA7X69tnpJSQx6l8WfRyhQ.

听小电视等视频平台也显现出增速态势。① 各平台在OTT端的快速增长，印证着这一市场的巨大潜力。

五、远程医疗持续发展

新冠疫情催化之下，医疗行业智慧化的脚步加快，上海交通大学医学院附属瑞金医院院长宁光院士提出的"健康管理全周期、服务延伸无边界"的智慧医疗理念被广泛接受。疫情管控的解除和新冠疫情的长期存在也推动着远程医疗的普及与发展，在线问诊和医药电商将会成为热点。

在线问诊、开药可以节省用户线下就医挂号、排队的时间，在国家对轻症居家治疗的号召下，人们的就医习惯将向着在线问诊转变。疫情期间，丁香医生、阿里健康等在线医疗平台的线上问诊量暴增。政府部门也不断发出积极信号，国家卫健委甚至两次发文鼓励线上问诊，而在线医疗平台纷纷推出了线上问诊的服务。艾媒咨询数据显示，2021年12月，平安好医生的月活用户达1150.55万人②，在线上向医生咨询成为疫情常态化下大多数人的选择。

互联网在连接医患关系、提高医生咨询效率的同时，也在撬动医药处方配置和采购配送的环节，并与寻医问诊环环相扣。在疫情期间，医药电商有效解决了消费者的用药需求。疫情管控解除后，随着用户在线购药习惯的养成和购买处方药的数量增长，医药电商将会迎来新一轮的发展。2022年国家颁布的《药品网络销售监督管理办法》（国家市场监督管理总局令第58号），对处方药网络销售实行实名制进行了规定，落实了药品经营企业责任，明确了药品网络销售平台责任③，在一定程度上保证了消费者线上购药的安全性。近年来，国家出台了各项与医药电商相关的政策，对其进行支持及规范，在国家政策的支持和引导下，医药电商将会得到更好的发展。

本章思考题

1. 后疫情时代新媒体运营具有哪些新特征？
2. 长视频为什么会面临裁员？你认为长视频未来该如何改进才能转变局面？
3. 在线教育存在哪些问题？未来可以向哪些方向发展？
4. 谈谈你对短视频电商化的理解。
5. 你如何看待外卖平台和在线买菜平台逐渐社区化这一现象？
6. 你认为在线办公软件的优势和问题分别是什么？

本章参考文献

［1］ 中国互联网络信息中心.第49次中国互联网络发展状况统计报告[R/OL].（2022-02-25）[2022-03-

---

① 互娱视界OTT.月报｜2022年2月OTT大屏用户行为月报[EB/OL].（2022-03-24）[2023-01-16].https://mp.weixin.qq.com/s/K9atz0f8bVX—axWCw7aTQ.
② 艾媒咨询.2022—2023年全球与中国大健康产业运行大数据及决策分析报告[EB/OL].（2022-06-24）[2023-01-16].https://mp.weixin.qq.com/s/MDM_nOw3afACrMdjTiGVOw.
③ 艾瑞咨询.2022年中国医药电商B2B行业研究报告[EB/OL].（2023-01-06）[2023-01-16].https://mp.weixin.qq.com/s/wUKZhlnkumSyKkaOgiwvPQ.

25]. http://www.cnnic.cn/hlwfzyj/hlwxzbg/hlwtjbg/202202/P020220311493378715650.pdf.

[2] 中国互联网络信息中心.第48次中国互联网络发展状况统计报告[R/OL].(2021-09-15)[2022-03-25]. http://www.cnnic.cn/hlwfzyj/hlwxzbg/hlwtjbg/202109/P020210915523670981527.pdf.

[3] 中国互联网络信息中心.第46次中国互联网络发展状况统计报告[R/OL].(2020-09-29)[2022-03-25]. http://www.cnnic.cn/hlwfzyj/hlwxzbg/hlwtjbg/202009/P020210205509651950014.pdf.

[4] 艾媒咨询.2021年中国后"疫"时代生鲜电商运行大数据及发展前景研究报[EB/OL].(2021-05-13)[2022-03-25]. https://mp.weixin.qq.com/s/WSqkgen0rYThe60ETSM0ng.

[5] Fastdata极数.2021年中国生鲜电商行业报告[EB/OL].(2021-11)[2022-03-25]. https://mp.weixin.qq.com/s/5tVCOeodxViOI973zRVJGQ.

[6] 极光.数据报告|2021Q2移动互联网·行业数据研究报告[EB/OL].(2021-08-02)[2022-03-25]. https://mp.weixin.qq.com/s/1UYQe1emQzhAzcErxYj32A.

[7] 澎湃新闻客户端.爱奇艺被曝大规模裁员！中层遭殃、没过试用期被裁？这能自救吗？[R/OL].(2021-12-02)[2022-03-25]. https://m.thepaper.cn/baijiahao_15655956.

[8] 飞瓜数据.2021年短视频及直播营销年度报告[EB/OL].(2022-01)[2022-03-25]. https://mp.weixin.qq.com/s/kw8GN2btbM6T_0pROEaNKg.

[9] 腾讯控股.2019年报[R/OL].(2020-04-02)[2022-03-25]. https://www1.hkexnews.hk/listedco/listconews/sehk/2020/0402/2020040201884_c.pdf.

[10] 腾讯会议,知乎.腾讯会议有哪些功能特性？腾讯会议的六大产品特性[EB/OL].(2021-11-22)[2022-03-25]. https://zhuanlan.zhihu.com/p/434835637.

[11] 腾讯科技,8天扩容超100万核,腾讯会议正在刷新历史[EB/OL].(2020-02-06)[2022-03-25]. https://tech.qq.com/a/20200206/009717.htm.

[12] 字节范儿.31亿条消息,6552万份文档……字节跳动人2021飞书使用报告[EB/OL].(2021-12-28)[2022-03-25]. https://mp.weixin.qq.com/s/mn_aeVK7B6xLA3lpp6yD9A.

[13] InfoQ.云视频会议"黑科技",开放才是"硬"道理[EB/OL].(2021-07-16)[2022-03-25]. https://mp.weixin.qq.com/s/CZFuNojeM-dHxSD7xGHdKg.

[14] 智慧树.关于智慧树[EB/OL].[2022-03-25]. http://www.zhihuishu.com/aboutus.html.

[15] 混沌学园.155亿的巨头猿辅导:为什么能搞出这么多产品？疯狂增长背后的底层能力[EB/OL].(2020-12-15)[2022-03-25]. https://mp.weixin.qq.com/s/_EvCAi3_uh519-nKkJfRHw.

[16] 腾讯新闻.深网|猿辅导急于自救:千亿元估值没了,四五万员工等待出路[EB/OL].(2021-08-05)[2022-03-25]. https://new.qq.com/omn/20210805/20210805A023M700.html.

[17] 环球网.在线教育机构聘请演员冒充教师打广告？猿辅导、作业帮等频遭消费者质疑与投诉[EB/OL].(2021-01-29)[2022-03-25]. https://baijiahao.baidu.com/s?id=1690184330359318775&wfr=spider&for=pc.

[18] 艾媒咨询.解读|一文全看懂"双减"政策的意义、影响,以及落地后哪些赛道迎利好.[EB/OL].(2021-08-31)[2022-03-25]. https://mp.weixin.qq.com/s/T68YFZhc58cEksyVDfCrsg.

[19] 极光数据.数据报告|生鲜电商是一门"好生意"吗？[EB/OL].(2020-12-08)[2022-03-25]. https://mp.weixin.qq.com/s/XYcijGAB6gdQpZD6qk3A9Q.

[20] 中国新闻网.为应对疫情 美团外卖在全国率先推出"无接触配送"本周在全国实现覆盖[EB/OL].(2020-01-19)[2022-03-25]. https://www.sohu.com/a/369417476_123753.

[21] 腾讯会议.助力企业混合办公,MAXHUB联合腾讯会议发布《2023智慧会议技术白皮书》！[EB/OL].(2023-01-05)[2023-01-16]. https://mp.weixin.qq.com/s/flfBilKv3lxoMBA5vR94mA.

[22] 佑信咨询Resolve Asia.2022年中国在线教育行业发展报告[EB/OL].(2022-11-14)[2023-01-16]. https://mp.weixin.qq.com/s/0XRk6Gu_3fBxNvwM3dYu_w.

[23] 艾媒咨询.艾媒金榜|2022年中国预制菜品牌百强榜出炉,行业竞争加速,呈现百花齐放格局[EB/OL].(2023-01-07)[2023-01-16].https://mp.weixin.qq.com/s/FzZiagnV8YkMZIc3PySxWQ.

[24] 艾媒咨询.艾媒咨询|2022年中国跑腿经济市场洞察报告[EB/OL].(2022-09-02)[2023-01-16].https://mp.weixin.qq.com/s/MMnLoC9Wxy68gEU7Xpah-Q.

[25] 抖音.2022抖音知识年度报告[EB/OL].(2022-12-28)[2023-01-16].https://mp.weixin.qq.com/s/KZyuKAa9mHgc-RlMVjMKFQ.

[26] 艾媒咨询.艾媒咨询|2022—2023年中国知识付费行业研究及消费者行为分析报告[EB/OL].(2022-07-05)[2023-01-16].https://mp.weixin.qq.com/s/rOA7rhf8k7KsKpLtnWMP_Q.

[27] 流媒体网.观察|大屏汹涌,长视频拿什么抢跑?[EB/OL].(2022-06-24)[2023-01-16].https://mp.weixin.qq.com/s/kA7X69tnpJSQx6l8WfRyhQ.

[28] 互娱视界OTT.月报|2022年2月OTT大屏用户行为月报[EB/OL].(2022-03-24)[2023-01-16].https://mp.weixin.qq.com/s/K9atz0f8bVX-axWCw7aTQ.

[29] 艾媒咨询.2022—2023年全球与中国大健康产业运行大数据及决策分析报告[EB/OL].(2022-06-24)[2023-01-16].https://mp.weixin.qq.com/s/MDM_nOw3afACrMdjTiGVOw.

[30] 艾瑞咨询.2022年中国医药电商B2B行业研究报告[EB/OL].(2023-01-06)[2023-01-16].https://mp.weixin.qq.com/s/wUKZhlnkumSyKkaOgiwvPQ.

第八章 元 宇 宙

"元宇宙"概念的首次出现是在尼尔·斯蒂芬森1992年的科幻小说《雪崩》(《Snow Crash》)中,后来随着《阿凡达》《头号玩家》《失控玩家》等电影风靡全球,如图8-1至图8-3所示,社会对现实世界与另一个平行的虚拟世界相连的畅想开始增强。2021年上半年,"元宇宙(Metaverse)"概念正式"出圈",在资本市场、产业生态、舆论场域中的热度不断升高。同年10月,脸书宣布更名为"Meta"(即"元"),如图8-4所示,更是将大众对元宇宙的关注度推至一个小高潮。

图8-1 电影《阿发达》剧照(图源豆瓣)

图8-2 电影《头号玩家》截图

图 8-3　电影《失控玩家》截图

图 8-4　Facebook 改名 Meta 发布会截图

尼尔·斯蒂芬森《雪崩》中的"Metaverse"（元宇宙）概念，主要描述了一个平行于现实世界的虚拟世界，现实世界的人们在这个世界中，都有自己的分身。但由于当时没有可行的技术支持，因此元宇宙仅止于幻想。而如今，VR、AR、物联网等技术的发展，为两个世界的相连提供了技术路径，也让其逐步进入资本家的商业版图。不仅国外的 Facebook 等公司，国内公司也开始纷纷抢注元宇宙商标。天眼查数据显示，截至 2021 年 10 月，国内共有 400 多家公司注册元宇宙商标，其中 10 月注册公司已逾 130 家。根据彭博资讯估计，到 2024 年元宇宙相关市场空间可能达到 8000 亿美元。

综上所述，元宇宙已经成为目前互联网领域最热门的话题，了解元宇宙的相关知识也十分必要。本章将从元宇宙的概念内涵出发，从兴起原因到发展趋势，从技术支撑到构成框架，一一进行介绍，帮助读者洞察行业发展的最新趋势，并且更好地在元宇宙空间中虚拟生存。同时，鲍德里亚对"超现实"的批判也在耳边回响，本章也将对元宇宙中存在的种种问题进行揭示，以提醒读者不要在虚拟现实中迷失自我。

第一节 什么是元宇宙

一、元宇宙的含义

"元宇宙"目前尚无公认定义,但根据当前流行的看法,元宇宙即 Metaverse,是 Meta 和 Universe 的复合词,Meta 意为超越,Universe 意为宇宙。Matthew Ball 认为,元宇宙必须提供"前所未有的互操作性"——用户必须能够将他们的化身和商品从元宇宙中的一个地方带到另一个地方。Beamavle 公司的创始人 Jon Radoff 提出了元宇宙构造的七个层面:体验、发现、创作者经济、空间计算、去中心化、人机互动、基础设施。而 Roblox 的 CEO Dave Baszucki 则认为,元宇宙至少要包括身份、朋友、沉浸感、低延迟、多元化、随地、经济系统和文明这些要素。经济学家朱嘉明认为,元宇宙是一个平行于又独立于现实世界的虚拟空间,是映射现实世界的在线虚拟世界,是越来越真实的数字虚拟世界。

清华大学沈阳教授在其《元宇宙发展研究报告》中指出,元宇宙是整合多种新技术而产生的新型虚实相融的互联网应用和社会形态,它基于扩展现实技术提供沉浸式体验,基于数字孪生技术生成现实世界的镜像,基于区块链技术搭建经济体系,将虚拟世界与现实世界在经济系统、社交系统、身份系统上密切融合,并且允许每个用户进行内容生产和世界编辑①。

二、元宇宙的特征

(一)真实与沉浸

尼葛洛庞帝在《数字化生存》一书中曾说:"虚拟现实能使人造事物像真实事物一样逼真,甚至比真实事物还要逼真。"②元宇宙所创造的虚拟现实空间正在以一种全方位的"类真实"来替换大众生活经验中的"真实感"。元宇宙凭借近些年来逐渐发展成熟的 VR、AR 等虚拟现实技术,将沉浸感与真实感向日常化与生活化发展成为可能。

元宇宙在真实性、沉浸性上,让用户达到了一种共同的具身在场感。一方面,通过视觉、听觉、触觉、味觉、嗅觉等感官技术,元宇宙在虚拟空间中不断寻求着对真实的拟造,从而让用户在心理和情感上都达到沉浸。另一方面,在互操作(interoperable)上,元宇宙也要求不同系统或平台之间可以无缝地交换信息,这样才能使用户在元宇宙中不会有现实幽灵骤返的缝隙和空间③。通过虚拟化身进入一个模拟、甚至超越现实场景的元宇宙空间,用户可以沉浸式地感受环境,并与其他用户互动、以真实的社会经验在元宇宙中生活。在这样的场景

---

① 清华大学新闻与传播学院新媒体研究中心. 2020—2021 年元宇宙发展研究报告[EB/OL].[2022-02-25]http://www.199it.com/archives/1315630.html.
② (美)尼葛洛庞帝. 数字化生存[M]. 胡泳,译. 海口:海南出版社 1996:8.
③ 胡泳,刘纯懿. 元宇宙作为媒介:传播的"复得"与"复失"[J]. 新闻界,2022(1):85-99.

中,真实与虚拟的界限开始消弭,虚拟世界的"类真实"也开始成为用户心中的"超真实"。

(二) 开放与协作

开放性是元宇宙构建的基础。一方面是对人的开放,元宇宙力求打破现实条件的制约以及约束合作的条条框框,只要遵守底线规则,任何人都可以进入元宇宙空间,以各种虚拟身份进行生活、社交和娱乐。另一方面,元宇宙也允许商业的进驻,无论是扎根虚拟时空的新兴商业,还是从现实复刻进虚拟空间的传统商业,元宇宙都为他们提供了发展机会。随着新行业、新模式、新形态不断出现,传统商业也紧抓着元宇宙红利纷纷涌入,新旧的碰撞与协作在元宇宙空间之中,探索着新的经营机制和商业规则。[①]

同时,元宇宙的运行机制也要求用户间的协作。在元宇宙中,数字技术直接赋权个体,个体在开放式运行规则的基础上,共同创造内容、分享成果、参与治理,去中心化的元宇宙组织结构由此显现。虚拟平台类游戏 Roblox(罗布乐思)就是通过用户的协同创作搭建起来的元宇宙空间。Roblox 为用户提供创作平台和奖励机制,玩家可在平台上自行创建内容、输出内容,还拥有独立的闭环经济体系。Roblox 中的大部分游戏都是由业余爱好者创建的,同时随着其他玩家的参与,逐步建立起完善、系统的游戏规则。Roblox 中,玩家间的协作、交流和学习共同组建了一个虚拟的生存空间,开放与协作成为了元宇宙发展的关键词。

第二节 元宇宙诞生的原因

一、技术提升,提供保障

目前,虚拟现实、增强现实、人工智能、物联网等技术开始商业化,多数玩家通过游戏已体验过另一个世界的自己,使得元宇宙想法的实现具备一定的基础。同时,5G 网络加速普及,为这些技术的实施提供保障。VR 属于沉浸式路径,可以使人们在虚拟世界中身临其境,从而逐渐形成内向文明,而不是向外开拓、去探索文明。沈阳认为这也是元宇宙形成的一大路径。与此相反的是,AR 技术是叠加,即对元宇宙真实感的增强。也正是因为这些围绕真实感、沉浸感而不断出现的新技术,使得元宇宙具有了一种社会学意义上"群聚效应"(critical mass)的意味。[②] 于是沉浸与叠加相互结合,推动元宇宙和现实世界的联结更加紧密。

二、企业转型,服务升华

元宇宙被很多媒体称之为互联网的下一站。在现行宇宙的平行宇宙中,进行虚拟社交、

[①] 喻国明,滕文强.元宇宙:构建媒介发展的未来参照系:基于补偿性媒介理论的分析[J].未来传播,2022,29(1):2-9,128.

[②] 胡泳,刘纯懿.元宇宙作为媒介:传播的"复得"与"复失"[J].新闻界,2022(1):85-99.

虚拟交易、虚拟生活等活动,是对现行新媒体平台基于真实世界服务体验上的进一步升华,也是互联网企业转型的窗口。5G技术的实现,打开了互联网的"下半场",同时,元宇宙概念的推出,也引领着互联网向更深一层发展。在互联网"下半场"中,各互联网企业依托数据化、智能化算法、区块链等技术,在物质世界与虚拟世界之间建立初步联系,互联网的服务属性也得到加深。在此基础上,元宇宙将虚拟与现实完全融合,通过数字孪生等技术,形成仿真的虚拟世界,从而更好地服务进入这个世界的人们的分身,同时还可让人们在虚拟世界中创造的价值在虚拟与现实世界都受益。当下,办公、游戏、营销、生活等众多元宇宙独立场景已开始建立,有利于帮助各个实体企业以及互联网企业成功在虚拟世界中实现转型。未来,通过不同元宇宙之间的对接等方式,整合出更多层、更多级、更多维度的世界,也可为在现实世界遇到发展瓶颈的企业指明一条新的道路。

从服务业视角来看,元宇宙将打造数字服务新生态,加速传统服务数字化转型升级,提升人类数字化生存质量。伴随元宇宙的扩张,现实空间束缚得到了突破,人类不仅能够走出原有的现实空间创造价值,还能在多元空间中升华价值。在此背景下,万物互联的真实世界被拓印进元宇宙中,万物互联也进化成真实世界与虚拟世界的"物物互联",人们的生活将更加便捷。同时,平行宇宙中的"仿身"与"假身",也将人的眼、耳、鼻、舌、身、意,全面、同步、立体地延伸,使人在元宇宙空间内,形成新的感官体验,更是超越以往的全效体验。此外,利用算法、区块链等技术,元宇宙也可以在数字世界中进行多元化的个性服务,满足每个用户的个性化需求。

2021年11月,韩国发布《元宇宙首尔基本计划(2022—2026)》(《Basic Plan for Metaverse Seoul 2022—2026》),在全球率先开启了元宇宙公共服务。该计划将投入39亿韩元打造元宇宙平台,在经济、文化、旅游、教育和民事投诉等政府业务领域,建立元宇宙行政服务生态系统,基本涵盖了经济、教育、旅游、通信、城市、行政和基础设施7个领域。①

三、疫情宅家,社交虚化

进入后疫情时代,伴随疫情常态化,全球加快数字化转型,数字化学习、数字化工作和数字化生活正在成为常态。同时,疫情期间足不出户,全社会上网时长大幅增长,宅家生活让人们更加习惯于在虚拟世界中获得乐趣,相关的"宅经济"也得到了快速发展。社交方面也依赖社交媒体、办公软件等新媒体平台,游戏业务也得到一定拓展。游戏为人们提供了进入虚拟世界的平台,也让更多的人体验到虚拟世界活动的乐趣。因而人们也越来越习惯于在虚拟与现实之间穿梭互换。除此之外,长时间的互联网生活也增强了人们对数字媒介的使用能力,数字素养也得以提升,数字化意识和习惯也正在养成。线上虚拟世界由对现实世界的补充,变成了与现实世界的平行世界,人类正加速从现实世界向虚拟世界迁移,行走于现实与数字之间。

---

① 王运武,王永忠,王藤藤,等.元宇宙的起源、发展及教育意蕴[J].中国医学教育技术,2022,36(2):121-129,133.

第三节　元宇宙构成框架

元宇宙构成框架如图 8-5 所示。

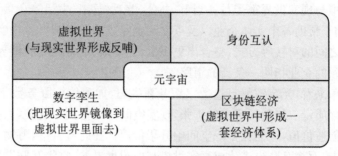

图 8-5　元宇宙构成框架图

一、虚拟世界

元宇宙的最大特点是构建与现实世界平行的虚拟世界。通过数字孪生、XR（扩展现实技术）等技术核心，搭建出一个可供人们以虚拟身份进行社交、游戏、创作甚至交易的世界。虽为虚拟世界，但也需与现实世界保持联系。这一虚拟世界既可以将现实世界中的地理与人文景观，完整、精确地镜像化至虚拟世界当中，成为现实世界的复刻版本；又可以适当添加现实世界中不存在的元素，或改变现实世界的部分构成，提升新鲜感，成为对现实世界的升华。当前，利用 AI 技术可以生成现实世界所没有的地图和景象，为元宇宙突破现实边界提供技术支持。无论如何，设计者们希望将虚拟世界变成一个开放且可以编辑的世界，好比在游戏乐高世界中，用户可以购买、租赁土地，修建建筑物，甚至改变地形，从而建构属于自己的世界。

二、身份互认

元宇宙提倡现实世界的人们在虚拟世界中拥有分身，但分身的管理权依然归属于现实世界的真身，因而现实世界的真身和虚拟世界的分身需要拥有身份互认的过程。身份互认，即现实世界的真身赋予虚拟世界的分身行动的权力，同时也是将虚拟世界中分身身份合法化的程序，方便日后对虚拟世界的身份进行管理。元宇宙先是通过体感交互的方式，带来对环境的具身性认知。在接触中，人们对不确定的因素进行规避，新建秩序，并对其进行维护，久而久之就产生了安全感。而在对秩序的建立与维护中，人们也会获取分配的公平感，在熟悉元宇宙之后，便逐渐获得了在场感、沉浸感，最终形成在元宇宙这个世界中的身份认同。

三、数字孪生

从本质上讲,数字孪生和 XR/AR 等技术一样,是元宇宙概念中必需的"硬科技"基础以及应用方案。清华大学沈阳教授认为,数字孪生是元宇宙构建中的第一步。数字孪生将现实世界完全镜像到虚拟世界中,在虚拟空间内建立包括人、物品、环境在内的拟真的动态孪生体。① 因此,数字孪生就是辅助现实世界映射到虚拟世界的重要技术手段。2003 年,一位来自密歇根大学的教授从产品全生命周期管理角度出发,指出数字孪生就是在虚拟空间构建数字模型,来与物理实体进行交互映射,忠实展现出物理实体全生命周期的运行轨迹。② 因此,元宇宙中数字孪生出的虚拟世界不是静态的,而是会随着真实世界变化产生相应变化的动态世界。

四、区块链经济

交易作为现实世界中重要的交换性和吸引力行为,在虚拟世界中也不例外。经济运行需要交易来维持,如果虚拟世界需要构建一个仿真的现实世界,经济的参与不可或缺。虚拟世界中的经济运行,需要区块链经济的发展。在基于区块链的元宇宙中,某人对于某物的产权可以用 NFT(Non-Fungible Token,非同质化通证)来刻画。与虚拟货币比特币、以太坊币等"同质化通证"不同,NFT 具有唯一性,也不可分割③。从非技术的角度讲,可以将其视为一张数字化的财产权证明,该财产本身的各种信息和交易历史都会被记录在区块链之上。现在,人们可以很容易地借助 OpenSea、NFTCN 等交易平台网站,将自己创作的图片、音乐或其他物品制作成 NFT 并进行交易。

在基于区块链基础的元宇宙中,交易可以点对点进行,在交易完成之后,物品对应的 NFT 的归属权就会发生变化。相应结果不再是被存到一个中心化的服务器上,而是会被向全网广播并被存入区块链。而区块链的特征,将会保证这个结果难以被篡改,也难以被侵犯④。也就是说,这类元宇宙通过类似非中心化的交易体系,也可以实现对产权的强保护。⑤

---

① 清华大学新闻与传播学院新媒体研究中心.元宇宙发展研究报告 2.0 版[R].2022-01-21.
② 财经早餐.元宇宙|企业数字化转型中的数字孪生 EB/OL].(2022-01-17)[2022-03-25]. https://mp.weixin.qq.com/s/5_PL0zienyJNmxujRi0EwA.
③ 天风证券.2021 年 NFT 行业概览:文化与社交的数字确权价值[R/OL].(2021-10-21)[2022-03-25]. https://www.waitang.com/report/38773.html.
④ 陈啸.区块链技术视野下的数据权属问题[J].现代法学,2020(3):121-132.
⑤ 陈永伟,程华.元宇宙的经济学:与现实经济的比较[J/OL].[2022-03-25].http://kns.cnki.net/kcms/detail/21.1096.f.20220117.1709.002.html.

第四节 元宇宙的技术底座

当前关于元宇宙所需的技术基础,存在不同说法,本书围绕提及较多的技术基础进行讨论,不限于以下几类。

一、通信保障:5G

元宇宙设备欲达到真正的沉浸感,便要求更高的分辨率和帧率,因此需要探索更先进的移动通信技术、更快的网络传输速度。而5G技术的高速率、低时延、低能耗、大规模设备连接等特性,恰好能够支持元宇宙所需要的大量应用创新。但目前基于5G的"现象级应用"还未出现,因此市场需求度和渗透率还不高。元宇宙或许能够以其丰富的内容与强大的社交属性,打开5G的大众需求缺口,提升5G的网络覆盖率。

二、算法基础:云计算和边缘计算

目前的大型游戏大多采用"客户端+服务器"的模式,对客户端设备的性能、服务器的承载能力等皆有较高要求,尤其在3D图形的渲染上,完全依赖终端运算。欲降低用户门槛、扩大市场,就需将运算和显示分离,在云端GPU上完成渲染。因此,动态分配算力的云计算系统将是元宇宙的一项基础设施。

近年来,边缘计算也在逐渐兴起。与云计算集中式上传到云终端计算环境不同,根据阿里云提供的定义,边缘计算是一种分布式计算概念,它将智能集成到边缘设备(也称为边缘节点),允许在数据收集源附近实时处理和分析数据。换言之,即不需要将数据传输到云或数据中心进行处理分析,在收集源附近便可以分析和计算。因而,云计算和边缘计算在不同领域各有涉猎,较难形成竞争,可互相补充各自的服务范围。

三、虚实界面:拓展现实

根据德勤的《元宇宙系列白皮书——未来已来:全球XR产业洞察》,元宇宙的核心是通过虚拟体验XR(Extended Reality,扩展现实)实现。XR,是指通过计算机,将真实与虚拟相结合,打造人机交互的虚拟环境,是VR(虚拟现实)、AR(增强现实)和MR(融合现实)等多种技术的统称。VR主要通过模拟虚拟世界,提供沉浸式体验,通过全面接管人类的视觉、听觉、触觉以及动作捕捉,实现元宇宙中的信息输入与输出。AR技术则是借助计算机图形技术和可视化技术,产生真实世界中不存在的虚拟对象,并将虚拟对象准确放置在真实世界中,使用户处于真实世界与虚拟世界的交融中,带来感知效果更加丰富的环境体验①。MR技术则是通过视网膜投射光场,实现虚拟与现实之间的部分保留与自由切换。

四、生成逻辑:人工智能

人工智能首先可以大幅提升运算性能,在内容生产上,也可以生成海量且不重复的内容,实现元宇宙的自发有机生长。人工智能技术包括计算机视觉、机器学习、自然语言处理、智能语音等。AI 驱动下的虚拟数字人也可以将元宇宙的内容有组织地呈现给用户,同时也可完成元宇宙中海量内容的审查,保证运行内容的安全与合法。

第五节　元宇宙发展现状及展望

一、国内外元宇宙产业发展情况

元宇宙市场的广阔前景,使得国内外各大科技公司纷纷布局相关领域、加码相关赛道:微软在 Ignite 2021 技术大会上宣布,计划通过一系列整合虚拟环境的新应用程序实现元宇宙,让数字世界与物理世界共享互通;Facebook 宣布战略转型,更名为 Meta,并聚焦元宇宙生态构建,未来 10 年将在社交、游戏、工作、教育等各个领域发力,构建一个数字虚拟新世界;Roblox 既提供游戏,又提供创作游戏的工具,还具有很强的社交属性(玩家可以自行输出内容、实时参与、拥有独立闭环的经济系统)其在招股书中强调,这个兼具游戏、开发、教育属性的在线游戏创建者系统,要做的便是元宇宙。2021 年 3 月,被誉为"元宇宙第一股"的 Roblox 上市后,股价便一飞冲天,成为美国资本市场备受关注的明星股。

在国内,字节跳动收购虚拟现实设备公司 Pico(小鸟看看),投资元宇宙概念公司"中国版 Roblox"代码乾坤,还投资视觉计算及 AI 计算平台提供商摩尔线程和 3D 视觉技术解决方案的提供商熵智科技等技术支持公司;2020 年 2 月,腾讯参投 Roblox 的 G 轮融资,腾讯董事会主席兼首席执行官马化腾于 2020 年年底在腾讯内部刊物上发文称,移动互联网将迎来下一波升级——全真互联网,并于 2021 年进行组织架构大调整,探索游戏与社交更深层次的绑定;此外,网易、莉莉丝、米哈游、中青宝等游戏公司也都有涉及元宇宙的相关布局。很多国际知名咨询企业也纷纷看好元宇宙的未来。彭博行业研究报告预计,2024 年,元宇宙的市场规模将达到 8000 亿美元;普华永道预计,2030 年,元宇宙的市场规模将达到 1.5 万亿美元。元宇宙的概念在科技圈和资本圈获得了无出其右的关注。

---

① 德勤.元宇宙系列白皮书:未来已来:全球 XR 产业洞察[EB/OL].(2021-12-06)[2022-03-25]. https://mp.weixin.qq.com/s/XcI1P1VGTbCkjQJY39Sttg.

案例 Roblox——元宇宙第一股

Roblox,如图 8-6 所示,是全球最大的一款大型多人在线创作游戏平台,玩家可使用专有的引擎平台 Roblox Studio 来创建自己的游戏,并供其他玩家游玩。自 2016 年上线以来,Roblox 平台上就有用户创建出了模拟类、生活方式类、益智解谜类等不同类型的作品。根据 Roblox 官方页面数据,其中一款名叫《Adopt me》的游戏在 Roblox 官网关注量已经达到了 2160 万。根据东吴证券研究所统计,2021 第二季度 Roblox 营业收入为 4.54 亿美元,同比增长 127%,环比增长 17%;净亏损 1.40 亿美元,去年同期净亏损为 0.72 亿美元;如图 8-7 所示,2021 第二季度 DAU 达到 4320 万,同比增长 29%,用户总参与时长为 97 亿小时,同比增长 13%。①

2021 年 3 月,Roblox 在美股上市,明确提出要打造元宇宙。而此前,Roblox 长达 5 年对虚拟现实时空的探索,已助其积累了大量资源与经营优势。

图 8-6 Roblox 示意图(来源:搜狐)

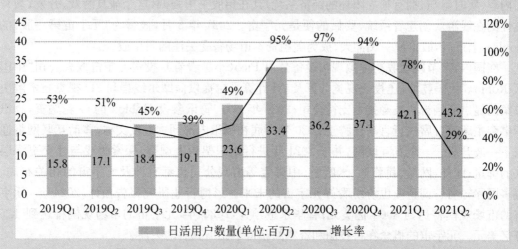

图 8-7 Roblox DAU 数量及增长率(来源:东吴证券研究所)

---

① 东吴证券研究所. 元宇宙专题报告(二):技术与应用变革掀开互联网新篇章,把握元宇宙时代投资机会[EB/OL]. (2021-10-08)[2022-03-25]. https://www.dx2025.com/wp-content/uploads/2021/11/metauniverse_special_report_ii_technological_and_applicat.pdf.

(1) 以 UGC 为主的生产系统

在内容创作模式上,Roblox 以 UGC 为主,大大降低了创作的门槛,Roblox 当前已经拥有由数百万开发人员组成的全球社区,来帮助平台进行内容产出。根据东吴证券中心的调查数据,2020 年 Roblox 有超过 1300 个游戏产生至少 100 万小时的参与时间,超过 17000 个游戏产生超过一万小时的参与时间。这些游戏创作者也相应取得了巨额的收入激励,2020 年平台开发者收入达 3.29 亿美元。开放的创作空间和高额的经济激励,进一步帮助 Roblox 在内容生产上持续不断地创新。这种 UGC 模式也使游戏开发者和游戏玩家相互转化,形成闭环,使玩家自我满足,不断驱动高质量游戏内容生产,玩家和开发者的积极性也被充分调动。

(2) 围绕 Robux 的经济系统

Robux 是 Roblox 世界中的唯一货币,所有 Roblox 世界中的非免费物品都可以用 Robux 进行交易,而整个元宇宙平台的经济系统也都是围绕着 Robux 展开的。首先,Robux 可以和美元自由兑换,100 美元可以兑换 10000 Robux(随汇率变动),拥有了 Robux 之后,玩家可以使用 Robux 平台的虚拟游戏商城购买衣服、配饰和表情等物品,也可以支付 Robux 解锁新的游戏及相关游戏功能,获得更加深入的游戏体验。这一部分由玩家购买游戏及相关功能所得的收入也将以 Robux 的形式按比例奖励给游戏开发者,开发者赚得 Robux 后则可换取现实生活中的货币或以虚拟货币的形式进行投资。由此,经济系统实现闭环,虚拟货币现实投资获利的方式也帮助 Roblox 吸引更多用户的加入。

Roblox 的受欢迎,除了对用户创意的开放包容和奖励外,为用户提供的配套服务也起到了一定作用。Roblox 为开发者提供了快速入门的教程、Roblox 盈利系统的介绍,并为开发者提供开发资源以及 Roblox 开发社区。结合自身用户低龄化的特征,Roblox 提供国际性的暑期编程夏令营活动以及免费的在线编程课程,并提供一些有偿的暑期实习项目。[①] 由此可见,元宇宙的核心依旧是人。随着科学技术的不断发展,元宇宙将会迎来更高层次的发展,但无论是何种技术与创新,"以人为本"都是未来发展的关键思维。

二、元宇宙未来应用场景

元宇宙并非仅仅是各大技术、游戏公司的逐利梦想,更是一种伟大的思想创新,如果得到合适的应用,元宇宙将会为现实世界的方方面面带去好处。下面将从元宇宙的核心应用领域、技术应用领域两个方面对元宇宙的未来应用场景做出展望。[②]

(一) 核心领域

工作、娱乐和社交是日常生活中最常见的场景,这些场景具有的用户覆盖面广、技术依

[①] 东方证券.通信行业深度报告:十问元宇宙:如何将抽象的概念具象化?[EB/OL].(2021-11-11)[2022-03-25]. https://pdf.dfcfw.com/pdf/H3_AP202111121528554550_1.pdf?1647615305000.pdf.

[②] 邓建国,刘博.腾讯新闻 & 复旦大学:2021—2022 元宇宙年度报告[EB/OL].(2021-01-12)[2022-03-25]. http://www.199it.com/archives/1376029.html.

赖度高、潮流迭代性强等种种特点都为元宇宙的加入创造着需求。

疫情下的远程办公，虽然满足了用户社会场景和物理场景分离的办公需求，但却无法满足人的社会性需求和具身传播对人类协同创新的促进作用。元宇宙的应用便可以通过设备与技术，将办公场景叠加在现实场景之上，从而实现远程沉浸式办公。微软旗下的Microsoft Mesh即是对元宇宙办公的探索，如图8-8所示，它允许不同物理位置的用户，通过多种设备，加入共享式和协作式全息体验。每个人通过创建化身加入办公，远程将自己的身体影像传输到同一空间中，以虚拟与现实混合的方式进行协同办公，实现所有需要"在场感"的协作场景。真实与虚拟相结合的方式，为办公注入了乐趣，也无疑帮助人们解决了重大突发情况下远距离沉浸办公的问题，社会场景与物理场景在元宇宙空间实现了再融合，帮助全球企业在疫情期间均得以正常运转。

图8-8　微软Microsoft Mesh概念展示视频截图

社交、娱乐亦是元宇宙的重点建设领域，疫情催化下，诸多现实生活中的活动转至线上虚拟体验。在社交方面，社交网络Facebook向Meta转型，百度虚拟互动世界的尝试作品"希壤"等，打破了传统社交静态、扁平的交流沟通方式，以真人化身在虚拟空间中的互动，模拟现实生活中的社交场景，逛街、看展、听音乐会等现实社交情境在虚拟空间也成为可能，帮助用户可跨越地区、跨越虚实实现交往。

而游戏更将是元宇宙的重点建设领域，游戏与现实世界的边界日渐淡化。2020年说唱歌手Lil Nas X在《Roblox》上举办演唱会，超3000万粉丝参加，玩家可在数字商店中解锁特殊的演唱会商品，例如数字替身、纪念商品和表情包等；UC Berkeley等高校在Minecraft中举办毕业典礼；《动物森友会》于2020年举办首届AI学术会议；2021年Gucci与Roblox合作推出"The Gucci Garden Experience"虚拟展览，玩家可欣赏展览并选购虚拟单品。[①]娱乐、消费、工作会议等现实活动正在通过游戏实现沉浸式体验。未来，人们的生活场景将会在元宇宙中得到完整复刻。

（二）技术领域

技术领域也是大型企业与跨国公司角逐的关键领域，原因在于技术是支撑元宇宙运转

---

① 东吴证券.元宇宙专题：掀开互联网新篇章，把握元宇宙时代机会[EB/OL].(2021-10-08)[2022-03-25]. https://www.dx2025.com/wp-content/uploads/2021/11/metauniverse_special_report_ii_technological_and_applicat.pdf.

的物质基础,同时元宇宙也能够赋权技术在更多领域得到应用。

在技术硬件上,全息投影、VR头盔、3D摄像机、列阵式麦克风,还有一系列可穿戴式设备,成为科技公司和互联网企业的开发重点。随着元宇宙发展越来越成熟和深入,技术设备的需求将被无限放大,元宇宙配套硬件技术的开发与销售也无疑将成为新的热点行业。

一方面,元宇宙为互联网行业创造出了足够大的产业空间,其作为一个未来媒介全要素关联融合的生态型平台,激活了当下互联网发展的委顿状态,令各自为政的各项技术看到摆脱独自奋战窘境的希望,激活了人们对未来互联网发展的极大想象力。另一方面,元宇宙本身具有足够长的产业链条,包括硬件的开发和操作系统的设计,能够带动一系列相关行业发展。从智能汽车到智慧园区再到智慧城市,元宇宙是促进各要素流动、转化、关联的关键抓手。从虚拟货币支付到商业、医疗行业、旅游行业,再到国际传播,元宇宙也将社会推入到了一个断裂式发展、破坏式创新的阶段。在这一阶段,把握现实发展的基本方式已不能采用传统意义上从过去到现在的、惯性发展式的趋势外推方法,必须着眼于未来发展的某些技术的确定性把握。反观当下的战略选择和策略安排,元宇宙概念的诞生正促进了这些分散式资源的重新配置,且为其提供了一个持续发展的平台。①

案例　NVIDA(英伟达)对元宇宙技术底座的构建

NVIDA是全球领先的人工智能计算公司,1999年发明的GPU(图形处理器)极大地推动了PC游戏市场的发展,重新定义了现代计算机图形技术,因而收获了广泛的知名度。随着用户互联网需求的不断变化以及技术能力的持续提升,NVID也一直走在互联网硬件研究开发与供应的前列。

2020年12月,NVIDA发布了NVIDA Omniverse,基于自身成熟的软件技术,NVIDA也宣布进入元宇宙平台的创建领域。Omniverse是一个专为虚拟协作和实时逼真模拟打造的开放式云平台。通过云赋能,创作者、设计师、工程师和艺术家在本地或者超越物理界限的世界各地实时工作,彼此可以实时分享进度和工作成果,为远程设计制造提供了极大的便利性。在对虚拟现实场景的叠加上,NVIDA通过在单个RTX GPU上运行NVIDIA Isaac Sim(一种基于AI技术的机器人),如图8-9所示,就可以帮助工程师完成复杂的工作负载,生成逼真的图像以及实现远距传送。

作为元宇宙平台,Omniverse像Roblox一样,并不提供已经生成好的虚拟现实内容。但与Roblox不同,Omniverse是通过连通各个软件,以此提供允许各种客户端应用程序、渲染器和微服务共享和修改虚拟世界的表示形式的基本服务。由此可见,Omniverse更像是一个集合中介的空间,在这个空间内,用户可以实现与各大工程应用程序等的相互操作,再凭借NVIDA先进的硬件能力,实现在虚拟现实空间中的协同设计、创造与生产。

---

① 喻国明,陈雪娇.元宇宙:未来媒体的集成模式[J].编辑之友,2022(2):5-12.

图 8-9　NVIDIA Isaac Sim 展示图（来源：英伟达官网）

宝马公司就是 Omniverse 的一个用户，它的虚拟数字化工厂"未来工厂"便是基于 Omniverse 平台打造，如图 8-10 所示。宝马公司首先将工厂各种设计软件导入到 Omniverse 平台，并在 Omniverse 进行 GPU 渲染，建立虚拟模型，并基于该虚拟模型进行优化设计。接着，Omniverse 平台会利用自身的 3D 应用和用户间实时协作的能力，帮助宝马虚拟化工厂进行人机工程优化仿真。最后，通过英伟达的 GPU 渲染能力再将仿真数据进行可视化。如此，宝马工厂就可以在物理世界建造任何东西之前，虚拟地设计、规划与运营其工厂了。①

图 8-10　宝马数字化工厂在 Omniverse 上的应用（来源：界面新闻）

---

①　东方证券. 通信行业深度报告：十问元宇宙：如何将抽象的概念具象化？[EB/OL].（2021-11-11）[2022-03-25]. https://pdf.dfcfw.com/pdf/H3_AP202111121528554550_1.pdf? 1647615305000.pdf.

> 这样一个虚拟现实平台，将虚拟场景与现实场景叠加并应用到建筑、工业设计、制造业等各种领域，将元宇宙的概念完美应用到了产业端。而全球范围内，除了 NVIDA，也有许多互联网企业、工业软件企业就工业元宇宙的相关技术已有长期布局，元宇宙在技术产业领域将会有更深一层的发展。

元宇宙始于游戏，但覆盖场景将远高于游戏，例如更加真实的社交体验，更好互动体验的线上会议和授课，以及医疗场景中能够解决更加精密复杂的手术、实现远程问诊等，但现阶段仍需等待技术端的完善。目前元宇宙的发展，更多仍停留在生活场景的应用当中，但技术的红利和发展的趋势也将会席卷全社会各行各业。数字革命序列中，新一轮的技术创新和网络整合，不仅仅搅动着个别领域，在元宇宙的席卷下，互联网产业和社会的方方面面或许都将得到重塑。

第六节 元宇宙的争议性

一、资本融资噱头

Facebook 改名 Meta，正式向元宇宙进军的消息，把元宇宙这一概念推上了风口浪尖，一时间各行各业都开始向元宇宙靠拢，试图从这一波热度中分一杯羹。但在当前，XR、区块链、数字孪生等元宇宙相关技术并不成熟，元宇宙的实现之日还需等待。同时，并非所有打出元宇宙口号的公司都具备所需的技术实力。因而，部分学者认为，元宇宙只是部分公司融资或者收割消费的商业噱头。高精尖科技的研发也少不了大量资金的投入，因而是否可以真正进军元宇宙，还需考验一个公司的资金雄厚度。2022 年春晚，沈腾在出演小品中提到，要在元宇宙中做最大的狗贩子——DogKing，一时间，其同名虚拟币短线暴涨 542 倍，由此可见元宇宙市场爆火。但其背后的投资风险也与其火爆程度成正比，投资者需谨防资本以元宇宙作为融资噱头，进行牟利。

二、技术伦理问题

虚拟世界可以为人们带来新鲜感，但也可能带来麻痹感。刘慈欣称，这个时代的人们正在渐渐转向无形世界，虽然可以在两个世界都有一份大脑的拷贝，但无形世界的生活如毒品一样，一旦经历过那里的生活，谁也无法再回到有形世界里来。武汉大学哲学院教授苏德超也认为，元宇宙的虚拟世界无非是哲学家诺奇克提出的"快乐机器"。这种机器一旦和大脑相连，被连接者将无法区分机器制造的幻觉和真实生活的区别。如果沉迷于此，将是一场人生灾难。

元宇宙力图打造虚拟与现实区分模糊的两个世界，以虚实融合的方式，深刻改变现有社会的组织和运作，但不会以虚拟生活替代现实生活。长此以往，将会形成虚实二维的新型生活方式，即虚实循环，这非常不利于人们区分现实与幻想。虚拟世界为向着美好出发，努力打造较为理想和美好的生活方式，这更会令人们沉溺于虚拟世界中，继而难以接受现实世界的残酷。同时，对虚拟世界监管的缺乏，可能会令人们脱离现实世界法律和道德的束缚，甚至会影响人们在现实世界中的行为，提升现实世界的监管难度。同时，元宇宙通过多媒体使人体与虚拟世界相连，而多媒体技术承载的是前逻辑、前分析的表象信息，容易导致用户专注能力、反思能力和逻辑能力的弱化。长期的具身交互与沉浸体验，可能会使人们更加注重思维的表象化，"本质"已经不再重要。

三、资本家操控世界野心

虚拟世界的建立者也是世界规则的缔造者，更是世界运行的管理者，因而构建虚拟世界的公司，在虚拟世界中拥有着巨大权力。另外，现实世界的权力已分配于早来的玩家，迟来的玩家较难在现实世界中发声，想要实现地位逆转，需借助于新型世界和宇宙的构造。因而元宇宙的提出，也是部分资本家野心的体现。例如此次对元宇宙呼声最高的脸书公司。《大西洋月刊》(The Atlantic)刊登过一篇备受讨论的文章，认为Facebook与其说是个网络出版商、社交平台或跨国公司，不如说是一个"国家"，尤其是在它进化为Meta之后。这一点从其尝试建立类似立法机关的下属机构、疑似影响选举、"封杀"特朗普等行为中都有所体现。从根本上说，元宇宙公司和资本并不会挑战资本主义国家的统治，但如果元宇宙与资本主义极权国家相融合，走向所谓的"元宇宙极权主义"，则会威胁到民主自由和人民福祉[①]。

四、警惕新型的资本剥削

互联网技术的发达会带来新型的资本剥削方式，例如数字劳工，若进入元宇宙所宣传的虚拟世界，其监管难度将会提升。福克斯认为，数字媒介用户游玩的每分每秒都是在劳动，而生产资料被牢牢攥在平台手里，千千万万的普通用户都成了数字时代的无产阶级，游玩和劳动的边界在虚拟现实中被模糊，进而遮蔽了资本剥削的本质。数字技术的发展背后存在一些潜在的劳动秩序，但并不为人所知。曾有学者指出，外卖骑手表面上为送外卖的小哥，但是实际上平台系统通过潜移默化地收集、分析骑手数据，可以采集骑手提供的数据地图，同时还可将数据结果反作用于骑手，使劳动秩序成为可能[②]。元宇宙中，数据采集不可避免，玩家进入元宇宙后，是否在游戏的同时，为经营者提供了其所需数据，这一点也难以研判，未来的元宇宙监管更需警惕这个问题。

元宇宙是虚拟现实，难以规避现实世界存在的谣言、暴力、恐怖主义等诸多问题。外加各项技术平台背后的隐私泄露、资本投机等现实隐患，元宇宙同样需要依靠立法进行监管。立足互联网潮流来看，元宇宙还有较长的发展道路要走。元宇宙可以为这个世界带来什么，也让世人充满期待。正如沈阳和向安玲所言，元宇宙不是与现实平行、可替代现实的独立王

---

① 李保艳，刘永谋.元宇宙的本质、面临的风险与应对之策[J].科学·经济·社会，2022,40(1)：15-26.
② 陈龙."数字控制"下的劳动秩序[J].社会学研究，2020(6)：113-135.

国,而是与现实生活交织的共生世界;通往元宇宙之路,不是"脱实向虚"的替代性选择,而是"以虚补实"的补偿性路径,元宇宙中所衍生的新场景、新生产力和创造力,将创造出新型生产体系和创造体系,反哺现实社会的生产力提升及生产关系的革新①。

本章思考题

1. 你认为元宇宙是什么？谈谈你对元宇宙的理解。
2. 谈谈你对数字孪生、区块链技术的理解。
3. 你如何看待元宇宙消弭虚拟与现实之间的界限？
4. 你怎样看待元宇宙所强调的"去中心化"？
5. 你认为元宇宙未来发展的优势和问题是什么？

本章参考文献

[1] 清华大学新闻与传播学院新媒体研究中心. 2020－2021年元宇宙发展研究报告[EB/OL]. (2021-09)[2022-03-25]. http://www.199it.com/archives/1315630.html.

[2] 尼葛洛庞帝. 数字化生存[M]. 胡泳,译. 海口:海南出版社 1996:8.

[3] 胡泳,刘纯懿. 元宇宙作为媒介:传播的"复得"与"复失"[J]. 新闻界,2022(1):85-99.

[4] 喻国明,滕文强. 元宇宙:构建媒介发展的未来参照系——基于补偿性媒介理论的分析[J]. 未来传播,2022,29(1):2-9,128.

[5] 王运武,王永忠,王藤藤,等. 元宇宙的起源、发展及教育意蕴[J]. 中国医学教育技术,2022,36(2):121-129,133.

[6] 新京报传媒研究院. 元宇宙对传媒产业的4大影响:清华大学发布《元宇宙发展研究报告2.0版》[EB/OL](2022-01-21)[2022-03-25]. https://new.qq.com/rain/a/20220126A02T9G00.

[7] 财经早餐. 元宇宙|企业数字化转型中的数字孪生[EB/OL]. (2022-01-17)[2022-03-25]. https://mp.weixin.qq.com/s/5_PL0zienyJNmxujRi0EwA.

[8] 天风证券. 2021年NFT行业概览:文化与社交的数字确权价值[R/OL]. (2021-10-21)[2022-03-25]. https://www.waitang.com/report/38773.html.

[9] 陈啸. 区块链技术视野下的数据权属问题[J],现代法学,2020(3):121-132.

[10] 陈永伟,程华. 元宇宙的经济学:与现实经济的比较[J/OL]. [2022-03-25]. http://kns.cnki.net/kcms/detail/21.1096.f.20220117.1709.002.html.

[11] 德勤. 元宇宙系列白皮书——未来已来:全球XR产业洞察[EB/OL]. (2021-12-06)[2022-03-25]. https://mp.weixin.qq.com/s/XcI1P1VGTbCkjQJY39Sttg.

[12] 东吴证券研究所. 元宇宙专题报告(二):技术与应用变革掀开互联网新篇章,把握元宇宙时代投资机会[EB.OR]. (2021-10-08)[2022-03-25]. https://www.dx2025.com/wp-content/uploads/2021/11/metauniverse_special_report_ii_technological_and_applicat.pdf.

[13] 东方证券. 通信行业深度报告:十问元宇宙:如何将抽象的概念具象化？[EB/OL]. (2021-11-11)[2022-03-25]. https://pdf.dfcfw.com/pdf/H3_AP202111121528554550_1.pdf?1647615305000.pdf.

[14] 邓建国,刘博. 腾讯新闻＆复旦大学:2021－2022元宇宙年度报告[EB/OL]. (2021-01-12)[2022-03-25]. http://www.199it.com/archives/1376029.html.

---

① 环球时报. 沈阳,向安玲:去伪存真,推进元宇宙健康发展[R/OL]. (2021-11-30)[2022-03-25]. https://3w.huanqiu.com/a/de583b/45n6RwrlPUL?agt=11.

[15] 东吴证券.元宇宙专题:掀开互联网新篇章,把握元宇宙时代机会[EB/OL].(2021-10-08)[2022-03-25]. https://www.dx2025.com/wp-content/uploads/2021/11/metauniverse_special_report_ii_technological_and_applicat.pdf.

[16] 喻国明,陈雪娇.元宇宙:未来媒体的集成模式[J].编辑之友,2022(2):5-12.

[17] 李保艳,刘永谋.元宇宙的本质、面临的风险与应对之策[J].科学·经济·社会,2022,40(1):15-26.

[18] 陈龙."数字控制"下的劳动秩序[J].社会学研究,2020(6):113-135.

[19] 环球时报.沈阳、向安玲:去伪存真,推进元宇宙健康发展[R/OL].(2021-11-30)[2022-03-25]. https://3w.huanqiu.com/a/de583b/45n6RwrlPUL?agt=11.